KB110839

인문정신의 눈 『중용』

잠든 명사를 깨워 놀아보자

Wake up asleep noun beanbag

인문의 숲 고전 002

인문정신의 눈 『중용』

잠든 명사를 깨워 놀아보자
WAKE UP ASLEEP NOUN BEANBAG

초판 인쇄 2013년 11월 5일
초판 발행 2013년 11월 11일

지은이 이운묵
발행인 유순녀
펴낸곳 도서출판 인문의 숲
출판등록 제 2013-000002호 (2013. 01. 09)

우편: 153-863
주소: 서울시 금천구 시흥대로53, 3-303(시흥동, 현대빌라)
전화: 02-749-5186
팩스: 02-792-5171
메일: inmuns@daum.net

ⓒ 이운묵, 2013

ISBN 979-11-950530-5-6 03150

정가: 18,000원

인문정신의 눈 『중용』

잠든 명사를 깨워 놀아보자

Wake up asleep noun beanbag

이운묵 편저

⋏ 인문의 숲

현대를 살아가는 사람들의 가장 큰 고민은 배움을 이루기도 어렵고, 직업을 이루기도 어렵다는데 있다. 또 부자를 이루기도 어렵고 행복도 이루기가 쉽지 않다. 우리 주변에는 배움은 이루었지만 직업을 이루지 못한 청춘들이 너무 많다. 또는 부자는 이루었지만 행복을 이루지 못한 사람들도 너무 많다. 직업을 이루지 못했으니 부자를 이루기도 어렵고 따라서 행복도 이루기가 여간 어려운 것이 아니다. 여러 가지 중요한 것이 많이 있으나 그 중 배움만큼 중요한 것도 없으리라는 생각이다. 어쩌다 배움과 직업을 이루지는 못했지만 부자를 이룬 사람들도 더러는 있다. 그러나 부자를 이루었다고 해서 반드시 행복을 이루는 것은 아니다.

행복을 이루는 과정은 사람에 따라서 다를 수가 있다. 또한 행복이 반드시 배움을 이루고, 직업을 이루고, 부를 이룬 사람들의 전유물 또한 아니다. 행복은 우리 모두에 것이다. 그러나 어려운 가운데서도 하나하나 뜻을 세우고 이루어가는 과정이 우리의 삶이다. 그러나 우리 모두의 그 행복은 어디로 가고 행방이 묘연한가? 그 잃어버린 행복을 다시 찾을 수는 없는 것일까? 그런 물음에 각자 답을 해보자. 그것은 왜일까? 당연히 각자 자기의 삶을 풀어가는 방식이 다르기 때문이다. 거기에는 각자의 환경과 여건 추구하는 삶의 가치관과 방식이 다르기 때문일 것이다.

그러나 잃어버린 행복을 무조건 찾아 나선다고 찾아지는 것도 아니다. 그 행복을 찾기 위해서는 무엇보다도 중요한 것은 자기 자신의 중심(가운데 마음 = 참마음)부터 찾아야 한다. 자기 자신의 중심이 무엇인지 바로 보고 어느 방향으로 진행할 것인지를 판단하는 것이다. 그러나 그 또한 쉽지 않다. 그러나 그러한 삶의 교차로에서 이정표를 알게 하는 것이 바로 "중용"에 생활사상이요 실천철학이다. 우리의 일상에서 한시도 떠날 수 없는 인문학의 정신이 중용에 있음을 현대인들은 인식해야한다. 중용을 '명사' 라고 하지만 중용은 이제 명사가 아닌 '동사' 여야 한다.

요즘 같이 개인 혹은 개별적 특정집단의 이익만을 추구하고 우선시하게 되는 이기주의가 만연한 사회적 풍조 속에서 무엇이 협력이고, 배려고, 공정이고, 행복인가를 한시도 생각하지 않을 수 없는 것이 오늘의 현실이다.

세상은 1분 1초가 숨 가쁘게 맞물려 돌아가고 있다. 인류가 창달한 문명의 수레바퀴는 우리의 미래를 향해 무제한적 본능으로 질주해 가고 있다. 그 속에서 우리 인간의 삶은 까닭도 모르는 채 그 질주의 대열에서 사분오열로 찢어져 달려가지만 결국은 방향감각과 목적지를 잃어버리고 우왕좌왕한다. 그리고 결국은 몇 명을 제외한 대부분은 그 대열에서 이탈되거나 낙오가 되어서 삶의 희망을 접어버리고 절망과 분노를 안고 후회를 하게 된다. 잘못 달려간 인생의 오류를 후회하지만 이미 때는 늦고 어찌할 방도가 없는 곳에 다다라 통한의 눈물을 삼키게 되는 경우가 비일비재하다.

우리사회에 이런 젊음이 많으면 많을수록 우리의 미래는 암울한 것이다. 이런 현실에서 어떻게 하면 우리의 미래 비전과 행복의 꿈을 꾸어나갈 수 있을지 고민하지 않을 수 없다. 그러나 결코 행복이란 포기할 수 없는 숙명적 과제이고 반드시 문제엔 답이 있게 마련이라는 것을 깨닫지 않으면 안 된다. 다소 문제가 쉽거나 어려움에 난이도는 있을 수 있지만 어렵다고 해서 전혀 답이 없는 것은 더욱 아니다. 어떻게 해서든 함께 공생공영(共生共榮)의 공통분모를 찾아내고 답을 구하는 것이 무엇보다도 시급한 오늘의 과제이다. 이에 미래 지향적 인간사회의 질서를 구축하고 구현해갈 수 있는가에 대한 나름의 비답을 이에 한번 제시해보고자 하는 것이 필자의 생각이다.

옛 교훈에 "멈추지 않는 자에게는 늘 다다르는 곳이 있고, 일하는 자에게는 늘 이루어짐이 있다(行者常至, 爲者常成)"라는 교훈이 있다. 이처럼 어렵고 힘든 삶이지만 목표를 갖고 행하다보면 다다르는 곳이 있고, 이룰 바가 있을 것이라는 믿음과 희망 하나만이라도 갖고 싶다. 하지만 한치 앞을 내다 볼 수 없는 것이 21세기 현대인의 삶이다.

내가 언제 어디에서 무엇 때문에 이 좋은 세상과 이별을 해야 할지도 전혀 모를 현실이 곧 지금 우리의 삶이다. 누구나 이런 마음과 생각에서 노심초사 하루하루를 맞이하고 그 무엇인가를 이루기 위한 목적에서 쉬지 않고 일하고 앞을 향해 가고자 하는 것이다.

그러나 우리가 당면한 현실은 그렇지 않다. 멈추지 않고 길을 가고 싶어도 내 앞을 가로막는 장애물들이 앞뒤, 좌우 도처에서 마치 진을 치듯 하고 있다. 그러니 멈추지 않고 길을 간다는 것은 그리 간단치가 않고 여간 애쓰지 않고는 불가능한 일일 수밖에 없다. 그래서 우리는 가다말다를 반복하게 된다.

그러니 일 또한 마찬가지다. 예전엔 일이 하기 싫어서 한동안 빈둥빈둥 대던 때도 있었다. 그런데 이제는 사정이 많이 다르다. 일이 하고 싶어도 쉽게 일도 없고 일할 수 있는 기회조차도 어려운 사람들에겐 오뉴월 뙤약볕 가물에 콩 나기다. 그렇게 많은 사람들이 곳곳에서 멈춰 서서 미래를 향해 힘차게 달려가지 못하고 있고 그 무엇을 이루기 위해 부단한 노력을 하지만 이룸에 행복을 누리는 사람보다는 그 행복을 이루지 못하고 포기할 수밖에 없는 사람들이 절대 다수다.

그것은 우리사회에 행복한 사람들 보다는 불행한 사람들이 더욱 많다는 뜻이다. 참으로 안타까운 일이다. 우리가 사는 이 아름다운 세상에 얼마나 많은 사람들이 얼마나 더 불행해야 하는가? 얼마나 많은 사람들이 슬픔과 고통의 생을 살아야 하는가? 우린 지금 당장에 행복이 아니라도 먼 훗날에 행복을 이룰 수 있다는 믿음과 희망 하나를 갖기 위함이다. 때문에 힘들어도 참고 견디면서 그 고통과 슬픔을 희망으로 바꾸기 위해 감내한다. 그리고 나만 행복한 것이 아니라 우리가 함께 더불어 행복할 수 있고 불행한 사람보다는 행복한 사람이 더 많은 세상을 만들 수 있을 것이라는 기대를 한다.

그렇게만 될 수 있다면 이 보다 더 값진 것이 또 어디 있으랴. 하지만 그러한 기대와 희망이 자꾸 뒷걸음질 하는 것은 무엇 때문일까? 지금의 현실에선 공허한 바람에 지나지 않는 바램일까? 알 수는 없다. 그러나 분명한 것은 확고히 잡히지 않는 미래사회의 불확실성이 점점 우리의 희망을 안개 속으로 몰고 있다. 찬란한 과학문명이 우리의 행복을 담보하지 못하고 있다. 인류의 찬연한 문명이 높으면 높을수록, 빛나면 빛날수록 행복과 불행의 괴리는 더욱 깊고 암울하게만 느껴진다. 그것은 '균형과 조화'를 이루지 못하는 문명사회의 배타적 교만과 탐욕·욕망 때문이리라. 그것은 균형과 조화를 잃은 현대사회의 갈등구조와 사회양극화가 가져다주는 부조화의 현상 때문이다.

혹자들은 이에 명쾌한 답을 기대할지는 모르겠으나 분명 명쾌한 답이 될 수는 없다. 그러나 함께 문제의식을 갖고 공통분모를 만들어 간다면 지금 보다는 훨씬 행복할 수 있으리라는 성급한 기대를 가져본다. 먼저 우린 충서(忠恕)라고 하는 것을 바탕으로 인(仁)의 마음을 가져야 한다. 그리고 역지사지로 다른 사람의 입장에서 생각하고 마음의 문을 열어가는 어질고 너그러운 삶의 방식과 태도를 갖는 것을 전제로 말하는 것이다. 그리고 중용(中庸)의 가치관과 덕목으로서 우리의 일상을 실천하면 이기적이고 편협한 인간관계에서 관용(寬容)과 용서(容恕)의 아름다운 꽃이 피어나고 이런 휴머니즘적 향기가 우리 인간사회의 균형(均衡)과 조화(調和)를 이루어 낼 것이라는 기대와 희망이다.

사람의 본성(本性)은 월래 선(善)하다고 한다. 그리고 이 선(善)을 따르고자 하는 것의 근본이 중용에 덕(德)과 도(道)이다. 그리고 이 도를 실천하기 위해서 우리의 인격수양에 정진하는 것이고 이러한 수신(修身)의 과정을 통하여 인륜(人倫)과 천륜(天倫)을 면면히 이어가게 되는 것이다. 이처럼 맑은 중용의 거울로 나 자신과 우리의 주변을 비추어보게 되면 너와 나, 집단과 집단 그리고 계층간, 지역 간, 민족간, 종교간 등 각계각층 다양한 분야에서 생겨나는 갈등과 편 가르기가 상존하고 있음이 보인다. 이런 갈등구조 속에서 서로 등 돌리고 있는 모습이 지금 우리의 모습이라는 것을 부정할 수 없 게 된다.

우리는 이에 점점 지쳐가고 무감각해지고 있다. 어느 한 방향으 로만 달려가는 것들에 무서운 힘들이 서로 융합하지 못하고 있고 충돌하면 우리 모두 자멸할 수 있다는 두려움도 기꺼이 받아드리는 위기의 상황을 인식하지 못하고 있다. 정치는 정치대로, 권력은 권 력대로, 강자는 강자대로, 약자는 약자대로 마치 물과 기름 같다.

특히 이 지구상에 일어나고 있는 대립적인 이념과 사상, 종교적 갈등은 더욱 심화되고 있다. 기독교, 유대교, 이슬람교는 하늘을 숭 상하는 천도(天道=하늘의 뜻)의 한 뿌리를 가지고도 일천년이 넘게 극심한 대립과 갈등 속에 있다. 각 종파의 종교지도자들은 자기들 만의 종파적 명분만을 내세우고 타종교의 입장을 관심 있게 배려하 는 모습은 없어 보인다. 자기들의 이념은 최선이고, 상대의 이념은 최악이라고 서로 비판한다.

이렇게 자기의 주장만 옳다고 한다면 바로 그 자체가 천도에 부 합하지 못하는 오만과 교만이다. 그것은 바로 종교가 종교의 본질 과 모습을 제대로 보이지 못하는 행위의 결과로 볼 때 종교답지 못 하다. 상대의 입장을 전혀 고려하지 않고, 배려하지 않는 상태에서 이것이 최선이고, 저것이 최악이라는 흑백의 이분법적 논리야말로 공생과 융합의 여지가 전혀 없는 극단적 '에고이즘' 이다. 이런 상태에서는 우리 인간의 삶에 행복은 없다. 즉, "균형과 조화"가 배제된 배타적 관계일 뿐이다.

그러나 지레 절망할 필요는 없다. 때문에 필자는 오늘날 이처럼 이념과 관습의 벽을 넘지 뛰어넘지 못하고 혼돈의 소용돌이 속에서 점점 미궁으로 빠져들고 있는 인간 본연의 정체성과 삶의 가치관을 재정립하고 충돌하는 갈등구조의 중심에서 미래 세계의 주역인 이 땅에 젊음들이 반드시 균형과 조화를 이루어 낼 수 있다는 확신에 서다. 또한 행복한 세상을 구현해가길 바라는 간절한 열망이고 충분히 그 가능성을 증명해내려는 것이다. 이런 필자의 의견과 이유에 동의한다면 그 토록 우리가 고민하고 있는 우리의 삶과 미래에 대한 문제는 이미 그 해답을 찾을 수 있다고 확신한다.

이제 우리의 미래에 장애물로 놓여 있던 것들을 바로 보자. 그러기 위해서는 바른 위치에 서서 문제의 실체를 똑바로 보아야 한다. 서로가 엇갈려서 양극화로 치닫던 감정과 격화된 분노들을 삭히고 합리적 관점과 중심에서 문제의 실체를 보는 것이다. 나와 다른 상대의 이념과 관습을 이해하고 인정하는 것이다. 서로가 서로에게 굳게 닫혔던 마음의 문을 활짝 열어 제치고 모두가 함께 숨 쉬며 "균형과 조화"에 공명을 만들어 가는 것이다.

지금은 그 어느 때 보다도 찬란한 문명의 꽃이 인류의 미래행복을 위해 만발하고 있지만 황금만능의 이 시대를 살고 있는 현대인들은 그다지 큰 행복을 가슴에 품지 못하고 살고 있다. 이런 현실에서 미래 인류번영에 확실한 사상과 가치관이 절실히 요구되는 것은 매우 당연한 것이다. 그것이 바로 문명과 문화의 확실한 창달에 바탕을 이루는 "중용의 사상"임을 인식할 때이다. 이는 양극양단으로 갈라진 이념의 높은 장벽 위에서 미래 세계를 향하여 빛을 발할 수 있는 화해(和諧)의 등불이요 진리다. 이 불은 이 문명의 시대를 사는 현대인들에게 더더욱 꿈과 희망이 될 수 있는 유일한 행복과 희망의 등불이 될 수 있으리라 믿어 의심치 않는다. 인류의 행복과 그 근원의 가치가 무엇인지, 그 가치는 어디에 있는지, 그 중심을 바로보자. 그 균형과 중심을 잃지 말자. 그 중심을 바로보고 바로 세울 때에 보다 조화롭고 아름다운 우리의 '행복한 삶'에 가치구현이 가능하기 때문이다.

지난 5년을 생각하면서   시인 이운묵

■ 중용읽기와 중심보기에 대한 이해와 요약

중용은 제1장에서 제33장으로 되어있다. 본래는 예기(禮記)의 한 편(篇)이었던 것을 핵심내용만 별도로 뽑아내어 중용으로 독립시킨 것이다. 원문은 공자(BC 551~479)가 편찬했으나 공자의 손자인 자사(子思-공급(孔伋)이라고도 함.)가 할아버지가 지은 것을 정리·보완한 것으로 단정하고 있다. 자사는 이 중용에서 할아버지의 애인애천(愛人愛天)의 '참 정신'과 '천지우주관의 생명정신'을 인간의 삶에 가장 모범적인 사상의 개념으로 확고히 정립시켜 놓으려했다.

그 후 1190년경 성리학파에 한사람인 주희(朱熹)가〈예기〉에 속해 있던 대학·중용 2편을 각각 별개의 독립된 경전으로 편찬하였고 이를 토대로 '유교경전'인 사서(四書=논어·맹자·중용·대학)에 포함시키게 되었다. 그 후 오늘날 까지 고전으로 전해지면서 '유교경전'의 입문서로 널리 활용되고 있다. 이처럼 '중용'의 인문학적 사상은 21세기 인류문명사의 발전과 더불어 그 맥을 함께 해온 아주 귀중한 인문정신 고양에 가치를 지닌 고전으로 읽히고 있다.

오늘날 '중용'은 과학문명이 발달하고 서구사회의 물질문명에 밀려 안타깝게도 우리의 관심 밖으로 밀려나 퇴화된 학문처럼 인식되어버렸다. 그것은 어찌 보면 이미 케케묵어버린 그야말로 아무짝에도 쓸모가 없는 무가치한 구시대적 산물정도로 치부하고 말았던 시대착오적 무지의 탓이 더 큰 원인일 수 있다. 그리고 우린 이미 서구사회물질문명의 소용돌이 물결 속에서 깊게 물들고 길들여진 탓일 것이란 생각이다. 그러나 언제부터인가 우리의 그러한 생각들은 현대사회가 안고 있는 갖가지의 난제들과 이질적 현상들을 골 깊게 파생시켰다. 이에 대한 부작용이 오늘날 심각하게 모든 분야에서 점점 더 확장되고 심화되어 가고 있다.

그런 우리의 일상에서 일어나는 모든 일들과 그 현상들에 대한 것을 오늘이라는 현실의 창을 통해서 볼 때 과연 '우리가 추구해야 할 가치는 어떤 것인가' 라는 물음에 명쾌한 답은 있을까? 현대문명사회의 가치와 인류가 지향하는 행복추구에 가치가 어떻게 부합할 수 있을까? 하고 고민에 빠진다. 그 무엇이 인간다움에 삶인지를 끝없이 고민케 한다. 인간다움의 삶은 사람마다 추구하는 삶의 방식과 가치기준에 따라 그 기준이 다르다. 그러나 공통적이고 보편적인 인간다움의 가치는 과학문명의 빛에 가려져 그 실체가 흐릿하고 안보인지 이미 오래되었다. 인간다움의 삶은 사람마다 추구하는 가치관에 따라 그 기준이 다를 수밖에 없다. 그러나 공통적이고, 보편적 가치에 있어서 인간다움의 삶이란 그리 녹녹치 않은 것이 오늘날 현대사회의 실정이고 미래의 행복을 향한 현대인의 고민거리가 아닐 수 없다.

지구상에 인류가 그토록 갈구하고 지향하여 추구하는 문명창달의 궁극적 목적이 무엇인지? 그리고 우주자연만물을 창조하신 신과 현대인들의 관계는 어떤 것이고, 21세기 현대사회와 먼 미래에선 어떻게 정립되어야할 것인지, 인류가 창달한 과학문명과 자연과의 관계는 어떻게 병립되어야할 것인지, 우리사회의 '불균형과 부조화'의 현상들을 어떻게 인식하고 대처할 것인지에 대하여 이젠 고민하지 않을 수 없다. 그러나 불행하게도 이에 대한 명쾌한 해답은 없어 보인다.

그러나 필자의 이런 생각과 고민은 이제 더 이상 고민으로만 둘 수 없다는 판단이다. 누구나 그 중심적 균형을 어떻게 바로잡고 조화롭게 할 것인지에 대한 끝없는 탐구이고 질문이다. 이것은 인류가 이룩한 찬연한 문명 속에서 과연 '인간의 행복'을 어떻게 지켜갈 수 있을 것인지에 대한 절실하고 진지한 고민이다. 그리고 미래를 살아가야할 현대사회의 창창한 젊은이들에게 오늘의 과학문명은 어떤 의미이고 무엇이 미래비전과 희망을 담보하고 있는지. 그들이 풀어가야 할 당면한 과제와 미래의 남겨질 문제는 무엇인지. 그들에게 물려줄 기성세대의 가치와 희망엔 어떤 것이 있는지. 또 행복의 가치들은 어디서 어떻게 찾을 것인가에 대한 함의이다.

그러나 그 어디에도 명쾌한 정답은 없어 보인다. 배움이 크다고 해서, 물질이 풍요롭다고 해서, 과학문명이 찬란하다고 해서 우리 현재의 삶이 그렇게 더 행복해 보이지는 않는다. 다만 물질의 풍요가 제공하는 안위와 기쁨에서 다행함을 느껴야하는 메마른 현실이 그렇다. 현대인들이 아무리 학문적지식이 뛰어나고 영특한 과학문명의 창조적 기술능력이 탁월해도 오늘날 우리가 직면한 현실의 삶에서 그 고단함과 문명으로부터 전이된 고통과 불행의 병폐를 완전히 불식시키고 차단할 방도와 비책은 없어 보인다. 모든 사람들이 인간다움의 행복을 누릴 대안은 국가권력에도, 과학문명에도 확실한 보장성이 없다. 그렇게 대다수의 현대인들은 인류가 이룩한 과학문명의 조밀한 그물에 갇혀서 '참다운 문명창달'과 '인간의 삶'에 부합되는 방향으로 진보하지 못하고 점점 불안정한 상태의 괴리만 증폭되어지는 현실에서 미래의 행복은 정말 요원한 것인가 하는 의구심에 이제는 대안이 필요하다고 생각했기 때문이다.

때문에 필자는 나름 그런 문제들에 대한 제시와 대안을 제시하고자 한다. 오랜 기간 잠 못 이룬 진지한 고민 끝에 현대사회의 문명적 병리현상을 치유할 수 있는 값진 인문학적 가치와 사상이 바로 '중용'의 실천적 철학이고 현대사회가 안고 있는 모든 문제들에 대해서 다소나마 그 해답을 얻을 수 있겠다는 확신을 갖게 되었다. 잘만하면 우리사회의 모든 사람들이 지금보다는 훨씬 더 나은 희망과 행복의 삶이 될 수도 있다는 앞선 기대에서다.

그러나 오늘날 현대사회가 지향하는 교육제도에서는 이런 문제에 잘 부합되는 해답은 별로 많지 않아 보인다. 유아교육에서부터 대학, 사회에까지 일등이 되기 위한 모든 줄 세우기 교육제도에 근본적 철학이 부재했음이 그렇다. 어려서부터 오로지 줄서기로 일관된 반복교육과 학습이 그렇다. 그 줄서기에서 밀려나면 바로 인생의 낙오자가 되는 것이 오늘의 현실이다. 때문에 뒤로 밀려나지 않기 위해 서로 밀치고, 잡아당기면서 생존을 위한 지난한 혈투에 연속적 과정이 반복될 뿐이다. 그래서인지 얼마 전 또 카이스트에서 우리의 귀중한 인재 젊음이 희망의 꿈을 꽃피우지 못한 채 스스로 또 생을 마감하고 말았다. 참으로 가슴 아픈 일이 아닐 수 없다. 그것은 미래사회의 문명적 삶에 부응할 수 없다는 처절한 절망이었을 것이다. 어쩌면 그에 그런 선택은 아무런 대안을 제시하지 못하고 있는 현대사회의 기성세대와 문명의 주역들에게 마지막 던지는 충고였을지도 모를 일이다. 오늘날 교육제도의 현실이 절대적 희망이 될 수 없음을 깨닫는 순간에 절망과 절박함이었을지도 모른다. 얼마나 반복적 줄 세우기 학습이 무의미했음을 증명하는 충격인가. 과학문명의 빛이 빛나면 빛날수록 인간들이 함께 누려야할 삶의 '참 가치와 행복' 그리고 그 '본질적 가치'는 어디에서 찾을 수 있을까? 참으로 그 가치에 행방이 묘연해지는 세상이다.

물질은 풍요롭고 넘쳐나는데 부와 빈의 간극은 줄지 않고 강(强)과 약(弱)의 사이에 불평등과 불공정은 더욱 심화되고 좌우 대립의 갈등과 부조화의 현상은 우리사회의 곳곳에 '양극화'라는 이질적 행태로 광범위하게 터를 잡고 만연하고 있다. 양극화라는 괴리의 꽃은 공포와 표독에 미소로 만발하여 인간이 누려야 할 '행복에 아름다운 꽃밭'을 점령하고 우리의 삶에 불안을 조성하고 교활하게 양극화의 영역을 더욱 확장 증폭시켜가고 있다.

때문에 21세기 미래인류문명사회의 번영과 비전을 간직해야 할 우리사회의 '참 가치'들이 바람 부는 날에 나무들처럼 그 중심을 잃고 마구 흔들리고 있다. 우리 인류가 지향하는 행복추구의 궁극적 미래가치도 이미 방향을 잃고 표류한지 오래다. 이러한 오늘에 현실 앞에서 우리는 과연 어디를 향해 어떻게 가야하는지를 알게 하는 이정표가 '중용의 인문정신'이라고 할 수 있다.

거대 문명의 빌딩숲엔 물질만능주의와 약육강식의 논리가 점령하고 있는 정글일 뿐 어디를 향해 가야 행복을 이룰 수 있는지 알게 하는 이정표는 그 어디에도 없다. 이런 사회적 현상들에 대해 그냥 이유도 모르는 체 술렁이는 바람처럼 이리 쏠리고, 저리 쏠리고 할 뿐이다. 이 얼마나 애처로운 삶이고 눈물 나는 현실인가. 그러나 일부 계층과 소수의 부와 강들은 이런 난기류의 사회현상 속에서도 마치 파도타기를 즐기듯 짜릿한 스릴과 풍요의 낭만을 그들만의 방법으로 즐기고 있다.

문제는 이런 소수의 풍요와 낭만은 용인하더라도 문제는 우리사회의 다수인 중산층과 서민에 삶이 더욱 피폐한 빈곤의 나락으로 추락하여 그 '불균형과 부조화'의 사회적 불안 현상 속에서 보호되지 못하고 있다는 사실이 그 문제의 심각성을 더하고 있다. 이것은 이 사회의 일부 몰염치한 강(정치+권력)들이 자기들 밖에 모르는 에고이즘과 무지, 실종된 도덕성(morality) 때문이다. 결코 좌가 없으면 우에 가치도 무가치하고, 그들과 저들이 없으면 나도 존재하기 어렵다는 평범한 진리를 간과하고 있기 때문이다.

이제부터라도 우리는 평화롭고 행복해야할 우리의 삶이 왜, 무엇 때문에 이리 저리 휩쓸리는지 그것을 바로 알아야한다. 바로 그것을 알게 해주는 학문이 '중용'의 인문학적 사상이고, 실천적 생활철학이라고 할 수 있기 때문이다.

바로 이러한 이치를 일상을 통해 깨닫는 것이 '중용'이고 이에 부합하는 실천적 이치가 '군자의 도리'이다. 그러나 이 처럼 훌륭한 학문이 정말 어려워서 가까이 할 수 없다면 이는 우리 인간의 삶을 위한 학문이 아니다. '도(道=사람이 가야할 길)'가 사람에게서 멀리 있다면 그것은 도(道)라고 말할 수도 없다. 그렇듯이 사람을 위한 학문적 이치가 우리에게서 멀리 있고 가까이 할 수 없다면 이 또한 무용한 학문적 이치에 불과하다. 그러나 그것은 기우이다. 이 '중용'이 다소 어렵다고는 하나 결코 멀리할 수밖에 없는 학문은 절대 아니다. 다만 그것을 실천하는 자가 자신의 과도한 탐욕과 이해관계를 기준으로 판단하고 행동하려는 데서 생겨나는 문제로서 다만 그 실천이 좀 어렵다하는 것이다.

현재 우리사회의 대중적지도층인사에서 중용에서 말하는 '군자지도(君子之道)'에 가장 잘 부합되고 가까운 적임자는 과연 누구일까? 궁금하다. 이에 해당하는 사회지도층인사가 많으면 많을수록 좋다. 그러나 현실은 그렇지 못하다. 지금까지는 보수와 진보의 대립적 관계 속에서 '중도적 가치'를 양단(보수와 진보)이 철저히 무시해온 결과이다. 보수는 진보를 인정하지 않으려 했고, 진보는 보수를 인정하려 하지 않은 데서 비롯된 결과이다. 하지만 이 양단이 간과하는 것이 있다. 양단은 중단(中端=中央)이 존재할 때만 비로소 존재하게 된다. 즉 중단이 없는 양단은 존재할 수가 없다. 그럼에도 중단은 안중에도 없다. 그렇게 상대를 인정하지 않고 화합을 운운하는 것은 언어도단이다.

그러나 분명 우리사회의 가치는 변화하고 있다. 그 변화의 중심에 놓인 것이 양단을 아우르는 중단의 중도·중용의 가치이다. 그런 점에서 서울대융합과학기술대학원장 안철수 교수(현·국회의원)나 아름다운재단, 아름다운가게를 운영하던 박원순 현 서울시장 또는 동반성장위원회 위원장 정운찬 전 총리 같은 분들이 이 양단의 가치를 모두 소중히 인식하고 있음은 매우 다행한 일이 아닐 수 없다.

때문에 오늘날 정치적 지형이 많이 변화하고 있다. 그것은 양극

양단의 가치를 가장 정확히 잘 이해하고 실천적 철학을 보여주고 있는 구심체가 존재하고 그 정체성을 드러내고 있기 때문이다. 그 것은 바로 흔들리지 않는 중도적 '균형과 조화의 중심적 위치에서 양단을 관장'하고 있기 때문이다. 이처럼 '중도와 중용'은 공정하고 균형 잡힌 합리적사고의 기준이 되고 있다.

그럼에도 누군가 중용이 어렵고 그래서 가까이 하려해도 가까이 할 수가 없고 사람들은 점점 이 '군자의 도리'에서 멀어지게 될 수 밖에 없다면 아무리 괴롭고 힘들더라도 그냥 문명의 노예로 살아야 할 것이다. 그 문명의 노예가 되지 않기 위해서라도 조금은 어렵더라도 작은 도리부터 하나하나 실천에 옮기다보면 실천하기 어려운 큰 도리도 충분히 가능한 것임을 알 수 있다. 만일 예수님이나, 공자님, 석가모니 붓다께서 오늘날 현대인들이 가지고 있는 탐욕을 단 0.1%라도 가졌었다면 역시 성인의 길을 온전히 갈 수 있었을까? 당연히 그렇지 못했으리라는 생각이다. 과거 역사적으로 볼 때 욕망이나 물욕 때문에 문제가 되었던 성인군자는 아직 한분도 안계시다. 이는 오늘날 현대사회의 종교지도자들이 가슴깊이 새겨 일깨워야할 종교적 가치요 덕목이라 할 수 있다.

이제 우린 그것을 알기 위해서 나를 똑바로 세우는 방법과 기술이 이 '중용'의 도리에 있음을 새롭게 인식해야 한다. 이러한 문제들에 대해서 진지한 고민과 해답을 구하고자할 때 나 자신은 물론 우리와 그들을 포함한 모두가 사람다움의 삶과 행복의 길을 찾을 수 있다고 확신할 수 있다. 그러나 이러한 문제의 해법과 답을 구하는 데는 '문명사회의 배려와 동의'가 전제되어야만 가능하다. 그 것은 이미 인간의 힘으로 통제되지 못하는 강력한 힘 때문이다. 다시 말해 인류가 과학문명의 힘을 빌려 문명을 창조하고 창달했지만 이미 인간은 그 문명의 지배하에 세상을 살아가고 있기 때문이다.

　그런 문명의 영향력아래에서 벗어나서는 이제 현대인들은 아무것도 할 수가 없다. 그렇게 문명에 의존도가 높아질 대로 높아진 오늘의 현실에선 어쩔 수 없다. 사람 된 입장에서 자존심은 상하고 기분이 나쁠지는 모르지만 주객의 전도라고 보아야한다. 그러나 아직 희망은 있다. 우리인류는 문명의 지배와 억압으로부터 흔들리지 않고 균형을 잡을 수 있는 지혜가 있다. 자전거를 탈 때 아무리 굴곡진 길이라도 균형을 잘 잡으면 절대 쓰러지지 않는다. 그러나 운동장 같이 평탄한 길이라도 그 중심과 균형을 잡지 못하면 앞으로 전진은커녕 곧 쓰러지고 만다. 나의 균형이 우리사회의 균형이고, 우리사회의 균형이 나라의 균형이고, 나라의 균형과 조화가 우리의 삶에 행복을 싹트게 하는 옥토가 될 수 있기 때문이다.

　아직은 희미하지만 분명이 이에 비답이 있을 것이라는 확신이다. 앞으로 미래의 문명사회에선 '중용'의 인문정신과 사상이 아니고서는 자기의 힘과 능력(신자본주의+권력)만을 믿고 내달리는 미래의 문명사회를 효과적으로 통제하고 제어할 학문은 별로 없어 보인다. 현대문명의 학문이론에선 불가능할 수밖에 없다. 그것은 현대사회의 모든 학문이 '자본과 과학'을 바탕으로 한 문명창달의 이론이다. 자본과 과학의 속성은 뒤를 돌아보지 못하는 속성이 있다. 그 이론의 내밀함 속엔 본능처럼 제어되지 않는 강자(정치와 권력)들의 탐욕과 물욕주의가 현대사회의 모든 이즘(ism)에 가치를 뿌리째 무력화하고 세상을 지배하고 있기 때문이다.

　과거 무분별한 자본의 예찬과 실패한 자본의 이론을 비판하고 반성하는 신자본주의 이론이 이름 하여 '자본주의4.0'이다. 경제평론가 아나톨 칼레츠키가 주창한 '자본주의4.0'은 시장의 기능을 존중하되 기업 등 시장참여자의 '사회적 책임과 다 같이 행복한 성장'을 중시하고 지향하는 '따뜻한 자본주의'로 정의하고 있다. 소외된 계층에 대한 관심과 사회의 약자들을 배려하고 중시한다는 이론으로 현대문명사회의 창달에 선봉장역할을 하고 있는 자본의 얼굴을 새롭게 치장하고 옷을 새로 입혔다.

아나톨 칼레츠키가 분석하고 있는 이런 신자본주의 경제이론엔 그 동안 과거 자본이 얼마나 본질을 잊고 독선적으로 방종했었는지를 잘 증명하고 확인시키는 사례이다. 그러한 인식의 기초하여 잃었던 자본의 '중심과 균형'을 다시 똑바로 잡아 세우지 않으면 안 된다는 인식하에 내려진 올바른 경제이론의 처방이다. 나름 과거 자본의 진화과정에서 빚었던 자본주의의 오류를 반성하고 그 궤도를 4.0자본주의 이론에서 수정보완하고 바로잡아 공공경제정책과 전략에서 합리적이고 실용적인 가치를 강화해야한다는 해법이다.

아나톨 칼레츠키의 이 새로운 4.0자본주의 이론대로만 세계자본주의 경제가 돌아갈 수 있다면 현재보다는 좀 더 나은 미래인류문명창달에 커다란 희망이 될 수 있을 것이란 기대이다. 하지만 그 얼마나 실효성이 있을지는 두고 볼 일이다. 그것은 앞에서 언급한 바와 같이 '자기제어를 모르는 자본의 속성'도 문제지만 그 힘에 종속된 '자본의 주역'들이 근본적으로 새롭게 태어나지 않는 한 그럴싸하게 겉옷만 다시 입힌 결과에서는 별로 기대될 것이 없다는 우려에서다. 아나톨 칼레츠키의 진정성 있는 고심 끝에 나온 경제이론은 인정되고 이해되지만 자본이 단계적으로 진화되어 온 과정이라는 것은 결국 자본 자체의 문제가 아니라 그 자본의 주체인 인간이 추구했던 가치관의 문제였었다는 점에서 설득력이 약하다. 그런데도 또 다시 자본의 내면적 본질을 제대로 보려하지 않고 화려하게 겉옷만 입힌 '4.0신자본주의'에 요란스런 모습만으로 우리사회의 모든 문제가 일거에 해결되어질 것 같은 대안처럼 인식하는 자체가 문제이다. 그것은 과거의 오류와 답습, 폐단에 대한 진정한 반성과 성찰이라고 볼 수 없다는 것이 필자의 생각이다.

최근 '동반성장위원회'가 추진하고 있는 일들에 대하여 대기업들에 미지근한 참여도와 위원회가 평가한 '동반성장지수'의 낙제점만 보아도 얼마나 대기업들이 자기중심적이고 '4.0자본주의' 이론처럼 '사회적 책임과 다 같이 행복한 성장'을 중시하고 지향하는 '따뜻한 자본주의' 정신에 걸맞게 상대를 배려하고 있는가에 대한 대기업의 부정적 정서가 이를 뒷받침하듯 의문은 여전하다. 한마디로 생각이 다른 '동상이몽'이다. 이러한 생각들은 우리사회의 곳곳에서 심화되고 있는 '사회양극화를 제대로 제어하고 잡아낼 수 있는 대안'이라고 믿기가 어렵다.

이러한 문제들에 대해서 진즉 고민했어야할 자본과 그 자본의 주역들이 과거 아무런 해법과 대안을 불행하게도 제시하지 못했다. 대안을 제시하기는커녕 오히려 탐욕에 눈이 멀어 세상을 지탱하고 있는 '중도적 가치'를 외면하고 무시한 것이 결국은 세계경제의 침체를 불러온 화근이 되었다. 지구상에 인류가 어떻게 하면 함께 행복할 수 있는지에 대한 진지한 고민도 없었다. 오로지 물질만능의 독선적 힘에 편승해서 화려하게 빛나는 문명의 허상만 찬연히 꽃피우면 된다는 식이었다. 인간의 지고지순한 향기는 없어도 표독스런 문명의 꽃만 일방적으로 잘 피우면 된다는 식이 아닌가? 함께 나누고, 함께 누리려는 것이 아니라 나만 소유하고 만족하면 된다는 식이 아닌가 묻지 않을 수 없다.

때문에 물질만능주의가 만들어내는 '사이보그' 같은 현대인의 삶이 탄생된 것이다. 우리의 현실이 이대로라면 가진 자와 강자들은 몰라도 빈자와 약자들은 아무런 미래의 희망이 없다. 그냥 문명의 노예가 될 뿐이다. 강자는 그나마 문명과 벗하며 살 수 있을지는 몰라도 그러나 결국 강자도 문명의 노예이기는 마찬가지다. 약자를 보호하고 책임지지 않는 강자는 진정한 강자가 아니다. 강자에게 강자의 능력이 부여된 것은 약자를 보호하고 책임져야한다는 '인애의 사상'과 당위성이 전제된 것이다. 그리고 함께 추구해야할 가치를 공유하는 '인문정신'이 부여된 것이다. 이것이 인류가 지향하고 포기할 수 없는 미래지향성의 '중도적 가치'이다.

'중용'의 도리에 따라 어느 한쪽으로 기울지 않고 평형(균형)을 이루도록 한 것이 현대사회가 강자들에게 부여한 힘의 암묵적 덕목이다. 만일 약자를 배려하지 않고 책임지지 않는 강자의 무도(morality)한 행태에 대해서는 비도덕적 폭거로 규정되고 비판받아 마땅하다.

그러나 문제는 앞에서도 언급했지만 미래의 선봉에 선 문명과 자본의 주역들에겐 그런 인문정신에 통찰력과 약자를 보호하고 책임지는 진정한 강을 기대할 수 없다는 것이 오늘 날 문명사회의 현실이다. 그것은 안전속도를 지킬 줄 모르는 문명의 힘 때문이다. 문명의 힘은 반드시 '인문정신이 응축되어진 가치'에서 발현되어야 한다. 그러나 현대사회의 힘은 '재화(돈)와 권력의 융합'이다. 즉 재화와 권력을 거머쥔 문명의 주역들이 현대사회의 강자로 군림하고 문명의 도로위에서 마구 과속을 하고 있기 때문이다. 도로위에서의 교통사고는 대부분이 과속이 주된 원인이다. 때문에 도로 위를 달리는 문명의 주역들은 안전속도를 준수하고 상대를 배려하여야 한다. 그리고 내 자신 스스로가 잃어버린 속도감의 중심을 되찾고 내 중심을 내 스스로 수호하지 않으면 안 된다. 내 중심을 수호하고 사물의 중심을 똑바로 인식하기 위해서는 중심에 바로서야 한다. 그래야 그들에게 일방적으로 휘둘리지 않을 수 있다. 그것이 중용적 '중심보기' 이론이다. 그렇게 될 때에 비로소 '나의 행복추구를 비롯해서 그들과 저들의 행복추구도 함께 가능해진다.' 라고 하는 것이 필자의 생각이고 겁도 없이 오랜 기간 집필에 들어가 몰두하게 된 이유이다.

이제 미래의 트렌드는 '변화 속에 균형과 조화' 이다. 중용의 중심적 가치가 그 중심을 잃고 표류하고 있는 우리사회의 모든 이즘(ism)에 가치와 인간이 지향하고 추구하는 삶의 '참 가치들에 균형잡기' 를 하게 될 것이기 때문이다. 그렇게 해서 잃어버린 나의 중심을 되찾고, 흔들리는 가정의 중심을 튼튼히 하고, 흩어진 사회의 중심과 역량을 모아서 '합리적 균형과 조화' 를 이룰 수만 있다면 바로 그것이 인류의 평화를 이룩할 또 하나의 대안으로서 한 방법이 될 수도 있음이라 믿기 때문이다.

그렇게 해서 국가에 대한 미래 비전을 갖고 국가를 부흥시키고, 미래인류의 문명창달과 인류의 행복가치를 향상시키고 누릴 수 있는 '카르페 디엠(Carpe diem=동양적 시중의 개념)' 이 우리의 삶에 궁극적 목표가 되어야하지 않을까?

이유야 어쨌든 본 책(1권~4권)에서 독자들에게 전하려는 메시지의 키워드(key word)는 크게 세 가지이다. 첫째는 미래의 '균형과 조화(Balance and harmony)'에 대한 핵심적 가치를 인식시키려는 의도이다. 둘째는 새로운 행복(New happiness)의 가치추구이다. 첫 번째의 가치가 실현되고 나면 우리의 궁극적 목표인 행복이 보다 많은 사람들에게 주어질 수 있기 때문이다. 셋째는 변화의 가치(Value of change)이다. 이제 미래사회의 트렌드는 어떠한 변화와 상황 속에서도 중심을 잃지 않고 균형과 조화를 이루어내는 가치가 우선시 되어야한다. 그리고 이것을 통해서 우리 자신의 삶과 더불어 사는 것의 '진정한 행복추구의 가치'를 구현하고 성인들의 가르침에서 삶의 지혜와 그 도리를 익히려는 인문정신의 메시지라고 이해하면 될 듯싶다.

'중용'에선 균형과 조화의 가치와 행복추구의 가치 말고도 더욱 많은 가치를 총체적으로 담고 있다. 그러나 일단 우리가 이 '중용'을 통해서 알게 된 '균형과 조화'의 보편적가치만 제대로 이해하고 잘 실천할 수 있어도 절반은 성공이다. 중용은 정치·경제·사회·문화 모두를 망라해서 중심적 균형과 조화로써 미래사회의 문명을 창달하라는 인문정신의 메시지이다. 이는 인간의 삶에 근본적 원리기 때문이다. 중용은 이처럼 그 어디에도 적용되지 않는 곳이 없다.

이제부터 중용은 더 이상의 학문을 위한 명사적 고전이어서는 안된다. 이젠 현대인의 일상적 삶에서 동사적 개념의 생활철학적영역이다. 중용은 한시도 인간의 삶을 떠나 있었던 적이 없는 생활 속에 실용사상이다. 21세기 들어 서양문명과 학자들이 다시 동양사상의 심오한 뿌리를 배우기 시작했다. 이제 '중용'은 학문만을 위한 고전이어서는 안 된다. '중용'이라는 고유명사에서 벗어나 하루 빨리 현대인들의 일상으로 들어와 실천되어지는 '동사'적 학문으로 거듭나야 한다. 그것은 움직임의 현상 속에서 인간의 삶이 창조되어지기 때문이다. 현대인들의 손과 발에서 활발하게 작용하여 사물과 사물, 인간과 인간, 자연과 과학의 관계에서 중화를 이루고 불균형과 부조화의 현상을 새롭게 승화 변화시키는 '동사적' 인문정신의 매개체로서 미래사회의 새로운 문명창달을 이룩해야 한다. 우리 인간이 추구하는 쾌락이나 행복도 명사가 아닌 구체적 '동사'에서 만들어지기 때문이다.

또한 제아무리 훌륭한 학문이라도 인간의 삶에 행복을 주지 못한다면 그것은 형식의 불과한 학문이고 무미건조한 철학일 뿐이다. 시대가 다르다 해서 삶과 행복의 근원이 바뀌는 것은 결코 아니다. 현대를 사는 우리가 21세기 미래의 주역인 문명인들이라고는 하지만 우리는 알 수 없는 문명과잉시대의 증후군과 같은 중병을 앓고 있는지도 모른다. 때문에 삶의 가치가 흔들리게 되고 '중심과 균형'을 잃게 되는 원인이 된다. 따라서 나의 '중심잡기'와 '행복 찾기'에 지침이 될 수 있는 진지한 학문에 관심을 기울일 필요가 있다.

우리의 일상적 생활은 모두가 관계와 관계 속에 이루어지는 현상과 작용의 결과이다. 이를 실천하는 중심(中心=중용적 사고)은 결국 존재하는 나로부터의 시작이다. 일상에서 스스로 실천하고, 스스로 깨닫고, 스스로 쌓아 가는 것이 우리가 완성시켜가야 할 덕(德)의 가치이다. 최상의 덕은 바로 인(仁)에 근본이라고 한다. 이런 인문정신의 완성이 '행복의 삶'을 실현하는 궁극에 가치가 될 것임이 분명하다. 이것은 세상의 관계 속에서 나의 중심(中心)을 찾는 것이고 제대로 된 나의 삶을 실현해 가는 중도적 중용의 도리(道理)이다. 그 속에서 우리의 삶이 '균형과 조화'를 이룸으로서 모두가 행복할 수 있기 때문이다.

■ 본 책의 구성

부득이 이 책에서는 남녀노소 누구나 쉽게 읽고, 쉽게 이해하고, 쉽게 알게 하기 위한 목적에서 꼭 필요한 부분만 발췌 인용하여 이해를 돕고자한 것이 특징이다.

특히 책의 구성에 있어서도 중용 각장의 순서대로 각장의 원문형식에 맞춰 원문에 번역과 요지를 해석하는 방식을 과감히 탈피하고 원문은 책의 뒤편에 두어 꼭 읽지 않아도 되게 하였다. 그것은 본 책의 내용이 자칫 학문을 위한 학문적 이론에 치우치게 될 우려를 범하지 않기 위해서다.

독자들로 하여금 마치 학문적 이론에 능통해야만 이 '중용'을 잘 이해하고, 잘 알아야 실천할 수 있다는 독자들의 편견이나 오해를 염려해서다. 너무 지나치게 학문적 이론에 사로잡히게 되면 더더욱 어려워질 수 있기 때문이다. 따라서 개략적 이해와 해석이 좋고 그것만으로도 '중용'을 현대인들이 일상에서 충분히 이해하고 중용적 도리를 실천함에 있어서도 별 문제가 되지 않기 때문이다.

필자가 학문적 원문 해석에 초점을 두었어야했다면 그것은 굳이 이 책이 아니라도 좋다. 그것은 이미 많은 학자들의 조밀한 이론을 바탕으로 한 훌륭한 저술서가 서점에 많이 나와 있다. 하지만 그것은 깊은 학문적 이해가 필요하지 않은 일반 독자들이 읽기에는 너무 어렵기 때문이다.

■ 본 책 시리즈의 구성과 각권의 내용을 보면 다음과 같다.

인문의 숲 고전 001『인문의 시소를 타고 놀아보자』에서는 고사성어로 알아보는 균형과 조화의 교훈이다. 우리의 삶에 지혜가 될 수 있는 고사성어를 통해 중용의 참 뜻을 이해하고 중심적 사고와 합리적 균형이 어떻게 인간관계에서 이해될 수 있는지를 설명하려 했다.

인문의 숲 고전 002『잠든 명사를 깨워 놀아보자』에서는 중용의 이해와 더불어 개념을 각각의 주제와 내용에 따라 중용의 기본적 개념과 이론을 포괄적 내용으로 담고 인용문에 맞춰서 주석을 달았다. '중용의 이해'와 관련하여 현대적 감각과 정서로 필자의 중심적 개념을 정의하고 '중심의 중'과 '중용의 중' 사이에서의 연관성을 찾아 동의적 개념으로 일치시키고 설득하려했다. 결국은 '중심의 중'이나 '중용의 중'이나 같은 뜻임을 설명함으로써 중용에서 이해하기 어려운 '중'을 알기 쉽게 설명하였다. 그리고 그 중심이 모든 사물의 작용과 현상에서 어떻게 '균형과 조화'를 이루는 근거가 되는지 집어보았다.

인문의 숲 고전 003 『희망을 잉태한 동사』에서는 우리의 일상과 삶에서 일어나는 현상들과 사회의 현상들에서 문제시 되는 '불균형적 요소'들을 찾아내어 균형과 조화의 합리적 작용에 대한 사례를 들어 중용에서 말하는 실천적, 실용적 사상의 이해를 알기 쉽게 했다.

인문의 숲 고전 004 『이자견 저자견』에서는 현대인의 일상적 삶의 대명사라 할 수 있고 현대사회의 근간이랄 수 있는 정치 · 경제 · 사회 · 문화를 각각의 테마로 분류하였고 그 테마에서 중요시 되는 사회적 기능과 작용에 대해서 분석하고 중용의 도리와 이론에 바탕이 어떻게 중심과 균형을 이루고 조화롭게 작용할 수 있는지에 대한 사례와 어떻게 실용적, 실천적생활철학사상으로 작용하고 있는지를 알아보았다.

각권 말미마다 중용 제1장에서 제33장까지 '중용원문'을 실었고 각장의 내용을 의역이 아닌 직역에 가깝게 해석한 것은 독자들이 중용을 이해하는데 편의를 도모하기 위함이었다. 각각의 원문에 맞게 별도의 토를 달고 원문과 해석이 간결하게 함으로써 중용에 기초가 없는 독자들의 독해를 쉽게 한 것이 이 책의 특징이다.

'중용'은 개략적으로 보면 인간의 본성으로부터 인간의 삶 속에서 이루어지는 자연의 이치, 도리, 근본, 사물의 작용과 현상, 관계와 관계를 비롯해서 인간의 삶에 모든 존재와 가치들에 대한 내용으로 구성되어 있다. 그러나 본 중용 시리즈에서는 기존 '중용' 원문의 형식에 얽매이지 않고 필요한 것만 선별적으로 기술한 것이 본서의 특징이라 할 수 있다. 때문에 이 4권의 책에서 아직 기술하지 못한 것이 많다. 이를테면 각장마다 원문 전체를 다루지 않았다. 그것은 이 책의 키워드가 '균형과 조화'에 맞춰 있었기 때문이다. 따라서 '균형과 조화'에 핵심적인 부분과 연관성이 적거나 없는 부분들에 대해서는 과감히 생략하고 선별적 취사를 했다. 그러나 책의 후미에 '중용'에 원문을 제1장에서 제33장까지 순서대로 기술하고, 간단히 직역을 해둠으로써 독자들이 필요한 앞, 뒤 문맥을 이해하는데 도움이 되도록 했다.

인문의 숲 고전3 『희망을 잉태한 동사』와 인문의 숲 고전 004 『이자견 저자견』은 2014년 2월과 4월에 출간을 목표로 하고 있으며 인문의 숲에서 발행하는 고전 중용 시리즈에 많은 애정과 사랑으로 관심을 갖고 계신 독자 여러분들께도 필자는 깊은 감사의 말씀을 드립니다.

이 책 인문의 숲 고전 002『잠든 명사를 깨워 놀아보자』에서의 특징은 현대 문명사회의 현상들에 대해서 '중용의 사상적' 이론에서 분석한 내용이다. 인문의 숲 고전 001『인문의 시소를 타고 놀아보자』에서 우리의 삶에 지혜가 될 수 있는 고사성어를 통해 '중용의 참뜻'을 이해하고 중심적 사고와 합리적 균형이 어떻게 현대사회의 인간관계에서 작용되고 이해될 수 있는지를 설명했다면 여기에서는 실제 중용의 참 뜻과 이론을 근거로 우리의 일상에서 그 중심을 바로 보고 그 중심을 지켜갈 수 있는지에 대한 고민과 대안이 제시되었다.

이 책 후편에 중용 제1장에서 제33장까지 '중용원문'을 실었고 각 장의 내용을 의역이 아닌 직역에 가깝게 해석한 것은 독자들이 중용의 원문을 보다 쉽고 충실히 이해하는데 편의를 도모하기 위함이다. 각각의 원문에 맞게 별도의 토를 달고 원문과 해석이 간결하게 함으로써 중용에 기초가 없는 독자들의 독해를 쉽게 한 것이 이 책의 특징이다. 그리고 이 책의 원문은 주자의 장구를 따랐으며 토는 문맥을 고려하여 고어고투를 그대로 사용하기도 했다.

『중용』은 개략적으로 보면 인간의 본성으로부터 인간의 삶 속에서 이루어지는 자연의 이치, 도리, 근본, 사물의 작용과 현상, 관계와 관계를 비롯해서 인간의 삶에 모든 존재와 가치들에 대한 내용으로 구성되어 있다. 그러나 본 책에선 기존 '중용' 원문의 형식에 얽매이지 않고 현대의 문명인들에게 꼭 필요한 것만 선별적으로 기술한 것이 본서의 특징이라 할 수 있다.

■ 차 례 ─────────────────────────────

中庸의 理解

중용(中庸)과 인문학의 정신

일반적으로 중용(中庸/golden mean)의 사전적 의미는 '어느 쪽으로든지 치우침이 없이 중정(中正)함'이다. 그러나 중용의 의미는 더 깊고, 더 폭넓게 쓰인다. 중용의 중(中)은 어느 쪽으로도 치우침이 없고, 그 무엇에도 의지함이 없는 것으로 불편불의(不偏不倚)[1] 함이다. 또한 지나침도 못 미침도 없는 것으로 무과불급(無過不及)의 상태를 중(中)이라 한다. 감정이 겉으로 드러나지 않은 중(中)의 상태가 바로 희로애락지미발(喜怒哀樂之未發)[2] 이라 하고, 용(庸)은 변

---

1) '불편불의(不偏不倚)' 라함은 정자가 말한 재중(在中)의 의미이니, 감정이 발하기 이전 미발(미발)의 상태로서 치우친(偏倚)바가 없음을 말함이다. 다시 말해 불편불의는 마치 사방 어느 곳에도 치우치지 않은 것으로서 이것은 마음의 본체요, 공간(地)에 있어서는 중앙이다. 박완식,「중용」, 여강출판사, 2005, p, 348 참고인용,

2) 본서 중용 제1장 원문에 나오는 말씀이다. 양방웅,「중용과 천명」, 예경, 2006, pp, 244~246 참고인용. 김충열,「김충 열교수의 중용대학강의」, 예문서원, 2007, p,115 참고인용. 류영모 · 박영호,「공자가 사랑한 하느님」, 교양인, 2010, pp,58~59 희로애락이란? '제나(自我)의 감정을 말한다. 그러므로 희로애락이 일어나지 않았다는 것은 제나의 개체(個體) 의식이 깨어져 비었다는 말이다.' 참고인용.

함없는 상태로 평상, 불역(平常, 不易)을 의미한다.

중용에서는 희로애락의 미발(未發) 상태를 중(中)이라 하되, 발(發)하여 중절(中節)된 것을 화(和)라고 한다. 여기서 중(中)이란? 희로애락의 감정이 발(생성/작용)하지 않은 상태로서 그 내면적 마음의 상태를 의미하는 것이며, 화(和)는 이미 촉발된 정(情)이 중(中)에 의해 조절되는 상태를 의미한다. 또한 사려(思慮)가 싹트지 않고 사물이 발하지 않은 때를 미발(未發)이라 하고, 이때의 심(心)은 적연부동(適然不動)한 본체로서 천명지성(天命之性)[3]이 온전히 갖추어진다고 했다. 따라서 이러한 상태에서는 과불급(過不及)이나 치우침이 없기 때문에 이것을 마땅히 중(中)이라 했다. 또 세상의 일들에 감이수통(感而遂通)하여 희로애락의 정이 촉발되면 심(마음)의 작용이 드러나게 되는데, 이때 적시적합(適時適合)[4]에 의해 중절되는 상태를 가리켜 화(和)라고 했다.

이처럼 중용에 대하여 자사(子思-중국 전국시대 노나라의 유학자)는 성(誠)을 천지와 자연의 법칙으로 삼고 천인합일(天人合一)의

---

3) '하늘이 인간 만물을 낳고 그 생명들에게 각기 나름대로 살아갈 수 있는 지능의 씨앗을 심어 준 것을 성(性-선천적 본성 자체)이라 하고,' 김충열,「김충열 교수의 중용대학강의」, 예문서원, 2007, pp.113~116 참고인용. '성(性)은 하늘이 부여해준 천성(天性)이며, 이 내재적 성(性)을 끌어내어 나타나게 하는 것이 도리(道理)이다.' 양방웅,「중용과 천명」, 예경, 2006, pp, 219~220 참고인용. '하늘 뚫린 줄(命)을 바탈(性)이라 하고' 류영모 · 박영호,「공자가 사랑한 하느님」, 교양인, 2010, pp,43~44 참고인용.

4) 군자지중용야, 군자이시중(君子之中庸也, 君子而時中)- 군자가 중용을 지킴은 군자는 알맞은 때를 가려 일을 하고 견지하기 때문이다. 이것이 바로 적시적합(適時適合)이고 이것은 어떤 일이나 상황을 맞이해서 결론에 대한 판단이나 결정을 내리는 때와 행위를 함에 그것에 맞는 가장 알맞은 때를 말함이다. 김충열,「김충열 교수의 중용대학강의」, 예문서원, 2007, pp,139~140 참고인용. 양방웅,「중용과 천명」, 예경, 2006, p, 44, 47 시중(時中) 참고인용.

철학으로 주창하였다. 중용을 유가사상의 핵심 주제로 보았으며 중용은 사람들이 모든 행동에서 본받아야 할 원칙 중에 원칙이라 했다. 이 또한 나라를 다스리는 덕치(德治)의 근본이라고도 했다.

서경(書經)에는 "진실로 그 「중용」을 잡도록 하라"는 말이 있다. 서경에서의 중용은 요·순·우·탕으로 이어진 중국 고대 제왕의 정치적 기본원리를 가리키는 개념으로 사용되었다. 논어·맹자에서도 서경과 동일한 개념이다. 이러한 중용의 개념은 인간사회의 도덕적 윤리와 결합한 사상이다.

중용을 실천하는 일은 평범한 사람도 할 수 있을 만큼 쉬운 일이지만 철저히 지키는 일은 성인(聖人)도 매우 어렵다고 했다. 따라서 지극한 성(誠+心)이 곧 중용에 거의 가깝다고 할 수 있고 그 중용을 지키고 근본에서 벗어나지 않는 것이 군자의 도리(道理)이며 인간 세상에서 정해진 삶의 이치(理致)라고 했다.

다시 말해 '중용은 인간의 삶에 조화[5]와 균형[6]을 이루는 인간중심사상(人間中心思想)[7]이고 실천적 학문'이다. 동양고전에서 사서오

---

5) 조화(調和)- 서로 잘 어울려 모순됨이나 어긋남이 없는 것. 조화(Harmony)는 두 개 이상의 여러 요소들이 상호관계가 분리되지 않고 잘 아울러 나타나는 미적 형식이고, 균형감을 잃지 않는 상태에서의 변화와 통일을 포함한 전체적인 결합의 상태. 김충열,「김충열 교수의 중용대학강의」, 예문서원, 2007, p.48 참고인용.

6) 균형(均衡)- 어느 한쪽으로 기울거나 치우치지 아니하고 고른 상태. 기울거나 치우치지 않고 중심을 이루고 있는 상태. 김충열,「김충열 교수의 중용대학강의」, 예문서원, 2007, p.48 참고인용.

7) 인간중심사상(人間中心思想)- 유가사상의 근본은 천지인(天地人)으로서 이것을 삼재지도(三在之道)라 한다. 하늘과 땅이 있고 그리고 인간이 그 중심이다. 그리고 사람이 그러한 천도와 인도를 실현하는 방법에 있어서 공자께서는 '지어도, 거어덕, 의어인, 유어예(志於道, 據於德, 依於仁, 遊於藝)'를 말씀하셨다. 이는 '도에 뜻을 두고, 덕에 의거해서, 인에 의지하고, 예에 노닐며 산다.'는 말이다. 여기에서의 '도(道)'는 지선(至善)을 말함이고, '덕(德)'은 하늘이 인간에게 이상세

경(四書五經)은 사서(四書)에 논어, 맹자, 중용, 대학이고, 오경(五經)은 시경, 서경, 주역, 예기, 춘추이다. 이것이 모두 동양고전이며 이 고전들이 모두 동양사상의 맥을 이루는 유교경전(儒敎經典)이다. 이렇듯 본래 유교는 종교가 아님에도 종교적 위치에 있었던 것은 그 심오한 사상과 철학이 그 어떤 종교이론에 비견되어도 전혀 밀리지 않는 훌륭한 인문정인의 체계화된 이론 때문이다.

종교(宗敎)라 함은 신이나 초자연적인 절대자 또는 힘에 대한 믿음을 통하여 인간 생활의 고뇌를 해결하고 삶의 궁극적인 의미를 추구하는 숭배정신문화 체계에 대하여 종교라 칭할 수 있다. 그런 믿음의 대상과 교리에 따라서 여러 형태가 있지만 애니미즘(Animism-자연계의 모든 사물에는 영적·생명적인 것이 있으며, 자연계의 여러 현상도 영적·생명적인 것의 작용으로 보는 세계관), 토테미즘(Totemism-토템을 숭배하는 사회 체제 및 종교 형태), 물신 숭배 따위의 초기적 신앙 형태를 비롯하여 샤머니즘이나 다신교, 불교, 기독교, 이슬람교 등 따위를 종교라 말할 수 있다.

유교는 믿음의 대상이 절대 신(神)이 아니다. 유교의 경전들은 유가사상을 대표하는 것이지만 인본주의(人本主義)[8] 사상이요, 실용적

계를 건설하고 향유케 하는 능력을 부여함이요, '인(仁)'은 애천(애천), 애인(愛人), 애국(愛國)이며, '예(藝)'는 천지만유의 생명들이 조화롭게 삶을 지속적으로 영위해 가는 것을 말함이다. 따라서 유가의 가르침은 인간관계의 질서규범과 사회조직의 균형과 조화를 중시하는 사상이다. 김충열,「김충열 교수의 중용대학강의」, 예문서원, 2007, p.58~59 참고인용.

8) 인본주의(人本主義)-인도주의. 인문주의. '인본주의'로 순화하여 사용 됨. 인문주의(人文主義)는 서양의 문예 부흥기에 이탈리아에서 발생하여 유럽에 널리 퍼진 정신 고양의 운동. 가톨릭교회의 권위와 신 중심의 세계관으로부터 인간을 해방시키고 인간의 존엄성 회복과 문화적 교양의 발전에 노력하려는 주의이다. 김충열,「김충열 교수의 중용대학강의」, 예문서원, 2007, p.47 참고인용.

현실주의 이론이다. 사람의 일상에서 아주 가깝게 존재하는 실천적 가르침의 학문이고 철학이다. 하여 종교라 하지 않는다. 다만 유가 사상의 경전들이 인문정신의 원리로서 매우 뛰어나고 온전하여 종교처럼 위대하고 훌륭하기 때문에 흔히 바이블과 같이 경전으로 불리고 차츰 역사의 변천과 더불어 종교화의 형태로 불리게 된 것이라고 할 수 있다.

사람은 누구에게나 인간적 욕망과 도덕적 본성(本性)이 함께 내재되어 있다. 때문에 가장 지혜로운 사람이라도 인간적 욕심이 없을 수 없으며 가장 어리석은 사람이라도 도덕적 본성이 없을 수는 없다. 그러나 이 두 마음을 다스리는 이치가 진정한 중용의 이치라 할 수 있겠다. 그러나 이 짧은 뜻풀이만으로는 이 중용의 크고 깊은 학문의 의미가 쉽게 마음에 와 닿지 않는다. 그러나 그것은 당연하다. 물론 어렵다하여 어렵게 생각하면 더욱 어렵고 흥미가 없어진다. 다소 어렵지만 간단하고 쉽게 생각하고 이해할 수 있는 학문이기도 하다. 단 이해는 쉽지만 실천에 있어서 다소 어려울 수는 있다. 그것은 학문과 현실에서 발생하는 다소의 괴리현상(乖離現象)과 혼돈 때문이다. 그리고 얼른 이해가 되지 않는다하여 그 중용의 의미를 아무것도 아닌 것으로 치부 한다거나 경시할 수 있는 학문은 결코 아니다.

혹자들이 간혹 이 '중용'을 이것도 저것도 아닌 난해한 학문 정도로 폄훼하는 것은 매우 잘못 된 단견이다. 그것은 중용의 참뜻은 고사하고 기본적 이해에도 미치지 못할뿐더러 부정하고자하는 비난에 불과한 인식 때문이다. 이 중용의 학문은 누구든 보려면 보이고 알려고 하면 알 수 있는 학문이다. 단 보려하지 않고, 알려하지 않는 자에겐 너무 단단한 차돌의 학문일 뿐이다. 그러나 아무리 단단해도 정(釘)과 같은 예리함과 열정으로 두드리고 또 두드리면 그 실체가 반드시 드러나게 되어 있다.

고전학문에는 익히 알려진 바와 같이 원시유교철학의 사서(四書)가 그 중심을 이룬다. 논어, 중용, 대학, 맹자가 그 대표적 학문이다. 이와 같이 고전학문을 시대에 뒤떨어지고 맞지 않는 고루한 학문이고 어렵기만 한 학문으로 치부할지는 모르겠으나 좀 더 인내를 갖고 탐구하면 매우 흥미진진한 학문이다. 그것은 중용을 알고 이해하면 정치, 경제, 사회, 문화 시대적 편차의 편견은 단번에 일소(一消)되리라 생각한다. 그것은 어느 시대이건 그 시대를 사는 사람들의 삶이란 것이 있다. 그 삶의 방식과 철학 또는 환경에 따라서 행복의 근원을 찾을 수 있지 않을까. 제아무리 훌륭한 학문이라도 인간의 삶에 행복을 주지 못한다면 그것은 형식의 불과한 철학이고 인간의 자유를 통제하기 위한 규율적(規律的) 학문일 뿐이다.

시대가 다르다 해서 삶과 행복의 근원이 바뀌는 것은 결코 아니다. 행복의 근원이란? 치의(緇衣)와[9] 같은 것이다. 치의란? 검정색

---

9) 치의(緇衣)- 이것은 검은 색깔의 옷이다. 흰색 옷의 반대 개념이다. 흰색은 이색, 저색으로 색을 변화시킬 수 있다. 하지만 검은 흑색(黑色=치의)은 이색, 저색으로 바꿀 수도 없고, 또 다른 이색, 저색을 아무리 섞어봐야 그저 흑색일 뿐이다. 다시 말해 모든 색을 다 섞으면 그 색은 검정색이 된다. 검정색은 이렇게 모든 색을 다 받아드리고 포용한다. 그러면서도 그 본질(바탕=중심)은 변하지 않는다. 이렇게 변함이 없는 항상성은 검정색이 아니면 그 어떤 색도 불가능하다. 이것은 변함없는 나의 마음과 인간관계의 변함없는 도리를 상징하는 뜻이다. 그러므로 이것은 비단 색뿐만이 아니라 모든 사물의 본질(本性)과 변할 수 없는 중심(中心=가운데 마음)에 대한 이치를 말하는 것이고 조화와 균형을 잡고 있는 색이다. 그렇듯이 우리의 삶에도 이 중심이 깨지거나 잃게 되면 그 본질과 형상도 잃게 됨을 의미한 것이다. 김충열,「김충열 교수의 중용대학강의」, 예문서원, 2007, pp,49~50 참고인용.

깔로서 흑의(黑衣)이다. 이 흑의는 그 어떤 색으로도 바꿀 수 없다. 흰색 옷(白衣)은 다른 색으로 변색이 가능하다. 그런 뜻에서 치의란 변함없는 인간관계의 중심(中心)을 뜻하는 상징적 의미이다.

어쨌든 사서의 학문 중에서도 중용이 그 뜻을 이해하기가 제일 어려운 학문으로 전해지고 있지만 어렵다고 해서 그냥 포기할 일은 절대 아니다. 많은 학자들 사이에서도 분분한 의견과 치열한 탐구가 이루어지고 있고 어렵기는 마찬가지인 것 같다. 그래서인가 「대학」은 마치 칡넝쿨 같이 얼기설기 뒤엉켜 그 실마리를 찾기가 어렵다고 해서 칡넝쿨학문이라 했고, 「중용」은 차돌과 같이 단단하고 윤기가 흐르지만 아무리 우려내고 그 맛을 보려 해도 그 맛을 쉽게 느낄 수가 없다하여 차돌학문이라 칭했다 한다. 그럴듯한 비유이다. 그 맛조차도 마치 맹물과 같은 '0(중도)'의 맛이기 때문이다. 그러나 뜻 있는 학자들은 이를 포기하지 않고 있다. 필자가 존경하는 도올 김용옥 교수의 중용 강의실이 넘쳐나는 것은 참으로 다행스럽고 미래의 희망이 아닐 수 없다. 아직도 중용의 사상과 철학이 매우 중요하고 문명의 소용돌이로부터 미래사회의 중심을 지켜낼 수 있는 버팀목이다. 문명의 소용돌이가 일고 있는 거친 바다에서 그나마 휩쓸리지 않고 살아남을 수 있는 절체절명의 희망이 될 수 있기 때문이다.

그렇듯이 중용은 그 학문의 깊이와 본뜻을 쉽게 이해하고 실천하기가 매우 어려운 것으로 전해지고 있다. 어렵다보니 접근조차 쉽지가 않다. 그러나 요즘같이 복잡 미묘한 시대에 바로 된 인간의 삶으로 세상을 살아가려면 그것에 대적하고 관통할 수 있는 심오한 학문에 우리가 관심을 가질 때이다. 그것은 고도로 팽창 되어진 문명사회의 질적, 양적의 성장 속에서 반드시 그 본래의 가치와 구조적 관계성의 현상을 관찰할 수 없기 때문이다. 또한 과거 인류사회의 단조로운 삶의 방식과는 매우 달라진 현대문명사회의 구성원으로 살아야하는 현실의 문제이기도 하다.

삶의 방식이 어려워진 만큼 우리의 삶을 풀어가는 방식도 이제는 바뀌어야 한다. 당연히 어렵게 된 상황에서 그것에 적응하지 않고 그 문제의 답을 구하기를 포기한다면 진정한 행복의 가치추구를 이룰 수 없다. 때문에 '군자무입이불자득언(君子無入而不自得焉)'[10] 이라 했는데 이는 중용 제14장에 나오는 말씀이다. 이것은 '군자가 어떤 상황에 처해서도 그 중심(가운데 마음)을 잃지 않기 때문에 적응하지 못하는 일이 없다.'는 말씀이다. 여기에서 중심은 중용에서 그 핵심이다. 다소 어렵지만 이에 답을 구하는 노력을 결코 포기할 수는 없는 이유인 것이다. 또한 우리의 삶 그 자체가 삶의 현실에서 중심과 균형 잡기이다. 그것은 우리의 행복한 삶을 포기할 수 없는 것과 같다.

그럼 과연 '중용의 학문'은 얼마나 어려운 학문일까? 그러나 지레 겁먹을 필요는 없다. 차돌학문이라 해서 결코 깰 수 없고 이룰 수 없는 학문은 아니다. 강가나, 바닷가, 깊고 깊은 산골짜기에나 있는 현실에서 매우 동떨어진 학문이 절대 아님을 알아야 한다. 이

---

10) 중용 제14장 원문: 君子素其位而行, 不願乎其外. 素富貴, 行乎富貴. 素貧賤, 行乎貧賤. 素夷狄, 行乎夷狄. 素患難, 行乎患難. 君子無入而不自得焉. 군자는 그가 처한 상황에 따라 부수에 맞게 처신하며, 그 밖의 어떤 기대도 하지 않는다. 부귀하면 부귀한대로 살고, 빈천하면 빈천한대로 살고, 이적의 나라에선 이적의 풍속에 적응하고, 환난에 처하면 환난에 적응하여 살아간다. 군자는 이렇게 어떤 상황에 처해서도 중심(가운데 마음)을 잃지 않기 때문에 적응하지 못하는 일이 없다. 김충열,「김충열 교수의 중용대학강의」, 예문서원, 2007, pp,192~193 참고인용.

것은 인간의 삶 일상에 늘 녹아 있는 생활사상이며 생명사상이 바탕을 이루고 있는 휴머니즘의 사상적 학문이기 때문이다. 이는 다이아몬드와 같이 단단하지만 그 눈부신 학문적 가치와 삶의 지혜를 발하는 찬연한 빛이다. 그럼에도 불구하고 이것에 관심 갖기를 주저하고 실천을 행함에 순탄치 못한 것은 현대사회의 일상이란 것이 매우 근시안적 사고와 그 의식체계 때문이다. 그리고 우리의 일상에 깊이 녹아있다 보니 그 형체를 쉽게 구분하지 못하고 쉽게 알아볼 수 없기 때문이다.

그러나 그 형체를 보려고 하면 누구에게나 어떤 형태로든 볼 수 있는 학문이 중용의 사상이고 이것은 우리의 일상에서 늘 함께 존재하는 실용의 실천적 학문이다. 하늘에 있는 구름이나, 눈이나 비, 땅속에서 솟는 샘물이나, 도랑에서 흐르는 물이나, 하천을 흐르는 물이나, 강물이나, 바닷물이나, 다시 기화하여 공중으로 승천하는 수증기나 모두가 그 연관에 근본은 하나의 물(H_2O)이다.

그 무색무취무미(無色無臭無味)의 물이 어느 곳에 있느냐에 따라서 눈(雪)이나, 비나, 하천의 물이나, 바다의 물이나 또 다른 형태의 물로 보이게 된다. 우리는 그것을 보이는 대로만 볼뿐이지 눈을 물로, 구름을 물로 이해하지 못함 때문이다. 보이는 대로 우물은 우물일 뿐이고, 강물은 강물일 뿐이라고 생각하는 것이다. 한국의 있는 물이나, 미국의 있는 물이나, 아프리카 그 어느 곳에 있는 물이든 다 이것이 하나의 같은 물이라는 것을 쉽게 인정하지 않으려는 것과 같다.

현대의 문명인들은 지하에 흐르는 물과, 하늘에 구름과, 비와 눈으로 까지는 연관 지으려하지 않는다. 그럼 왜 연관을 짓지 못하는 것일까? 그것은 즉 보이는 대로, 있는 대로 밖에 보지 못하도록 가르치고 교육된 현대사회의 잘못 된 교육제도와 메커니즘, 단순화된 의식세계의 가치관 때문이다.

그러나 우주의 자연은 모두가 다 연관되어진 관계의 관계 속에 있다. 살아 있는 것이나 죽어 있는 것이 다 그렇고, 움직이는 것이나 움직이지 않는 것이나, 사람과 자연, 자연과 사람이 다 그와 같다. 이렇게 모든 것이 연관된 관계 속에 있다. 즉 세상은 자연과 자연의 관계 속에 존재한다. 그러나 그렇게 많은 관계 속에 관계들을 다 신경 쓰고 살 필요는 없다. 하지만 단, 내가 속해 있는 환경의 관계만은 반드시 알아야 한다. 내가 속해 있는 관계를 알고 있을 때 나의 인간적 처세가 가능하기 때문이다. 직장을 다니는 것도, 회사를 경영하는 것도 교우관계도, 취미생활도, 조직의 리더가 되는 것도, 지도자가 되는 것 등등 모두가 절대적 관계 속에 이루어지는 사회적 관계이기 때문이다.

나만을 위한 관계도 따지고 보면 매우 복잡하고 관계의 범위가 방대하다. 더욱이 사람과 사람의 관계란 미묘하기가 이를 데 없다. 그렇게 미묘한 관계를 얼마나 합리적이고 적절한 관계를 지어 가느냐에 따라서 각자의 세상살이가 행복할 수도 있고 매우 고통스럽고 불편할 수도 있다. 그런 세상살이의 관계를 성공적인 관계로 발전시키고 그것을 지속적으로 유지하려면 나를 알고 상대를 알아야 한다. 상대를 아는 것도 중요하지만 나를 먼저 알아야 한다. 먼저 나를 알면 상대를 알 수 있기 때문이다.

지피지기면 백전백승(知彼知己, 百戰百勝)이 아니라 지기지피면 백전무퇴(知己知彼, 百戰無退)이어야 한다. 자신도 모르면서 상대를 안다는 것은 예가 아니고 예절의 규칙에 반칙이다. 즉 나를 안다는 것은 상대를 이기기 위한 목적이 아니다. 나를 안다는 것은 나의 삶에 좀 더 큰 가치에 충실하자는 목적이 우선시되어야 한다. 상대를 이기기 위한 목적의 지피지기는 이겼다고 해서 결코 자기가 알아지는 것이 아니기 때문이다. 따라서 자신의 삶에 가치와는 무관한 것이다. 때문에 나를 먼저 알다보면 상대를 알게 되고, 상대를 알게 되면 다툼조차도 자연 불필요한 것이고 다툼이 없이도 문제의 합리적 해법이 나올 수도 있다. 이것이 관계의 중심을 잡는 '조화와 균형 잡기'의 관계이고 그 '중심적 이론'의 바탕이다.

그럼 이와 같이 합리적 관계의 설정과 유지를 위해서는 내가 있는 위치가 어딘지를 알아야 한다. 그 위치를 정확히 알면 나와 관계하고 있는 대상들의 위치 측정이 가능해진다. 바로 이것이 세상의 관계 속에서 나의 중심을 찾는 것이고 그 속에서 균형과 조화를 이룸으로써 우리의 삶이 행복할 수 있다는 평범한 생활의 진리를 깨닫는 것은 그리 어려운 일이 아닐 듯싶다. 이것은 우리의 일상에서 습관처럼 일어나는 관계의 현상들일 뿐이다. 그러나 우린 자신을 알아가는 노력과 가르침보다는 상대를 이겨가기 위한 목적의 지피를 우선시 해온 잘못된 교육관의 가치와 사회의 풍토 속에서 무조건 상대를 이겨야 하는 대상으로 인식하게 한 일등주의 주입정신과 윤리의식의 그 한계와 교육의 부재를 드러내고 있는 것이다.

그러니 우리사회의 '균형과 조화'의 의식은 깨어지고 자신만을 위한 이기주의와 개인주의가 만연하는 속에서 포용과 배려, 협력과 상생의 정신은 스마트하지 못한 바보들의 짓거리 정도로 인식되어지는 사회가 우리 미래인류사회의 번영과 행복을 가로 막는 크나큰 병폐가 아닐 수 없다. 때문에 '중용'을 캑케 묵은 고전 정도로 인식해서는 절대 안 된다. 그것은 매우 위험한 생각이다. 아무리 물질이 풍요롭고 첨단과학의 문명사회라 해도 인간의 존엄성에 대한 가치와 사랑과 행복이 담보되지 않는 황금만능의 시대는 우리가 추구하는 궁극의 목표인 행복과는 아무런 의미가 없기 때문이다.

세계가 무너지지 않는 중심을 위해서는 강자는 약자를 배려하고 살피는 통찰이 아쉽다. 또한 약자는 강자의 능력과 업적을 인정하고 갈채를 보낼 줄 알아야 한다. 그렇게 해서 국제사회의 '균형과 조화'를 이루어 나갈 때 세계 속의 인류가 함께 번영하고 함께 영화로울 수 있다. 그러기 위해서는 나를 먼저 알고 나의 중심을 이루어가야 하는데 바로 이 길로 인도하는 진리의 학문이 바로 '중용의 인문정신'이다.

내가 중심을 잡으면 내 가정이 행복하고, 내 가정의 중심이 잡히면 우리사회가 중심이 잡히고, 우리사회의 중심은 우리 민족의 상생과 번영을 이룬다. 이것이 균형과 조화의 힘이고 '미래사회의 인문적 에너지'이다. 문명의 빛이 더욱 빛나고 밝을수록 어둠의 빛이 소중한 것을 인식하는 생활 속 철학의 사상이 중용의 이론적 학문체계이다.

이제 그 '중심(中心)'은 무엇이고, 그 중심을 지키기 위해 무엇이 필요한 것인가에 대하여 함께 고민해 봄으로써 그 실천의 방법을 알게 될 것이다. 그럼으로써 우리가 새롭게 추구해야 할 삶의 가치와 진정한 행복의 의미를 인식하게 된다. 요즘 같이 물질은 풍요로워도 세상살이가 팍팍하고 힘들 때 많은 종교와 신앙에 대한 믿음으로 다소 삶에 대한 희망과 위안을 받는다. 그러나 인간관계의 현실적 문제에 있어서 그 중심을 바로 보지 못하고서는 모든 삶의 궁극에 목표인 문제의 해결이 쉽지 않아 보인다.

즉 인간의 삶은 사람과 사람의 관계 속에 있는 것이고 그 관계 속에 내재되어 일어나는 모든 문제들을 받아들이고 해결하지 않고서는 단 하루도 살기가 힘들다. 그러나 그 어떤 종교들도 이에 대한 뚜렷한 해법은 없어 보인다. 그렇게 많은 종교가 있지만 자신의 마음을 추스르고 자신의 기복을 빌기에 바쁘다. 그러나 중용은 실용의 학문으로서 우리의 일상에서 나를 중심으로 주변 좌우상하의 균형과 조화를 추구하는 학문이다. 여기엔 내가 아닌 타인을 배려하고, 이해하며, 합리성을 중시하는 인본주의 사상이 바탕을 이루고 전제되기 때문이다.

우리의 삶에 문제들은 오직 인간 스스로의 문제들이고 인간만이 인간과 인간과의 문제를 해결할 수 있는 것이라고 믿기 때문이다. 이것이 문명사회를 살아가는 현대인들에게 강조되는 '중용의 인문학정신'이다.

중용의 인문정신은 거울 속 자신을 보는 내면의 통찰이다. 학문 이론에는 크게 두 방향이 있다. 이를테면 왼쪽 아니면 오른쪽, 위 아니면 아래, 흑 아니면 백, 긍정 아니면 부정과 같은 이론들이다. 이 두 방향이 번갈아 앞서거니 뒤서거니 하며 그 중 어느 한쪽으로 진보·진화하여 미래로 간다. 특히 인문학이론에서도 마찬가지이다.

거울 속 맨 얼굴이란? 전혀 꾸며지지 않은 있는 그대로의 모습이다. 요즘은 그것을 생얼(쌩얼)이라 한다. 생얼에는 모든 것이 숨김없이 드러난다. 크고 작은 주름에서부터 피부의 상태, 그 사람의 감정변화까지 적나라하게 드러난다. 그 숨김없이 드러나는 모습을 보고 자신의 기분이나 감정의 상태를 파악하여 조절하게 되고 그것에 따라서 대인관계의 태도도 바뀌게 된다. 대인관계에서 얼굴이나 모습을 가꾸고 꾸미는 것은 당연한 것. 그것은 자신의 좋은 이미지를 보이기 위해서는 필수이다.

하지만 꾸민다고 해서 다 좋은 것은 아니다. 나에게만 솔직한 것이 아니라 남에게도 꾸미지 않은 있는 그대로의 모습을 보이는 것이 중요한 때도 있다. 꾸민다는 것은 자신의 약점을 감춘다는 의미이기도 하다. 어쩌면 지나치게 포장한다는 의미가 더 정확할지도 모른다. 그런 점에서 중용의 인문정신은 본래의 모습을 보게 하는 학문이다. 혹여 넘치거나 부족했던 자신의 모습에서 중심을 보고, 중심을 지켜갈 수 있도록 하는 인문정신의 사상이라고 해야 할까? 따라서 있는 그대로의 모습을 보이게 하기 위해서는 나도 모르게 얼마나 꾸며지고 가려졌는지를 일깨우는 성찰이다.

모든 학문은 현재보다는 더 나은 방향으로 진보하거나 진화시키려는 목적과 의도를 갖고 있다. 그렇게 해서 약점을 보완하고 장점을 극대화시키려는 이론이다. 그것이 또 다른 자신을 부정에서 긍정으로, 흑에서 백으로, 좌에서 우로, 아래에서 위로 지향하려는 전략이다. 그러나 그것은 진보를 위한 지향에 불과하다. 결국 현재라고 하는 긍정이나 부정이 아름답게 꾸미고 가꿈으로서 아름답지도 않고 내용과 다른 것들이 사실과 다르게 현재를 있는 그대로 볼 수 없게 한다. 그것은 또 다른 착각의 현상을 현실에서 은폐 유도하게 된다.

현재를 제대로 볼 수 없는 나의 삶은 마치 타인의 삶속에 들어가 있는 아바타와 같지 않을까? 그렇게 되지 않기 위해서 우린 자신의 생얼을 수시로 관찰해서 자신의 모습이 변질되지 않게 중심을 잘 지켜가야 한다. 이것이 문명사회를 살아가는 현대인들에게 강조되어야 하는 이유이고 '중용의 인문학정신' 이다.

왜, 중용(中庸)을 꼭 알아야하나?

앞에서 중언부언 중용의 의미를 설명했으나 알 것 같기도 하고 모를 것 같기도 하다. 역시 어렵기는 마찬가지다. 그러나 그 중용의 크고 깊은 뜻이 몇 줄의 설명으로 알 수 있고 해결이 된다면 이처럼 크게 걱정할 일이 뭐 있겠는가. 혹여 사람에 따라서는 몇 줄의 설명과 해석으로도 가능할 수 있겠다. 하지만 그리 간단치 않은 것도 사실이다. 또한 동양사상의 고전에서 최고봉의 학문이 어찌 그리 간단할 수만 있으랴. 그러니 이제부터 함께 탐구하고 좀 더 쉽게 풀어서 현실적으로 생각해보기로 하자.

중용은 평범한 사람도 충분히 알 수 있고, 충분히 행할 수 있을 만큼 쉬우나, 철저히 지키는 일은 성인(聖人)도 매우 어렵다고 했다. 이것이 중용 12장에 나오는 '부부지우, 가이여지언(夫婦之愚, 可以與知言)', '부부지불초, 가이능행언(夫婦之不肖, 可以能行焉)'[1]

---

1) 夫婦之愚, 可以與知焉, 及其至也, 雖聖人, 亦有所不知焉. 夫婦之不肖, 可以能行焉, 及其至也, 雖聖人, 亦有所不能焉. 그것은 평범한 사람들도 충분히 알 수 있는

의 말씀이다.

그럼 성인처럼 철저히 지키고 실천하려 하지 말고 간단히 이해만 해보기로 하자. 그런 다음에 실천하는 방법과 요령은 각자가 자기의 능력에 맞게 알아서 할 일이다. 또 실천을 억지로 할 필요는 없다. 그것은 어차피 마음을 다스리는 일이기 때문이다. 사람의 마음을 어떻게 획일적으로 통제하고 다스릴 수 있으랴! 마음을 다스린다는 것은 스스로 행복하며 구족하는 길인데 마음을 다스리지 못하고 걸림을 만든다면 그 또한 불행이 될 수 있기 때문이다. 앞에서 말했듯이 평범한 사람도 능히 알 수 있고, 능히 실천할 수 있는 것이라 했듯이 우리가 조금만 관심을 갖고 노력한다면 얼마든지 알 수 있고 실천이 가능한 일일 것이다.

항간에 이 중용(中庸)이 학문 중에 제일 어렵다고 한 것에 가장 큰 이유는 실천이 매우 어렵기 때문에 '어려운 학문'이라고 했을 것이다. 학자들도 실천하기가 어려운 학문을 평범한 사람들이 실천하기란 더욱 어려운 일이다. 때문에 그 뜻은 이해를 하나 학문을 바탕으로 일상에서의 삶을 인간적 도리와 실천을 통해 보여야만 하는 현실에서 발생하는 괴리현상이다. 때문에 점점 학문의 정점에서 도외시 되고 관심 밖으로 밀려나게 되었다고 분석되어진다. 그러나 그토록 실천이 어렵다고 해서 보석과 같은 학문을 쓸모없는 고철이나 무가치한 학문의 골동품정도로 여길 수는 결코 없지 않는가? 알

일이지만 그것이 지극함에 이르면 비록 성인일지라도 어떤 부분들에 대해서는 알 수가 없다. 재능이 없이 평범한 사람들도 충분히 실천할 수 있는 일이지만 그것이 지극함에 이르면 비록 성인이라 해도 어떤 부분들은 행함에 있어서 어려움이 있다.김충열, 「김충열교수의 중용대학강의」, 예문서원, 2007, p,176 참고인용. 양방웅, 「중용과 천명」, 예경, 2006, pp, 257~260 참고인용.

려고 하지도않고 어렵게 생각하니 정말 현대인들에게는 어려운 것이 되어 버리고 말았다.

여기에 필자도 한 때 그와 같은 생각을 했었다. 그러나 결코 그렇지는 않다는 결론을 내렸다. 그렇듯이 필자가 성인인 것도 아니요, 군자인 것도 아니다. 단, 이 어려운 것을 쉬워서가 아니라 이 중용의 학문이 이 시대에 얼마나 필요한 학문인가를 깨달았기 때문이다. 때문에 다소는 어렵지만 어려운 것은 어려운대로, 쉬운 것은 쉬운 대로 알아 가면 된다는 것이 필자의 생각이다. 어려운 것은 차치하고라도 쉬운 것만이라도 알고 행하다보면 다소 어려운 부분에서도 충분히 실천이 가능하다는 생각이다. 설령 어려움에 처해서 그것을 이루지 못했더라도 알고 행한 부분만큼은 알지 못하고 행하지 못한 것보다 훨씬 낫기 때문이다. 따라서 아무것도 아닌 것으로 치부한다거나 결코 경시해서는 안 된다.

혹자들이 중용을 이것도 저것도 아닌 난해한 학문으로 폄훼하는 것은 식자의 도리가 아니요 매우 잘못된 단견이다. 실제 중용은 누구든 보려하면 보이고 알려하면 알 수 있는 학문이다. 단 보려하지 않고 알려하지 않는 자에겐 너무 차돌 같이 단단한 학문일 뿐이다. 그러나 아무리 단단해도 정과 같은 예리함과 열정으로 두드리고 또 두드리면 그 실체가 하나씩 드러나게 되어있다.

이미 고전 유가학문에서 널리 알려진 바와 같이 원시유교철학엔 사서(四書)가 그 중심을 이루고 있다. 논어, 중용, 대학, 맹자가 그 대표적 학문이다. 이와 같은 학문을 고전이라 해서 시대에 뒤떨어지고 현실과 맞지 않는 고루하고 어렵기만 한 학문이라고 치부할지는 몰라도 좀 더 인내를 갖고 탐구하면 매우 매력적이고 흥미진

진하다. 시대와 세대적 편차에서 비롯된 편견은 충분히 일소되리라 생각한다. 그것은 어느 시대이건 그 시대를 사는 사람들의 삶이기 때문이다.

그 삶의 방식과 철학의 따라서 행복의 근원을 찾아낼 수 있다. 제아무리 훌륭한 학문이라도 인간의 삶에 행복을 주지 못한다면 그것은 형식의 불과한 학문이고 무미건조한 철학일 뿐이다. 시대가 다르다 해서 삶과 행복의 근원이 바뀌는 것은 결코 아니기 때문이다. 어쨌든 사서의 학문 중에서도 중용이 그 뜻을 이해하기가 제일 어려운 학문인 것만큼 따라서 그 학문의 가치도 따지고 보면 보석 중에 보석임이 분명하다. 그래서 중용(中庸)을 'golden mean'이라 한다. '황금 같이 빛나고 가장 좋다'는 의미이다. 그럼에도 불구하고 사람들은 또 다른 보석에 취해 동양에 살면서도 이 진여와 같은 보배를 알지 못하고 다이아몬드 같은 서양 보석에 매료되어 동양의 보석 'golden mean'을 보지 못하는 것은 매우 안타깝다. 이처럼 황금만능주의 시대에 산다고 해서 학문의 보석을 구분하지 못한다면 그것은 너무 슬픈 일이 아닐 수 없다.

현재 의식 있는 많은 학자들 사이에서도 심도 있게 치열한 탐구가 이루어지고 있지만 어렵기는 마찬가지다. 그래서인가 「대학」은 칡넝쿨학문이라 하고 「중용」은 차돌학문[2]이라 칭한다고 한다. 대학은 마치 칡넝쿨 같이 얼기설기 뒤엉켜 있어서 그 실마리를 찾기가 매우 어렵다는 뜻일 테고, 중용은 그 학문의 깊이와 본뜻을 이해하기가 매우 어렵다는 뜻일 것이다. 이론도 어렵고 실천도 어렵다보니 접근이 쉽지 않으리라는 생각이다.

2) 김충열, 「김충열교수의 중용대학강의」, 예문서원, 2007, p.11 참고인용.

그러나 요즘같이 복잡 미묘한 시대에 살면서 그것에 대적하고 차돌같이 단단함으로 꼭꼭 막혀버린 우리의 삶에 정서와 사회적 여러 병리현상을 시원하게 관통해 낼 수 있는 학문은 딱히 중용 이외에 다른 학문에서는 별다른 그 해답을 찾기가 쉽지 않다고 단언할 수 있다. 그것은 '중용'만이 문명창달에서 나름의 유일한 방안과 치유책으로서 효과적인 대안이 될 수 있고 포용과 조화의 학문이기 때문이다.

　　미래를 살아가야 할 우리가 21세기 미래의 주역인 문명인들이라고는 하지만 우린 알 수 없는 과잉문명시대의 증후군과 같은 중병을 앓고 있는지도 모른다. 때문에 이토록 진질한 학문에 반드시 관심을 기울일 필요가 있다. 현대사회를 되돌아보라. 매일매일 형형색색의 문명에 꽃은 피어난다. 그러나 그 문명의 꽃과 중흥이 찬란히 빛난다고 해서 반드시 지구상의 인류가 행복해지고 유토피아가 만들어지는 것은 아니다.

　　새로운 문명은 새로운 문명에 건설을 위해 오늘도 문명창달이란 미명하에 또 다른 파괴가 계속되고 있다. 그것은 문명창달의 주역들에 의해 치러지는 또 다른 희생의 결과임을 알아야한다. 그럼에도 그 주체들은 그 희생의 가치를 소중히 인식하지 못하고 있다. 다만 강자에게 주어진 권리이고 승자가 누릴 수 있는 구족의 미소일 뿐이라고 강변하고 있다. 그럼 현대사회에서의 「중용」은 문명창달의 주역들에게 어떤 메시지를 갖고 있는가? 그 대안과 과제를 함께 탐구해보자.

　　그럼 먼저 「중용」은 과연 얼마나 어려운 학문일까? 그러나 실은 그렇게 어려운 학문이 아니다. 차돌처럼 어려운 학문이라 해서 마치 강가나, 바닷가에서 혹은 깊고 깊은 산골짜기 같은 곳에나 뚝 동떨어져 있는 학문체계처럼 인식하지 말아야한다. 중용은 우리의 삶과 현실에서 한시도 벗어남이 없는 일상의 학문체계이다. 늘 우리의 일상에 녹아있는 생활사상이며 생명사상의 근본이 되는 황금같이 빛나는 철학이다. 실용의 실천적 미학이다. 그럼에도 우리의 일상에 깊이 녹아있다 보니 그 형체를 쉽게 구분하지 못하고 알아볼 수 없을 뿐이다.

그러나 그 형체를 보려고 하면 누구에게나 어떤 형태로든 보인다. 즉, 하늘에 있는 구름이나, 도랑에서 졸졸거리는 물이나, 강에 있는 물이나, 땅 바다에 조용히 스며들고 있는 물이나, 다시 기화하여 공중으로 승천하는 수증기나 그 근본은 하나같이 수소와 산소의 결합인물(H_2O)이다. 이 모두가 다 물의 본성(本性)을 가지고 있다. 그 물이 어느 곳에 있느냐에 따라서 물의 형태가 다르게 보이게 될 뿐이다. 그리고 문명의 현대인들은 그것을 보이는 대로만 볼뿐이다. 눈을 물로, 구름을 물로 연관 지어 보지 않는다. 그렇듯 꼭지를 틀면 쏟아지는 수돗물은 수돗물뿐이고, 우물물은 우물물일 뿐이고, 강물은 강물일 뿐이다. 이것이 하나의 같은 물이라는 것을, 그리고 구름과 비와 눈이라는 것까지도 연관 짓지 못한다.

그럼 왜? 사물의 현상을 연관을 짓지 못 하는 것일까? 그것은 보이는 대로, 있는 대로 밖에 볼 수 없기 때문이다. 그러나 우주의 자연은 다 연관(關係)지어져 있다.[3] 살아있는 것이나, 죽어있는 것이

---

3) 今夫天, 斯昭昭之多, 及其無窮也, 日月星辰繫焉, 萬物覆焉. 今夫地, 一撮土之多, 及其廣厚, 載華嶽而不重, 振河海而不洩, 萬物載焉. 今夫山, 一卷石之多, 及其廣大, 草木生之, 禽獸居之, 寶藏興焉. 今夫水, 一勺之多, 及其不測, 黿鼉蛟龍魚鼈生焉, 貨

나　모두가 그렇고 움직이는 것이나, 움직이지 않는 것이나 그렇고 사람과 자연, 자연과 사람이 그렇다. 이렇게 세상은 모든 것이 다 연관된 관계 속에 있다.

중용 제26장 원문 중 일부이다. '금부수, 일작지다, 급기불측, 원타교룡어별생언, 화재식언(今夫水, 一勺之多, 及其不測, 黿鼉蛟龍魚鼈生焉, 貨財殖焉)'은 자연과 자연의 관계에 대한 내용으로서 이 뜻은 '이제 저 물을 보면, 한 움큼의 물이 모여 그 헤아릴 수 없게 많고, 거기에는 거북, 교룡, 어별들이 살아가고 있는데, 풍부한 먹을거리가 되어 있다.' 라는 말이다.

즉, 세상은 자연과 자연의 관계 속에 인간의 관계도 존재하는 것이다. 그러나 그렇게 많은 관계 속에 관계들을 다 신경 쓰고 살 필요는 없다. 그것은 시간과 정신적 에너지의 낭비이기 때문이다. 그러나 단, 내가 속해 있는 관계만은 모르면 안 된다. 그것은 내가 속해 있는 관계를 알고 있을 때 나의 인간적 처세와 배려가 가능하기 때문이다. 바로 이것은 사람이 지향해야할 인도(人道)에 대해서 인식하고 있다는 의미이다.

財殖焉. 이 뜻은 '이제 저 하늘을 보면, 빛들이 얼마나 많이 빛나고 있나, 그 무한대에 이르러서는 해, 달, 별, 은하수들이 주렁주렁 매달려 있고, 그 성체들로 이루어진 공간으로 만물을 덮고 있다. 이제 저 대지를 보면, 한 줌의 흙이 모여 한없이 넓고 두텁게 형성되었고, 오악(五嶽)을 싣고도 무겁다하지 않고, 하해와 같은 강이 흘러가도 새어나감이 없으며, 만물은 대지가 편안키만 하다. 이제 저 산을 보면, 한주먹만한 돌들이 많이 모여서, 그 광대함에 이르고 있는데, 초목이 자라고, 금수들이 살며, 금은보화가 매장되어 있다. 이제 저 물을 보면, 한 움큼의 물이 모여 그 헤아릴 수 없게 많고, 거기에는 거북, 교룡, 어별들이 살아가고 있는데, 풍부한 먹을거리가 되어나어 있다.' 이다. 이 말씀은 중용 원문 제26장의 말씀이다. 김충열,「김충열교수의 중용대학강의」, 예문서원, 2007, pp,123, 236 참고인용. 2006, pp, 237~238 참고인용. 김충열,「김충열 교수의 중용대학강의」, 예문서원, 2007, p,121 참고인용.

「중용」 제1장 원문에 보면 도야자(道也者)[4] 로 시작되는 부분이 있다. 거기에 말하는 도야자에 도(道)는 인간행위의 밀접한 관계를 뜻하는 것이다. 이것을 주희(중국 남송(南宋) 때의 유학자)는 '사람이 일상생활에서 마땅히 행해야 할 도리'라 했다. 그것은 성(性) 속에 있는 덕(德=理)으로 심(心)에 갖추어져 있는 것으로서 '일용사물당행지리, 개성지덕이구어심(日用事物當行之理, 皆性之德而具於心)[5] 이라 풀이했다. 또한 원문 '불가수유리야(不可須臾離也)'라 함은 '잠시도 떠날 수 없는 것'이라고 밝히고 있는데 이는 일용사물이 마땅히 행해야하는 이치를 말한 것이다. 그리하여 수행과정에서 절대 잠시라도 도(道)에서 이탈되지 않도록 함이며, 만일 이탈된 자는 인도 위에 놓여있지 않은 짐승의 도에 떨어짐을 경고하는 의미이기도 하다.

따라서 「중용」 본문에서 군자가 계신하고 홀로 삼간다(愼獨)는 문장은 이탈하지 않기 위한 수행의 요체를 말한다. 직장을 다니는 것도, 회사를 경영하는 것도, 교우관계도, 취미생활도, 조직의 리더가 되는 것도, 지도자가 되는 것도, 등등 모두가 관계 속에 이루어지는 관계이다. 관계 속에서 이탈되어지는 것은 관계의 도리 범주를 벗어남이다. 그것은 우주를 떠도는 미아이다. 더 이상의 생명성이 존재하지 않는 삶이다. 그것은 현대 문명사회의 낙오를 의미함이다.

---

4) 道也者, 不可須臾離也,可離非道也. 삶에는 길이 있는데 잠시라도 그 길에서 떨어질 수가 없고 그 길에서 벗어난 삶은 길이 아니다. 양방웅,「중용과 천명」, 예경,

5) 日用事物當行之理, 皆性之德而具於心. '일상에서 마땅히 실천하고 지켜야할 도리로서 이 모든 것은 성(性)안에 있는 덕(德)으로서 우리의 마음속에 들어 있다.' 이다. 김충열,「김충열교수의 중용대학강의」, 예문서원, 2007, pp,121~122 참고 인용.

인간의 삶이나 일용사물 혹은 인간과 인간의 관계가 그렇고 인간과 만물관계의 실행에서 완성되어지는 것이 유가사상(儒家思想)의 궁극적 목표이고 이상이다. 이를 실천하는 중심(中心)은 결국 사람, 사람이다. 그렇듯 하늘과 땅과 사람이라는 삼재의 도는 만물을 만들고 육성하여 인류 문명과 문화 창달에 모두가 참여하는 광범위한 관계의 질서가 조성되는 것이다. 그리고 이 모든 것에 조화와 균형으로서 그 중심점(中心點)[6]을 확보하게 되는 데 이때 무엇보다도 사람과 사람관계의 화목이 제일 우선시되어야 한다는 의미이다.

사실상 나 하나만을 위한 관계도 따져보면 매우 복잡하고 관계의 범위가 복잡하다. 특히 사람과 사람의 관계란 미묘하기가 이를 데 없다. 그렇게 미묘한 관계를 얼마나 합리적이고 적절한 관계를 맺어 가느냐에 따라서 각자의 세상살이가 행복할 수도 있고 매우 고통스럽고 불편할 수도 있기 때문이다. 그런 미묘한 관계를 성공적인 관계로 발전시키고 그것을 지속적으로 유지하려면 나를 알고, 상대를 알아야 한다. 상대를 아는 것도 중요하지만 먼저 나를 알아야 한다. 나를 알면 상대를 알 수 있기 때문이다. 상대를 알게 되면 합리적인 사이 속에 관계뿐만이 아니라 경쟁에서도 이길 수 있다.

「중용」의 첫 장 첫머리에 '천명지위성, 솔성지위도(天命之謂性, 率性之謂道)'[7]가 있다. 하늘로부터 받은 생명이 성(性)이고, 그 성

---

6) 中也者, 天下之大本也 중(中)은 세상에서 으뜸가는 근본이고, 화(和)는 세상에서 통용되는 일상의 도리(道理)이다. 김충열, 「김충열교수의 중용대학강의」, 예문서원, 2007, p,123 참고인용.

7) '天命之謂性, 率性之謂道' 이것은 '하늘로부터 받은 생명이 성(性)이고, 그 성(性)에 따라 살아가는 것이 사람의 길(道)'이라고 한 말씀이다. 양방웅, 「중용과 천명」, 예경, 2006, p, 220 '하늘 뚫린 줄(命)을 바탈(性)이라 하고' 류영모 · 박영호,「공자가 사랑한 하느님」, 교양인, 2010, pp,43~45 참고인용.

(性)에 따라 살아가는 것이 사람의 길(道)이라고 한 말씀이다. 여기에 '천(天)'은 인간의 마음속에 간직 된 심성(心性)을 의미한다. 인간은 스스로의 힘으로 인간의 길을 간다고 한다. 그리고 그 힘은 하늘로부 터 성취시킨 명(命)에서 성(性=心)이 이루어진다고 했다.

또한 인간의 길은 하나로만 통하는 하나의 길이 아니다. 모든 사람이 모든 존재가 함께 어우러져서 갈 때에 도달될 수 있는데 이 것을 의어인(依於仁)[8] 이라했다. 논어에 공자께서 하신 말씀이다. '자왈, 지어도, 거어덕, 의어인, 유어예(子曰, 志於道, 據於德, 依於仁, 遊於藝)' 이다. 즉 '군자는 도에 뜻을 두고, 덕을 닦으며, 인에 의지하여 예에 노닐어야 한다.' 는 뜻이다. 다시 말해서 학문에 뜻을 두고 길을 닦으며, 위정자가 되기 위해서는 덕을 지녀야하고, 인에 의지해서, 예를 즐겨야 한다는 것이다. 이것은 현대사회에서도 마찬가지이다. 지도자가 되고, 조직의 리더가 되기 위해서는 반드시 추구해야 할 목표이고 과정이다.

이처럼 중용의 도는 절대 멀리 있거나 어려운 것이 아니라 우리 일상생활에 있는 것이고 일상에서 실천하는 실용학문이고 실용철학의 학문체계이다. 일상에서 스스로 실천하고, 스스로 깨닫고 스스로 쌓아 가는 것이 바로 덕(德)이다. 이처럼 덕은 지(知)와 달리 실천을 통해 터득되는 것이며 최상의 덕은 바로 인(仁)의 근본을 둔다고 했다. 그 모든 것을 닦은 연후에 그 안에서 자유롭게 노니는 것이 바로 학문과 인문정신의 완성이고 자기 자신을 완성시켜나감으로써

---

8) 子曰 志於道, 據於德, 依於仁, 游於藝. 공자께서 말씀하시길 '군자는 도에 뜻을 두고, 덕을 닦으며, 인을 의지하여 예에서 노닐어야 한다.' 김충열, 「김충열교수의 중용대학강의」, 예문서원, 2007, p.131 참고인용.

궁극의 '행복의 삶'을 통해 모두에게 실현하게 되는 것이다.

이것이「중용」에서 강조한 중화(中和)를 이루어야하는 도덕의 핵심적 사상이다. 중화는 사람들이 순수하고 솔직한 감정의 표현을 의미한다. 그 감정을 조작하고 억제해서 만들어지는 것은 진정한 중화의 의미가 아니다. 그렇듯 이와 같이 합리적 관계의 설정과 유지를 위해서는 우선 내가 처한 위치가 어딘지 그 위치를 정확히 찾아 그곳에다 자신의 지덕도(知德道)를 싹틔워 키워내야 한다.

바로 이것이 세상과의 관계 속에서 나의 중심(中心)을 찾아야하는 이유이고 방법이다. 그것이 제대로 된 나의 삶을 실현해 가는 도리(道理)이기 때문이다. 그 속에서 우리의 삶이 균형과 조화를 이룸으로서 모두가 행복할 수 있다는 당위성과 그 목적 때문이라면 중용을 꼭 알아야 하는 이유에 대해 충분한 설명이 되었을 것이란 생각이다.

중용(中庸)에 대한 오해

　인간의 삶은 태어나서 한 세상 살아가는데 우여곡절도 많고 여러 가지 답답한 일들도 많다. 그 중 하나가 나는 진심으로 말을 하고 있는데 상대가 그 진심을 알아주려하지 않을 때이다. 그 때문에 진실이 거짓이 되고 거짓이 진실이 되기도 한다. 흔히 교통사고가 났을 때도 그렇다. 가해자가 피해자가 되고 피해자가 가해자로 감쪽같이 둔갑하여 억울하게 손해를 보거나 감옥에 가서 형을 살기도 한다. 세상엔 이처럼 진실이 제대로 밝혀지지 않는 경우가 너무도 많다. 가끔 역사를 보면 새로운 진실들이 사실로 밝혀질 때가 있다. 이처럼 우리사회엔 종교적 갈등과 오해도 매우 크다. 특히 '유교와 중용'의 사이가 그렇다. 대다수의 많은 사람들이 유교를 하나의 종교적 관점으로 이해하고 있다. 그리고 유가의 사상에 근간을 이루는 사서나 오경을 마치 유교의 경전으로 생각하기도 한다. 그러나 그것은 잘못 전해진 오해이다.

　유교(儒教)는 공자의 이름을 따서 공교(孔教)라고도 하였다. 그 내용은 인애(仁愛)의 사상을 근본으로 하면서 수신(修身), 제가(齊家), 치국(治國), 평천하(平天下)의 길을 가르치는 일종의 정치학과 윤리학으로 정의할 수 있다. 공자의 사상은 춘추전국시대에는 맹자(孟子), 순자(荀子) 등에 의해 계승되고 진(秦)과 한(漢)나라에 영향을 미쳤다. 이 시기에 이르러서 시경과 서경 외에 역경, 예경, 춘추가 경서에 추가되면서 오경(五經)이 되었다.

오경의 성립은 중국인 공통의 규범으로서 유가사상(儒家思想)의 핵심을 중심으로 집대성되었다. 때문에 유교는 종교라기보다는 하나의 학문이다. 그러나 많은 사람들은 당연히 학문으로 인식하고 이해하는 경향이 지배적이긴 하지만 아직도 적지 않게 학문과 종교 사이에서 혼동을 하고 많은 사람들이 이를 종교적으로 받아드리고 있다. 그것은 유가사상의 경(經)들이 종교적으로 받아드릴 만큼 심오한 이론체계가 타종교의 이론체계에 뛰어나게 비견되고 있기 때문이랄 수 있다.

또한 유교에서 바탕이 되는 도(道)에 대한 해석에도 매우 오해가 깊다. 마치 미개한 사회에서 신성시 하면서 숭상하는 속된 문화로 경시하는 경향도 있다. 효는 도에 근본으로 삼는 지극함과 제례문화에 기인한 것이다. 그럼에도 공자의 유교사상을 형이하학적 철학으로 비하하는 데에서 기인한 잘못 인식된 종교관이다. 또한 일부 유일신이나 유일사상을 내세우는 종교나 집단에서 배타적 시각을 갖고 있기 때문이기도 하다.

그러나 이제는 동양사상의 최고봉이라 할 수 있는「중용」에서의 '도(道)'를 바르게 이해할 필요가 있다. 중용은 천명(天命)'에 대해 강한 신념과 외경심으로 체계화된 이론의 천명사상(天命思想)이다.

또한 공자의 가르침에 핵심은 '인애사상(仁愛思想)'이다. '인'은 인간의 본질이며 삶 그 자체라고 보았다. 공자는 추상적이고 논리적인 용어인 '성(性)'이나 '이(理)'라는 용어보다는 '도(道)·직(直)·덕(德)·충(忠)·신(信)·의(義)와 같은 뜻에 깊은 이론이다.

유교의 종교적 이해는 경천사상에서 볼 수 있다. 경천사상은 우주와 인간을 주재하는 초인간적·초자연적 숭경(崇敬)의 사상이다. 유교문화에서는 제사를 중요시한다. 종교에서 일반적으로 행하는 제의는 기복(祈福)의 의식이다. 유교의 제의는 윤리성과 도덕성이 기반이다. 유교의 제례의식은 대가나 보상을 요구하는 구복(求福)의 식이 아니다. 따라서 주술적 요구를 배척하고 도덕화의 가치를 중시했다. 공자께서는 인간이 마땅히 가야 할 길을 도(道)라고 생각했기 때문에 "아침에 도를 깨달으면 저녁에 죽어도 좋다."라고 했다. 유교의 인문정신은 인간의 삶에 근본적 이치를 도와의 관계에서 추구한 최고의 가치요 사상으로 여겼다. 누구나 스스로의 본분을 중용의 말씀으로 자각하고 실천함으로써 행복을 성취할 수 있다는 말씀이다.

유교의 현실 지향은 현실에 안주하기보다는 현실을 개척·개혁하려는 것에 그 목적과 특징이 있다. 우리의 삶에 내재된 참된 가치를 현실 속에서 찾아내어 보존·함양함으로써 현재에서 현실을 개혁하고 미래로의 문명창달을 실현해 가는 미래지향적 인문사상이다. 이러한 정신에 대해 중용에서는 "높고 밝은 진리를 극진히 하면서 일상일용을 말미암는다."고 하였다. 중용에서는 인간적 가치의 궁극적 근원을 인간의 본성에 두었다. 인성(人性)은 천명에서 비롯되었으며 지(知)와 행(行)의 과불급이 없는 상태를 중용을 행함에 있어 이상적 실천행으로 보았다. 중용이 성취되기 위해서는 '성(誠)'의 덕목을 그 으뜸으로 보았다. 성은 내외 양면의 아우르는 통합의 원리이다. 그래서 중용에서는 '삼달덕(三達德)'과 '오달도(五達道)'라 하여, '군신(君臣)·부자(父子)·부부(夫婦)·형제(昆弟)·붕우(朋友)' 등을 인간관계를 이루는 핵심으로 보고 그 실현을 위한 실천덕목으로서 지인용(智仁勇)을 중요하게 생각했다.

중용 제1장 원문 첫 구이다. '천명지위성, 솔성지위도, 수도지위교(天命之謂性, 率性之謂道, 修道之謂敎)'라[1] 했다. 이것은 영성(靈性)[2]과 솔성(率性)[3]으로 깨달음을 이룬 '얼나'[4]에 모습인 것이다. 다시 말해 '하늘로부터 부여받은 것이 성(性)이고, 그 성으로부터 인도되어 나타나 이루는 것을 도(道)라 하며, 그 도에 부합하도록 닦는 것을 교(敎)'라고 정의하고 있다. 때문에 '도(道)라는 것은 사

---

1) 중용 제1장 원문: 天命之謂性, 率性之謂道, 修道之謂敎. 道也者, 不可須臾離也, 可離非道也. 하늘로부터 받은 생명이 성(性)이고, 그 성(性)에 따라서 살아가는 것이 사람의 길(道)이고, 그 길에 부합되도록 가르치는 것을 교(敎)라 한다. 하늘로부터 받은 성(性)이 천성(天性) 또는 본성(本性)이다. 그 성(性)을 가지고 나름대로 살아가는 방법과 과정이 있는데 그것을 도(道, 道理, 法則)라하고, 그러한 과정과 방법을 가르치고 익히는 것을 교(敎)라 한다. 양방웅, 「중용과 천명」, 예경, 2006, p, 218~220 참고인용. 김충열, 「김충열 교수의 중용대학강의」, 예문서원, 2007, pp,113~116 참고인용. 하늘 뚫린 줄(命)을 바탈(性)이라하고, 바탈 타고난 대로 살아가는 것을 길(道)이라하고, 디디는(修) 길 사모칠(之) 것을 일러 가르쳐야 한다. "뚫린 줄(命)"- 하느님의 생명인 얼 숨을 받아들이는 관(管)을 뜻하는 말. "바탈(性)"- '받아서 할'을 줄인 말로서 곧 삶의 목적이 되는 얼나(영원한 생명)로서 성명(性命)이나 천명(天命)을 말함. "디디는"-딛는다. 밟는다. 실천하다의 뜻. 류영모·박영호, 「공자가 사랑한 하느님」, 교양인, 2010, pp, 43~45 참고인용.

2) 영성(靈性)-신령한 품성으로 천도를 깨달음.

3) 솔성(率性)-타고난 성질로 천성을 좇으며 삶의 이치와 도리를 깨닫는 것.

4) 얼나(목숨)-얼은 정신의 줏대이다. 따라서 얼나는 나의 정신으로서 혼(魂)이다. 참 나란? 하느님이 보낸 얼나. 류영모·박영호, 「공자가 사랑한 하느님」, 교양인, 2010, p,14 참고인용.

람과 잠시라도 떨어질 수 없는 것.'으로서 이것이 '불가수유리야, 가리비도야(不可須臾離也,可離非道也)[5] 이다. 그것이 만일 떨어질 수 있는 것이라면 그것은 이미 도가 아니다.'라고 했다. 이렇듯 도는 우리의 삶 가운데 있는 것이고 가장 심오하기가 이를 데 없는 형이상학적 사상의 철학이다.

장자〈莊子, 대종사 편〉는 '도(道)'에 대하여 이렇게 말하고 있다. "대저 도란? 사랑이 있고 믿음이 있다. 함이 없고 꼴이 없다. 줄 수는 있어도 받을 수는 없다. 깨달을 수는 있어도 볼 수는 없다. 스스로가 밑동이요 스스로가 뿌리다. 하늘과 땅이 있기 전에 옛 부터 이미 있었다. 하늘을 낳고 땅을 낳았다. 태극 먼저 있어도 높다 않고 육극(六極)[6] 아래 있어도 깊다 안 한다. 하늘 땅 보다도 먼저 살았어도 오래다 않고 태고보다 길어도 늙지 않는다."라고 하였다. 이것은 바로 성경에서 지칭하는 하느님에 대한 설명과 같다.

이보다 더 상세히 하느님의 모습을 글로서 설명할 순 없다. 따라서 유교나 중용의 사상은 천지만물과 대우주를 관통하는 사상이다. 이처럼 도(道)란? 본래 머리(首)를 뜻하는 것으로 그 머리는 또한 만물의 절대적 존재이신 하느님의 상징이다. 그러나 오늘날 현세에서는 일반적으로 그 '도(道)에 의미가 단순히 길(路), 이(理), 순(順), 언(言), 유(由)와 같은 축소된 학문적 의미로 제한되어 쓰이고 있다. 다시 말해 사람이 다니는 길과, 사람이 지켜야 할 도리와, 세상의

---

5) 道也者, 不可須臾離也, 可離非道也. 삶에는 길이 있는데 잠시라도 그 길에서 떨어질 수가 없고 그 길에서 벗어난 삶은 길이 아니다. 따라서 이것은 일상에서 마땅히 행해야 할 도리이고 이 모든 것은 성(性) 속에 있는 덕(德)으로서 심(心)에 깃들어 있는 것.(日用事物當行之理, 皆性之德而具於心)

6) 육극(六極)- 천지(天地)와 사방(四方)을 통틀어 이르는 말.

이치(순리)와, 말다운 말과, 마땅함과 같은 의미를 두고 있다.

이 '도(道)'라는 것은 사람이 가야 할 단순한 길에 의미가 아니다. 즉 하느님다움의 모습과 성스러움을 뜻함이다. 그러나 사람이 어찌 하느님다움의 모습으로 이 세상을 살아갈 수 있단 말인가? 그렇다. 그렇게는 살아갈 수 없어도 우리의 마음속엔 늘 그 하느님다움의 모습을 닮고 싶은 마음일 것이다. 부처님을 믿는 불자들이 부처를 닮고자하는 것과 다를 바 없다.

우리 인류역사에 하느님다움을 가장 가깝게 많이 닮은 사람들은 누구일까 라고 묻는다면 그것은 4대 성인(석가모니, 공자, 예수, 소크라테스)을 꼽을 수 있을 것이다. 이 외에도 아브라함, 모세, 무함마드, 노자, 피타고라스 등이 있다. 하지만 위 네 명의 성인만큼 역사적으로 깊이 있고 지속적인 영향을 준 인물은 없다고 세계의 인류학자들은 주장한다. 유일하게 무함마드만은 역사적 영향력에서 네 명의 성인과 어느 정도 견줄만하지만 인간적 깊이에서는 이들을 따라갈 수가 없다는 것이 학자들의 공통된 의견이기도 하다.

위대한 철학자 야스퍼스는 4대 성인이 인류에게 던져준 빛이 조금씩 다르다고 분석하고 있다. '소크라테스가 실재적인 빛이라면, 예수는 마법처럼 변용된 빛이고, 석가는 마력적인 추상의 빛이며, 공자는 냉정하게 빛나는 객관적인 빛이다' [7] 라고 했다. 야스퍼스는 인류에 대한 가르침의 방법도 정리해 주었다. '소크라테스는 사고를 통해 진리를 깨닫게 했고, 석가모니는 명상을 통한 깨달음의 길을 제시했으며, 공자는 교육을 통해 인간의 삶을 발전시키려는

---

7) 출처: 경향신문, 문화, 4대 성인이 인류에 던진 '4색의 빛', 2013. 9. 3, 김학순 대기자, 참고인용.

노력을 기울였고, 예수는 이 세상에 집착하지 말고 하느님의 뜻에 복종하라고 가르쳤다.'[8] 라고 했다.

또한 이들 성인에 대하여 '성인은 세상의 악에 대응하는 방법도 네 성인이 비슷하지만 약간의 차이를 드러내고 있다고 야스퍼스는 말했다. 예수는 잘 알려진 바와 같이 원수를 사랑하라고 가르치고, 공자는 선을 선으로 갚고 악은 정의로 갚으라고 가르쳤고, 소크라테스는 악을 갚기 위해 불의가 되어서는 안 된다고 강조했고, 석가모니는 어떤 악에도 저항하지 않는 보편적 사랑, 모든 생명체에 대한 자비심을 역설하고 있다'[9] 고 지적하고 있다.

어쨌든 '중용(中庸)'에서의 '도(道)'는 하느님다움의 모습을 닮고자 하는 것으로서 즉, 그렇게 하고자 하는 것이 '도(道)'라고 했다. 이처럼 노자와 장자의 가르침과 공자의 중용사상에는 하느님을 경외함이 그 근본을 이루고 있었음을 알 수 있다. 그럼에도 불구하고 유교나 공자의 핵심적 사상인 중용의 가르침이 천도와 하느님과는 동떨어진 별개의 학문이라고 인식하는 것은 매우 잘못된 식견이다. 그것은 종교간 이해뿐만이 아니라 현대인들의 신앙생활에도 종교적 갈등을 심화시키고 오해를 낳게 하기 때문이다.

그러나 오랜 기간 역사의 변천과정에서 그 본질과 순수함이 계승되지 못하고 많은 유학자들과 사상가들에 의해서 왜곡 변질되어졌고 그것이 현대문명사회에 어떻게 이해되고 적용되고 있었는가에 대한 것을 되짚고 이제부터라도 이런 인간의 삶에 근본적 본질과

---

8) 출처: 경향신문, 문화, 4대 성인이 인류에 던진 '4색의 빛', 2013. 9. 3, 김학순 대기자, 참고인용.

9) 출처: 경향신문, 문화, 4대 성인이 인류에 던진 '4색의 빛', 2013. 9. 3, 김학순 대기자, 참고인용.

중심을 바로 보는 의식이 무엇인지 또 현대문명사회에서 어떻게 중용의 말씀이 요구되고 있는지를 알아야 한다.

21세기 미래의 문명사회를 향해 사람이 사람의 존재로 살아가려면 현세에서 미래의 인문세계를 창달하는 학문을 도외시해서는 안 된다. '중용'이나 '도'는 우리의 삶과 행복에 어떤 영향을 끼치고 있는지 우리는 냉철히 반추해보아야 할 때이다. 여기에서 필자가 강조하고 싶은 것은 '중용'이 비록 오래된 학문이기는 하나 21세기 현대문명사회에서 우리의 일상과 삶에서 매우 동떨어진 학문이 아님을 알아야 한다는 것이고, 고전이라고 해서 무용한 아무짝에도 쓸모없는 학문이 결코 아니라는 것을 알지 못하고서는 참 나의 모습으로 참 행복을 우리의 삶과 일상에서 구현하기가 매우 어려울 것이란 생각이다.

지금은 서양문화가 르네상스시대를 거쳐 동서양 세계를 지배하고 찬연한 인류의 과학문명에 꽃을 피워냈으나 그것은 뿌리가 깊지 않다. 현대사회의 문명 속에는 신다운 신이 존재하고 있지 않다. 다만 문명에 힘으로 잉태된 허구의 신만이 존재할 뿐이다. 이런 허구의 신들 앞에서 무의미한 나의 행복과 영혼의 구원을 갈구하고 있는 것이 현대사회에서 우리의 숨길 수 없는 모습이다. 우리는 진정 우리의 어머니가 배 아파서 낳아준 육신의 나로만 세상을 살아가고 있는 것은 아닌지. 진실로 뒤돌아보아야 할 때이다.

중화(中和)를 이루어야 하는 까닭

사람이 이 세상을 향해 갈 목표는 과연 무엇인가? 돈, 명예, 부귀영화 아니면 김수환 추기경님이나 법정스님 같은 종교지도자, 정치지도자, 과학자, 발명가, 멋진 영화배우나 가수 같은 연예인, 재벌그룹 총수 등 많은 목표들이 있을 수 있다. 그런 대상들을 닮고 싶고, 그런 길로 목표를 정해서 가고 싶은 욕망은 누구에게나 다 있다. 그리고 어떤 목표가 되었든지 나름대로 모두 다 의미 있고 가치 있는 일들이다. 그렇게 할 수만 있고, 또 될 수만 있다면 이 또한 얼마나 다행스럽고 행복한 일일까? 또 그렇게 실현 불가능한 것이라도 얼마든지 우리의 꿈과 희망에 선망의 대상이 될 법한 일이라고 그렇게 생각하는 것들에 대해서도 충분히 이해가 될 법하다.

그러나 모두 목표가 다르고 목표 또한 많지만 다 이루기는 매우 어렵고 불가능한 일들이다. 또한 그것이 현재 우리의 현실이다. 그러나 간혹 그런 꿈과 희망의 목표를 이루는 사람들이 있다. 그리고 그것은 실제 우리의 일상에서 아주 특별한 일부의 사람들에게만 주어지는 값진 행운들이다. 그렇게만 될 수 있다면 목숨 한 번 걸어볼만도 하고 괜찮은 일 일듯 싶다.

그러나 대다수는 우리의 일상에서 아무런 명분과 의미도 없고 그저 먹고 살아야하는 문제 때문에 궁여지책으로 갖는 소박한 일들에조차 인생을 걸고 목숨을 걸지 않으면 안 되는 것이 오늘의 현실이다. 이처럼 비록 보잘 것 없고 작은 일들일지라도 대다수 사람들에게는 자신의 뜻대로 목표를 이루기란 그리 쉬운 일들이 아니다. 또한 그런 기회가 주어지고 목표가 있다고 해도 어떤 방법으로 어떻게 풀어갈 것인가를 고민해야하는 것이 오늘날 현대인들의 고단한 삶이요, 일생의 행복에 열쇠를 푸는 일이요 풀어내야할 숙명적 과제로서 우리 모두가 당면한 현실이다.

그러나 이러한 문제를 푸는데 있어서 지식이 필요한 것이라면 하나도 걱정할 일이 아니다. 지식이란 이미 우리 한국사회에도 높은 교육의 수준을 통해서 크게 갖춰진 상태이다. 반세기 동안 우리의 부모들은 내 자식들을 훌륭한 사람으로 성공시켜야한다는 일념으로 자식들 교육 뒷바라지에 매우 헌신적 희생으로 평생을 받친 세대이다. 그 동안 얼마만큼 우리사회가 지식 쌓기와 지식배양에 명운을 걸고 몰입하고 있었는가. 자식의 교육과 성공을 위해서라면 그야말로 지위고하를 막론하고 수단과 방법을 가리지 않은 것이 한국사회의 낯 뜨거운 교육풍토이다.

한국사회에서 우리 교육에 대한 우리 학부모들의 뜨거운 교육열정은 세계적으로도 유명하다. 너무 뜨겁다 못해 그 부작용도 우리사회의 곳곳에 철철 흘러넘치기도 했다. 그 교육에 대한 열기는 시대가 바뀌어도 변함이 없고 21세기 선진교육을 운운하는 현실에서도 여전히 식을 줄 모르는 것이 우리 아이들에 대한 교육에 문제이다. 그 덕분에 많이 배우고 지식이 많은 엘리트 고학력자들, 고급인력들이 우리 사회에 넘쳐나고 있는 현실이다. 이 모두가 훌륭한 자식들로 출세를 시키기 위한 부모세대의 뜨거운 열망에 결과이다. 그것은 어려웠던 시절에 우리부모들이 살아온 삶의 고통을 자식들에게만은 대물림하지 않겠다는 우리 부모세대들의 각별하고 결연한 자식사랑의 발로이다.

그러나 불철주야 그렇게 허리가 휘도록 힘들게 일을 해서 대학공부를 시키고 학문을 닦고 지식을 쌓은 우리의 자식들이 과연 우리 사회에서 모두 성공하여 입신양명하고 있는가? 반문하고 싶다. 그러나 현실은 그렇지 않다. 때문에 많은 지식기반 산업에 발전과 고학력 인적자원의 환경도 적지 않은 토대를 이루고 있다. 이런 것이 국가발전과 국가경쟁력을 높이고 강화하는 미래의 긍정적인 면도 있다. 그러나 이런 미래 지향적이고 긍정적인 이면에는 부정적인면도 매우 크게 악영향을 미치고 있는 것도 사실이다. 다시 말해 교육의 순기능과 역기능의 혼재가 빚어내는 교육의 혼란과 부작용이 미래의 불확실성을 더욱 증폭시키고 있다는 사실이다.

현재 거리엔 지식으로 가득 찬 젊음들이 넘쳐나고 있다. 이 젊음들의 지식들은 갈 곳을 찾지 못하고 방향을 잃고 있다. 갈 길을 잃고 도시의 빌딩 숲 그늘에서 무의도식하며 시간을 허비하는 지식들이 날로 증가하고 있고 한편에선 또 날로 무력해지고 있다. 자신의 삶에 자양분을 만들어줄 양지의 빛을 갈구하고 있지만 현실은 냉혹하기가 이를 데 없다. 이들의 무기력함과 상실은 자신의 미래에 아무런 꿈이 되고 있지 못하다. 파란 희망의 싹을 틔울 수도 없고, 형형색색의 꽃을 피울 수도 없고, 삶의 향기를 피워낼 아주 작은 희망의 꽃밭도 가꾸어내지 못하고 있다.

그러나 우리 현실은 그렇게 그 젊음의 희망들이 기지개를 활짝 켜고 달려갈 곳도 없고 그런 길도 보이질 않는다. 그러나 그렇게 하염없이 절망만할 일은 아니다. 아무리 우리의 현실이 어둡고 암울해도, 죽을 만큼 힘들어도 이 삶을 개척해갈 희망은 있다. 그나마 다행히 우리의 삶에 희망이 될 훌륭한 가르침이 묻혀버린 과거 속에서 아직도 한줄기 빛 진주같이 빛나고 있다.

그것이 바로 '중용의 인문정신'이다. 이 중용의 인문정신은 작은 희망의 새싹으로 빛나고 있다. 그것은 단순한 교육과 지식이 아니다. 아무리 크고 많은 지식으로 무장하고 있어도 현재의 일방적이고 획일적인 교육의 방식과 주입식교육제도 하에선 갖가지 병폐가 따르게 마련이다. 아쉽게도 현대교육은 물건을 만드는 기술은 가르치고 있지만 사람다움의 길로 가는 기술은 가르치지 못하고 있다.

그것은 물질만능의 교육과 인문정신의 철학이 우리교육에 부재함 때문이다. 그것은 한마디로 말하면 자본으로 이루어진 자본의 교육만 우선시 하는 교육의 풍토 때문이다. 학문과 지식보다도 더 중요한 것이 우리의 삶에 본질적 가치를 일깨우는 것임을 알지 못함 때문이다. 아무리 지식으로 무장하고 재물의 풍요 속에 살아도 삶의 본질을 보지 못하고 알지 못하면 우린 결코 행복할 수가 없다. 우리는 이 사실을 직시해야 한다. 이제부터라도 넘쳐나는 지식과 풍요의 범람과 소용돌이 속에서 행복의 중심을 보는 지혜의 눈이 필요한 때임을 알아야 한다. 우린 잃어버린 '인문정신'을 다시 되찾아야 한다. 그리고 다시 좌우, 상하의 합리적 관계와 작용으로 중화

(中和)를 이루어나갈 때 우리의 궁극적 목표를 성취하게 되리라는 생각이다.

이렇게 중화(中和)는 '숲속에 바람이 일어 자연의 숨결과 함께 맥박이 뛰고, 싱그러운 잎을 돋게 하고, 아름다운 형형색색의 꽃을 피우고, 향기를 피워내는 관계의 작용'이라 할 수 있다. 이처럼 중화란? 중(中)의 물이 계곡을 따라 자연스럽게 흘러가는 현상이다. 물은 낮은 곳을 향해 흐른다. 지형의 모양에 따라 넓어지기도 하고 좁아지기도 한다. 굽은 곳은 굽어 흐르고 곧은 곳은 곧게 흐른다. 가다가 막힘이 있으면 때를 기다릴 줄 아는 인내가 있다. 그런 과정과 작용을 통해서 결국은 강의 모습으로, 바다의 모습으로 변화한다. 중화란? 끝없이 변화하는 작용의 현상이고 모습이다. 중화란? 흐르는 물처럼 환경과 작용의 변동 속에서 가장 안정된 경지를 찾아 움직인다. 그런 의미에서 볼 때 형평의 원칙과 원리를 가지고 있다. 이런 중화의 현상은 우리의 일상과 현실 속에서 항시 공존하고 있다.

예컨대 무게를 다는 저울대가 있다. 저울대가 일자(一)의 평형을 이루고 있다면 달리는 사물의 무게에 맞추어 저울추가 가장 알맞은 위치(상태)에 놓여 있을 때의 상태이다. '물부득기평즉명(物不得其平則鳴)'[1]이란 말이 있다. 이것은 모든 사물이 안정을 잃으면 무엇인가 불안정의 징후를 알리게 마련이라는 말이다. 이런 움직임은 '평(平)'으로 돌아가려는 본성의 원리이다. 일종의 관성의 법칙과

---

1) 물부득기평즉명(物不得其平則鳴)- 이것은 모든 사물이 안정을 잃으면 무엇인가 불안정의 징후를 알리게 마련이라는 말이다. 김충열, 「김충열교수의 중용대학강의」, 예문서원, 2007, p,107 참고인용.

도 같다. 마치 물이 어디에 있든지 늘 '평(平)'을 이루는 본능이다. 모든 사물이 소리나 이상 징후를 나타내는 것은 평하지 않은 '불평(不平)'에 대한 불만이고, 표출이고, 표현하는 방식의 하나이다. 저울대가 수평을 이루지 못하고 있는 것은 무게와 저울추간의 합리적 균형점을 찾지 못하고 '균형과 조화'를 이루지 못하는 까닭이다. 그것은 중심을 잡지 못함이고 불협화음에 휩싸인 결과이다. 천지의 기상이변과 같은 출렁댐도 결국은 중심을 잃은 대기의 불균형적 현상에 의해서 발생되어지는 결과이다.

중용의 중(中)은 팽이와 같다. 팽이가 돌지 않고는 그 중심을 잡기가 어렵다. 팽이는 중심을 잡고 돌아야 쓰러지지 않는다. '팽이 자체는 명사지만 그 본성과 작용은 동사'이다. 동사가 되어 돌고 있다는 것은 정적(靜的)인 현상에서 동적(動的)인 현상으로의 전환이고, 사(死)에서 생(生)으로의 전환이다. 동사적 작용으로 얻어진 생명성이다. 그것은 느림과 빠름의 '변화'를 갖게 하는 에너지이다. 때론 느리게, 때론 빠르게 작용하여 지속적으로 변화하는 생명성의 본질적 현상이다.

팽이는 때리고 맞으면 아프겠지만 자기 성찰과 같은 매질을 통해서 지속적으로 쓰러지지 않고 생을 이어갈 수가 있다. 때문에 이를 위해서는 자기의 회전능력과 조절기능이 균형을 잡고 조화를 이루어야 한다. 현대사회에서 문명의 이기인 자동차가 브레이크를 통해서 자기조절의 제어기능을 작동하는 것과 같은 이치이다. 이것이 중화(中和)의 작용이다.

공자께서 하신 말씀 중에 '지어도, 거어덕, 의어인, 유어예(志於道, 據於德, 依於仁, 遊於藝)'란 말씀이 있다. 이는 '도에 뜻을 두고, 덕에 근거하며, 인에 의지하고, 예에 노닌다.' 라는 뜻이다. 이 얼마나 기품 있고 멋있는 말씀인가. 이것은 인간이 지향해가야 할 궁극적 목표가 무엇이고 그 "도(道=理致)"가 무엇인지를 깨닫게 하는 대목이다.

따라서 이를 위해서는 일일신우일신(日日新又日新)[2] 의 자세와 태도가 중요하다. 날이면 날마다 새롭고 또 새로운 변화가 있어야 지속적으로 발전하고 중화를 이룰 수 있다는 의미이다. 특히 유가에도는 인간교육의 목적과 문명창달의 목적을 바탕으로 하고 있다. 그리하여 천지자연만물의 본질과 운행의 이치를 깨닫게 한다. 사람에게 있어서는 사람 본연의 힘으로 중화를 이루어 인간다운 삶을 영위하고 행복을 향유토록 하는 가르침이다.

'거천하지광거, 입천하지정위, 행천하지대도(居天下之廣居, 立天下之正位, 行天下之大道)' [3] 라. 이것은 '천하에서 가장 넓은데 살고, 천하에서 가장 바른 위치에 서며, 천하에서 가장 큰길로 간다.' 는 말로 맹자께서 하신 말씀이다. 이것은 유가의 기상과 사상이 담긴 말이다. 이것은 전혀 막힘이 없는 문명세계가 미래세계로의 질주다. 그러나 현대의 문명인들은 참으로 아이러니하다. 대도(大道)는 대도이나 전혀 뜻을 담아낼 수 없는 대도의 길로 무섭게 질주하고 있다.

---

2) 일일신우일신(日日新又日新)- 날이면 날마다 새롭고 또 새로운 변화가 있어야 지속적으로 발전하고 중화를 이룰 수 있다. 김충열, 「김충열교수의 중용대학강의」, 예문서원, 2007, p,132 참고인용.

3) 거천하지광거, 입천하지정위, 행천하지대도(居天下之廣居, 立天下之正位, 行天下之大道)- 천하에서 가장 넓은데 살고, 천하에서 가장 바른 위치에 서며, 천하에서 가장 큰길로 간다. 어디를 가도 막힘이 없고 개방된 세계가 대도이며 이 길을 사람은 이 길을 따라서 문명창달을 이루어야 한다. 김충열,「김충열교수의 중용대학강의」, 예문서원, 2007, p,133 참고인용.

세계를 향해 질주하고 있지만 진정한 광거, 정위, 대도의 뜻으로 계신공구(戒愼恐懼)할[4] 수 있는 대도가 아니기 때문이다.

급변하는 문명의 소용돌이 속에 지구촌은 지금 소위 말하는 세계화(Globalism)와 글로벌(Global)이란 미명하에 치열한 경쟁과 산업 기술 간의 전쟁 아니 전쟁이 벌어지고 있는 실재의 상황이다. 1인류의 문명은 글로벌시대[5] 라고 하는 행보와 미명하에 국가대 국가의 경계를 허물었다. 이미 그 경계가 허물어진지는 오래다. 단, 상징적이고 형식적으로 경계의 선만 그어져 있을 뿐 정치, 경제, 사회, 문화 모든 분야에서 상호 경계를 넘나들고 있다. 이제는 지구촌 구석구석에서 무슨 일이 일어나고 있는지 가만히 앉아서 아는 것은 물론 우리국가가 잘못하지 않았어도 지구촌 어딘가에 어떤 국가라도 인류의 공영에 반하는 잘못 된 오류를 범하게 되면 바로 지구촌은 오장육부가 뒤틀리듯 난리가 나고 그 고통과 어려움이 우리의 삶을 힘들게 한다. 2008년도 미국에서 서브프라임 모기지론(Subprime mortgage loan)에 의해 미국발 금융위기 여파가 지구촌에 몰아닥치

---

4) 군자계신호기소불도, 공구호기소불문(君子戒愼乎其所不睹, 恐懼乎其所不聞)-군자는 삶에 대하여 더욱 경계하고 신중하여 들리지 않는 것에 대해서도 두려워한다. 이것은 중용 제1장 원문에 말씀이다. 군자가 계신(戒愼)하는 것은 자아수양(自我修養)과 자아실현(自我實現)을 이루기 위함이며 사람의 모든 문제를 자신 속에서 찾기 때문이다. 군자가 공구(恐懼)하는 것은 보이지 않는 도(道)가 있고 또 들리지 않는 도(道)도 있기에 항시 누가 보거나 말거나, 누가 듣거나 말거나 관계없이 성심을 다하기 위함이다. 양방웅, 「중용과 천명」, 예경, 2006, pp, 241~242 참고인용.

5) 글로벌리즘(Globalism)-현재는 글로벌시대이다. 예컨대 글로벌경제, 글로벌기업, 글로벌경영, 글로벌시장, 글로벌네트워크, 글로벌브랜드, 글로벌마케팅, 글로벌스탠더드 등 개별 국가의 단위를 초월하여 세계를 하나의 통합체로 만들려는 생각이나 운동. 글로벌 체제에서는 약자보다는 강자가 더 유리한 조건과 우위에 있게 마련이다.

게 된 것도 그 때문이다.

'자본시장주의'와 '신자유주의'의 문명교류라는 명분에 패찰을 가슴에 달고 그야말로 지구촌 구석구석을 종횡무진 자유롭게 그 경계를 넘나들고 있지만 그것은 이미 막는다 해서 막아지는 것도 아니고, 잡는다 해서 잡아지는 것도 아니다. 이렇게 문명의 길은 한없이 넓어지고 커지고 있으나 정작 이 시대를 사는 현대인들은 이 탐욕스런 문명의 이기와 광기가 뚫어놓은 대도에서 길을 헤매고 있지 않는가? 그렇다고 또 마땅히 그 길을 거부할 수도 없는 입장이다.

그것은 모든 국가의 모든 사람이 다 그 대열에서 그 길로 가고 있기 때문이다. 세계화와 글로벌의 넓고 넓은 지붕 밑에서 보기 좋게 앞만 보고 질주하고 있는 상황이다. 문명의 속도는 속도 제한이 없는 아우토반을 달리고 있다. 그러나 많은 사람들은 그 큰 문제를 보지 못하고 있다. 그러나 일단 그 대열을 벗어나게 되면 그 문명의 속도가 얼마나 빠른 속도인지를 비로소 위협을 느끼게 된다. 그 속에서 함께 문명의 고속도로를 달리고 있다 보니 속도가 얼마나 빠른지 무감각해져서 속도의 위협과 문제를 보지도 못하고 의식도 갖지 못하는 것이다. 마치 좁은 일반도로에서는 시속 60km, 70km 의 속도가 결코 느린 속도가 아니다. 그러나 넓게 뚫린 고속도로에서는 100km, 120km의 속도로 달려도 별로 빠른 것을 못 느낀다. 그것은 속도의 착시현상을 일으키고 있기 때문이다. 바로 이것이 오늘날 문명의 속도가 인간의 삶과 행복의 척도에 착시를 빚는 현상이다.

이것은 또한 너무나 넓고 넓은 지붕 아래서 너무나 넓고 넓은 길을 달리다 보니 어디가 어딘지 분간이 어렵고 자기가 달려가는 정확한 위치를 모른다는 반증이다. 그냥 저들이 가고 그들이 가니까 나도 아무런 방향감각이 없이 그냥 따라서 뛰게 된다. 마치 아프리카 평원에서 한 마리의 얼룩말이 뛰기 시작하면 얼룩말떼 모두가 한 방향으로 뛰어 내달리는 현상과도 같다. 또 그 대열에선 빠지려야 빠질 수도 없고 그냥 멈춰 설 수도 없다. 그냥 밀리고 밀려서 대열이 멈추지 않는 한 미래를 향한 위험한 질주를 방향도 모르는 채 달려갈 뿐이다.

그렇게 문명의 위험한 레이스의 폭풍질주에는 그것을 제어하는 브레이크 기능인 페달이 본래부터 없다는 것도 아는 사람은 거의 없다. 그러니 나와 내 주변에 주의를 둘러보기가 어렵고 앞에 있는 사람의 뒷모습만 바라볼 뿐이다. 옆에 있는 사람도 보기가 어려우니 자기 자신의 모습인들 제대로 볼 수 있으랴. 또한 자기 자신의 위치가 어딘지 조차도 무감각하게 마련이다. 그렇게 현대를 살아가는 문명인들은 방향감각과 인체에 일어나는 느낌을 알게 하는 모든 지각능력을 자신도 모르게 상실해가고 있다.

때문에 우린 문명의 빛이 빛나면 빛날수록 우리의 눈은 앞과 주변을 볼 수 없게 너무 눈부시고 앞을 보기가 너무 혼란스럽다. 이렇게 밝은 세상에 밝은 눈을 갖고도 우리의 삶이 그 길을 제대로 볼 수 없고 사물의 형체 또한 제대로 볼 수 없다면 창밖 세상이 저리도 찬란히 빛나고 자연의 아름다움이 내 앞에서 형형색색의 꽃을 피운들 무슨 소용이 있으랴. 때문에 이젠 문명의 빛이 빛나면 빛날수록 우리의 눈은 눈을 감고 밝은 빛에 가려진 자신의 모습을 보아야 할 때이다. 그리고 이웃과, 자연과 먼 인류의 미래까지도 함께 살필 여유를 가져야 한다.

어느 날 법정스님께서 마루에 누어 쉬시려다 무심코 가랑이 사이로 산 아래를 내려다보게 되었다. 그런데 그 가랑이 사이로 생각하지도 못했던 새로운 세상을 발견하였다고 한다. '가랑이 사이로 보는 하늘은 호수가 되고, 산은 호수에 잠긴 그림자가 되었다고 한다.'[6] 이것이 신기해서 가끔 거꾸로 보면서 세상의 바른 모습이 어떤 것인지를 관찰하셨다 한다. 어쩜 그것은 흐트러진 세상의 중심을 바로 보고자 하심이 아니었을까 하고 미루어 짐작케 한다.

법정스님께서는 일상적 사물에 인식과 틀에 박힌 고정관념에서 벗어나고자 보이는 각도를 달리함으로써 사람이나 사물이 지닌 새로운 면과 그 아름다움의 비밀을 찾아낼 수 있었다. 사람이나 사물은 끝없이 변화하고 새롭게 형성되어 간다. 이것은 변화의 중심이 어디고, 어떤 모습인지 그런 관찰을 통해 '나를 바로보기'와 세상의 중심을 바로 보려는 통찰의 의식이었던 것이다.

이렇게 세상의 중심이 어디로 가는지. 그러기 위해서는 문명이 닦아 놓은 대도(大道)의 대열에서 나의 중심을 바르게 잡고 전후, 좌우 간격의 위치와 속도를 균형 있게, 조화롭게 속도를 조절할 필요가 있다. 질주의 속도가 빠르면 빠를수록 가시적시야가 좁아진다. 그래서 시야의 착시는 상대적으로 더욱 커진다. 가능하다면 속도를 최대한 느리게 줄여야한다. 그렇게 속도 조절이 가능하면 자신의 위치가 어딘지, 어디가 최적의 위치인지 자신이 서 있는 위치 조절이 가능하게 된다.

바로 이것이 "일용사물당행지리(日用事物當行之理)"[7]로서 일상

---

6) 법정, 「맑고 향기롭게」, 조화로운 삶, 2006, p, 13 참고인용.
7) 일용사물당행지리(日用事物當行之理)- '일상에서 마땅히 실천하고 지켜야할 도

의 중용이다. 이 중용의 균형과 조화를 이루는 삶의 지혜가 우리의 행복을 지켜낼 수 있다. 그렇듯 찬란한 문명의 21세기를 살아야 하는 현대인들이 이 중용을 외면하고 모른다면 결국은 자기 자신이 추구하는 행복의 길을 잃고 방황하게 되는 것이나 다름없다.

중용을 모르면 나를 지킬 수가 없고 우리의 소중한 가정도 지킬 수가 없다. 우리 사회와 인류의 미래를 혼돈과 자연의 불균형으로부터 지켜나갈 방도가 그리 많지 않다. 더욱이 현대문명에선 문제의 해답이 있을 수가 없다. 결국은 우리가 그토록 갈구하고 희망하는 행복도 지켜낼 수 있다는 보장도 없다.

한때 배려라는 책이 출판계에서 초베스트셀러가 되어 날개 돋친 듯이 팔려나간 때가 있었다. 배려(配慮)란 도와주거나 보살펴 주려고 마음 쓰는 것이다. 다시 말해서 내가 아닌 남을 위해 마음 써주는 것이다. 이것은 약자가 강자를 배려할 수 있는 것이 아니다. 능력 없는 사람이 능력 있는 사람을 배려하는 것도 아니다. 엄밀히 말하면 나보다 나은 사람이 나보다 못한 사람을 위해 베푸는 성(誠 =정성, 성심)인 것이다.

그런데 요즘은 다르다. 세상이 많이 변해서 약자가 강자를 위해 살피고 양보하길 바라는 세상이다. 그러나 약자가 배려를 안 하면 강자로부터 보복의 응징이 날라 온다. 그래서 강자나, 능력자들이 읽어야 할 배려의 책이 약자들이 많은 세상에 약자들이 많이 읽다보니 억지로 베스트셀러 반열에 오른 것이 아닌가? 억측을 해 본다.

리로서 이 모든 것은 성(性)안에 있는 덕(德)으로서 우리의 마음속에 들어 있다.' 이다. 김충열, 「김충열교수의 중용대학강의」, 예문서원, 2007, pp,121~122 참고 인용.

문명을 먹고 사는 현대인들이 얼마나 배려가 고팠으면 그렇게 당연한 일상의 이치를 깨치려 함이었을까를 생각하면 참으로 안쓰러운 일이다. 그런 책이 많이 팔릴 수밖에 없었던 우리의 시대적 현실이 너무 슬프다. 그러나 이제는 그 슬픔에서 벗어나야 한다. 슬퍼하는 방법을 알기위해 애쓰기보다는 이젠 기뻐하고 즐거워하는 방법을 배우고 터득해야한다. 그래야 나와 우리 모두가 행복할 수 있기 때문이다.

그것은 바로 중용의 '중심잡기'를 통해서만이 나와 우리의 행복을 쟁취할 수 있다. 과학문명의 꽃이 만발하는 21세기다. 우리가 더욱 즐겁고 행복해질 수 있는 것은 나와 너, 우리와 그들 모두가 서로서로 균형과 조화를 이룰 때 만들어지는 결과이다. 그것은 서로서로 관계의 중심 속에서 나를 지키고, 우리를 지켜가는 방법이다. 이것이 배려와 같은 난센스가 아니라 진정한 사회적 관계의 소통과 통합을 이루어내는 새 시대의 새로운 트렌드(trend)이다. 이 '중용'의 인문정신만이 요동치는 문명사회의 현실에서 '중심을 잡아줄 유일한 통찰의 눈'이 될 수 있으리라는 믿음은 필자만의 생각일까? 그렇지 않기를 바라는 마음 간절하다.

사람의 길(道也者)

이 '도(道)'라는 것은 사람이 가야 할 단순한 길에 의미가 아니다. 즉 하느님다움의 모습과 성스러움을 뜻함이다. 그러나 사람이 어찌 하느님다움의 모습으로 이 세상을 살아갈 수 있단 말인가? 그렇다. 그렇게는 살아갈 수 없어도 우리의 마음속엔 늘 그 하느님다움의 모습을 닮고 싶은 마음일 것이다. 부처님을 믿는 불자들이 부처를 닮고자하는 것과 다를 바 없다.

이처럼 도야자(道也者)란? 인간이 마땅히 가야할 삶에 길을 말한다. 길에는 헤아릴 수 없이 많은 길이 있다. 사람은 그렇게 무수히 많은 길에서 각자 자기에게 주어진 길을 간다. 그러나 무조건 길을 간다고 해서 도야자는 아니다. 진정한 도야자는 길다운 길을 가고자 하는 사람과 그 길을 이탈하지 않고 바르게 가는 사람들을 이르는 말이다. 이것은「중용」제1장 원문 2행 첫머리에 나오는 말씀이다. 나의 삶(길=道)과 다른 사람들의 삶과 그 밀접한 관계를 설정한 것으로서 주희(중국 송나라의 유학자(1130~1200)는 이것을 '일상생활에서 마땅히 행해야 할 도리(道理=日用事物當行之理)' [1] 라 했다. 때문에 '불가수유리야(不可須臾離也)' [2] 라 함이다. 이것은 우리의 일상생활 속에서 '잠시도 떠날 수 없는 것' 이라는 뜻이다.

이처럼 마땅히 사람은 사람의 길로 가야하는 것이고 그 길다운 길을 잠시라도 떠날 수 없는 것이 또한 사람의 도리고 이치라는 말이다. 그렇지만 그 사람의 도리와 이치를 깨닫고 스스로 행함이란 그리 쉬운 일이 아니다. 그래서 많은 사람들이 그 사람됨의 길에서 자꾸 '제나[3] 의 길'로 이탈하려는 것인지도 모르겠다. 여기에서 '제나' 는 자아(自我,ego)로서 류영모 선생의 순우리말 한글식 표현이다. 그렇다면 역시 사람의 길에서 이탈하지 않을 방법은 없는 것일까? 어렵지만 가능하다. 이는 즉, 사람다운 사람이 사람의 도리와 이치를 스스로 알아 행하는 길을 말함인데 우린 그것을 스스로 알아(삼가) 행하면 되는 일이다. 바로 그것이 바로 앞에서 언급한 계신공구(戒愼恐懼)이다.

중용 제1장 원문에 '시고, 군자계신호기소불도, 공구호기소불문

---

1) 김충열,「김충열교수의 중용대학강의」, 예문서원, 2007, p,121 참고인용.

2) 不可須臾離也,可離非道也. 이것은 '삶에는 길이 있는데 잠시라도 그 길에서 떨어질 수가 없고 그 길에서 벗어난 삶은 길이 아니다.' 중용 제1장 원문. 양방웅 「중용과 천명」, 예경, 2006, p, 237 참고인용. 김충열, 「김충열교수의 중용대학강의」, 예문서원, 2007, pp,116, 122 참고인용.

3) '제나' 는 자아(自我,ego)로서 류영모 선생님의 한글식 표현이다. 석가,노자, 공자가 와서 짐승인 제나로 죽고 하느님 아들인 얼나로 솟나 비로소 사람의 나라인 영성시대가 열렸다. 하느님 나라(靈性시대)가 열렸으니 짐승인 제나(自我, ego)로 죽고 하느님 아들인 얼나(Dharma, 道, 德)로 솟나라. 짐승인 제나(自我, ego)로 살고 있는 이는 소인(小人)이고 하느님 아들인 얼나(靈我, soul)로 살고 있는 이는 군자(君子)이다. 류영모 · 박영호, 「공자가 사랑한 하느님」, 교양인, 2010, pp,13, 19 참고인용.

(是故, 君子戒愼乎其所不睹, 恐懼乎其所不聞)'이라 했다. 이 말씀은 '군자는 삶에 대하여 더욱 삼가 경계하고 신중하게 무리하지 않으며, 들리지 않는 것에 대해서도 더욱 두려워하며 조심하여 행한다.'는 말씀이다. 유영모 선생의 말처럼 짐승 같은 제나의 모습으로 살지 않으려면 끊임없이 신독하는 노력과 자세가 필요하다. 그렇다면 어떻게 스스로 알아 행할 수 있을까. 그렇다. 스스로 알아 행하려면 먼저 사람과 사람 사이의 관계를 잘 이해하여야 한다. 사람의 관계란? 매우 복잡하고 미묘하기가 그지없다. 그리고 사람 개개인의 환경과 사정이 다르고 각기 추구하는 삶의 방식과 형식 또한 다르다. 한마디로 그 인간적 관계야말로 천태만상이다.

이렇게 복잡 미묘한 인간관계 속에서 어찌 불협화음이 없고 충돌이 없을 수 있겠는가. 이것은 지극히 당연한 현상이다. 그러나 충돌을 피하지 않고 매번 충돌과 맞서야한다면 우리의 삶이 얼마나 고통스럽고 답답한 일일까. 그렇다고 그 충돌을 피하려고 매일 두문불출하며 살 수는 없는 일이다. 그렇지만 이것을 실천할 수 있는 것은 사람만이 가능하다. 사람이 인간관계의 주체로서 그 중심에 서 있기 때문이다.

세상을 인간이 살만한 이상세계로 만들어 가기 위해서는 하늘과 땅 그리고 사람이라는 삼재(三材)의 도(道)가 있다. 여기에서 만물을 생육시키고 문명창달을 위한 삼재의 도가 중화(中和)를 이루고 균형과 조화롭게 중심을 잡고 작용될 때에 비로소 자연만물의 덕성과 관계질서의 회통이 가능하다. 그러나 그 중심에서 무엇보다도 중요한 것은 인간관계의 조화로움이 가장 우선시 되는 것이다. 이런 점에서 중용은 사람이 인도(人道)를 성실히 수행해가는 문제에 대하여 심도 있게 학문적으로 제시되고 있다.

사람이 사람다움의 길로 간다는 것에 근본은 첫째 본인 자신의 인격도야에 있다. 그럼으로써 윤리와 도덕이 확립된다. 둘째는 사람과 사람사이에 소통이다. 이 세상은 혼자 살아가는 것이 아니다. 소통의 부재는 관계의 단절로 이어진다. 조화롭게 더불어 살아야하는 찬연한 문명시대에 나만 있어서도 안 되고, 우리만 있어서도 안 된다. 항상 저들과 그들까지 함께 공존하고 있다는 것을 반드시 인식해야 한다. 우리만 있고 그들이나 저들이 없다면 인류의 문명창달을 나와 우리 끼리만이 이룩할 수 있을까? 이는 당연 불가능하다. 이것이 현대사회가 요구하는 인간관계론이나 조직관계론이다.

국제화, 세계화의 시대를 넘어 바야흐로 21세기는 글로벌시대이다. 경제에도 글로벌경제, 글로벌기업, 글로벌경영, 글로벌시장, 글로벌네트워크, 글로벌브랜드, 글로벌마케팅, 글로벌스탠더드 등 이른바 글로벌리즘(Globalism)[4] 이 판치는 소용돌이시대에 우리의 삶을 통째로 내맡기고 있는 현실이다.

과거 인류의 삶은 이렇게 복잡하지 않았다. 과학문명이 발전되기 전까지는 자기 혼자 정신을 똑바로 잘 차리고 살면 크게 문제될 것이 없었지만 이제는 그 양상이 다르다. 나만 정신을 똑바로 차려서는 소용이 없다. 그들과 저들을 모두 포함한 우리 모두가 정신을 똑바로 차려야 문제가 생기지 않기 때문이다. 그들과 저들이 정신을 똑바로 차리고 있는데 우리와 내가 정신을 제대로 못 차리고 세

---

4) 글로벌리즘(Globalism)-개별 국가의 단위를 초월하여 세계를 하나의 통합체로 만들려는 생각이나 운동. 제2차 세계대전 이후 미국을 중심으로 추진되어 왔으나, 유럽 공동체나 북아메리카 자유 무역 지대와 같은 지역주의나 보호 무역주의의 대두로 시련을 겪고 있다.

상을 살아간다면 그것은 이제 나의 직무유기나 직무태만이다. 그것은 나로 인해서 우리 모두에게 피해가 갈 수 있고, 우리로 인해서 그들과 저들에게 엄청난 피해가 갈 수 있기 때문이다.

우리가 잘 못해서 우리 국가경제에 문제가 생기고 국가가 환란에 빠져든다면 우리를 둘러싼 이웃나라와 여러 관계국에도 피해를 입을 수 있기 때문이다. 과거 2008년 미국발 금융위기가 그랬고 2010년 이후 그리스, 헝가리, 아일랜드, 이탈리아, 스페인 등 유로연합국가들에 국가부도위기 사태가 바로 그것을 잘 입증해주고 있다. 때문에 사람과 사람, 사화와 사회, 국가와 국가가 모두 '조화와 균형'으로 가되 먼저 자기의 중심을 잃지 않아야 한다. 조화와 균형을 이루려면 소통의 부재가 있어서는 절대 안 된다. 소통을 이루기 위해서는 첫째로 삶의 근본 이치를 깨닫고 사람다움의 길로 가는 것이 무엇인지 그리고 그것을 아는 것이 '솔성지위도(率性之謂道)[5]이다. 이는 중용 제1장 첫째 줄 두 번째의 말씀이다. 솔성(率性)은 성을 따른다는 의미이다. 그러므로 성에 부합하도록 따라가는 길이 사람의 길이고 인간의 삶이다. 솔성수도(率性修道)는 사람과 사람의 관계에서 중화(中和)를 이루기 위한 행위이다. 그러므로 도(道)라는 것은 사람이 마땅히 지켜야할 도리(道理)이다.

그렇다면 어떻게 인간관계에서 그 도리를 지켜가면서 충돌을 최소화하고 그 충돌의 원인이 되는 이해관계를 합리적으로 조율할 수 있을까? 그것을 가장 형평에 맞게 조율해내는 기능이 균형과 조화이다. 성(性)은 하늘로부터 받은 인간의 마음속에 존재하는 근원이

---

5) '率性之謂道'란? 그 성(性)에 따라 살아가는 것이 사람의 길(道)이다. 도(道)란? 천도에 따라 본연의 성(성)에서 나온 원리(原理, 法則).

다. 그 마음은 육신을 조정하는 기능을 갖고 있다. 동사적 이행과정을 조절하는 기능으로서 생각하는 기능, 분별하는 기능, 비교하는 기능, 헤아리는 기능, 깨닫고 인지하는 기능 등이 있다. 이와 같은 것을 통해서 어느 정도는 맞서도 문제가 없고 피하지 않아도 될 일이다. 하지만 그렇게 하기 위한 것이 '균형과 조화'의 작용이다.

이를테면 나의 입장에서만 생각하지 않고 역지사지(易地思之)를 해보는 것이다. 그렇게 함으로서 상대의 입장과 처지를 이해하게 되고, 위아래가 보이고, 좌우가 보이게 된다. 그렇게 상하좌우를 보고, 서로의 관계를 헤아릴 수만 있다면 어떤 것이 우리의 합리적 관계이며 진정한 삶의 길(道)인지 깨닫고 마음으로부터 보이게 된다. 그렇다면 나의 중심이 보이고 사물의 중심이 보이고 상화좌우의 관계가 비로소 보이기 때문이다. 그것이 나의 '중심 잡기'이다. 내가 먼저 중심을 잡아 행할 때 나를 둘러싼 주변의 중심이 잡히는 것이다.

그러기 위해서는 사람과 사람사이에서 일어나는 모든 일들을 사리에 맞고 어긋남이 없도록 '균형과 조화'[6]를 이룰 필요가 있고 관계의 중심이 어딘가를 늘 살펴보는 것이다. 균형과 조화란? 치중지심(治中治心)이다. 중(中=중심)을 다스리는 것은 균형(均衡)을 잡음이고, 심(心=마음)을 다스리는 것은 조화(調和)를 이룸이다. 다시 말하면 균형이라는 것은 저울대와 같은 것이다. 저울대가 가장 알맞

---

6) '균형과 조화(均衡, 調和)'는 인간과 인간의 관계, 인간과 만물의 관계성이다. 이것을 실천하고 행하는 주체의 중심은 인간이다. 세상엔 하늘과 땅, 인간 삼재가 있으나 사람의 도가 그 중심에 있다. 만물을 만들고 길러서 문명창달을 이루고 조화롭게 하는 것도 사람들이 해야 할 몫이다. 김충열, 「김충열교수의 중용대학강의」, 예문서원, 2007, p,123 참고인용.

은 평(平)을 이루는 상태에 놓여 있을 때가 균형을 이룸이다. '물부득기평즉명(物不得其平則鳴)' 이라는 말처럼 이는 '어떤 작용이나 관계에서 안정을 잃으면 불안정의 불협화음에 소리가 난다.' 라는 말이다.

저울대가 수평을 잃고 기울게 되는 것도 불평(不平)을 표현하는 방식이다. 천지의 출렁댐도 불균형에서 균형을 유지하려는 자기조절기능의 작용현상이다. 이것이 본성(本性)으로 돌아가려는 중용의 '중심잡기' 이다. 이처럼 만물의 변화는 끊임없이 자기 조절기능을 통해 변화하고 잃어버린 자기중심을 찾으려 애쓰고 있는데 유독 만물의 영장이라고 하는 인간은 이기적이고 약아빠져서 물질문명에만 관심을 둔다.

때문에 균형이고 조화고 관심이 없고 오로지 자신의 안위와 영달에만 신경을 쓴다. 이것이 개인주의(individualism)이다. 그러나 내가 조화를 이루고 싶다 해서 무조건 조화가 이루어지는 것 또한 아니다. 대인관계에 있어서는 모두가 상대성이다. 일단 '나' 라는 개념이 만들어지면 그 순간 '너' 라는 개념이 만들어지는 것과 같다. 그러니까 나만이 일방적으로 잘한다고 해서 관계가 좋아지는 것도 아니고 상대에게 무조건 다가간다고 해서 관계의 거리가 좁혀지는 것도 아니다. 서로가 잘해야 하는데 서로 잘한다는 것이 불확실성이 항상 내재되어 있는 것이기 때문에 그 또한 쉽지가 않다.

잘하기 위해서 상호 관계의 중심을 넘어서서 너무 많이 다가가면 자칫 오해를 불러일으킬 수도 있다. 그것이 과유불급(過猶不及)[7] 이

---

7) 과유불급(過猶不及)은 중용 제2장 '君子而時中' 이다. 이것은 '알맞은 때' 를 이르는 말이다. 즉 적시적합으로서 빠르지도 않고, 늦지도 않은 적당한 때를 말함이

이다. 정도를 지나치면 미치지 못함과 같다는 뜻이고 그래서 이 '중용(中庸)'이 중요함을 바로 이르는 말이다. 이렇듯 대인관계에서 정도를 지키고 조화와 균형을 잡으면 사람으로 인한 불협화음과 불행 또한 비켜갈 수 있다. 그러면 그것이 곧 일상의 생활이고 마땅히 행해야 할 도리로서 일용사물당행지리(日用事物當行之理)[8] 이다. 삶의 균형과 조화로서 중심이 잡히면 곧 그것이 일상생활의 보람과 행복이다. 또한 진정한 나를 찾는 길이다.

「중용」제1장 원문에 마지막 결론을 보자. "치중화, 천지위언, 만물유언(致中和, 天地位焉, 萬物有焉)"이라 했다.[9] 즉, 자연만물이 균형과 조화가 극치를 이룰 때 하늘과 땅이 각기 자기 자리를 정위치 하게 되고 그 속에서 만물이 생육되는 것이다. 이것은 엄청난 진리이다. 그럼에도 불구하고 세상의 현실은 어떠한가? 사람으로 비롯된 문명이 하늘과 땅에 중심을 마구 흔들고 있다. 여기저기서 마구 흔들어대니 견디기 어려운 하늘과 땅이 점차 그 본래의 균형을 잃어가고 있다. 그것은 곧 하늘과 땅에 있는 자연만물에 중심이 흩어지고 불균형으로 그 중심과 제자리를 잃어가고 있다는 말이다.

다. 따라서 과유불급은 지나치면 못 미침만 못한 것이며, 넘치면 모자람만 못하다와 같은 이치다. 김충열, 「김충열교수의 중용대학강의」, 예문서원, 2007, p, 102, 139 참고인용.

8) 日用事物當行之理, 皆性之德而具於心. '일상에서 마땅히 실천하고 지켜야할 도리로서 이 모든 것은 성(性)안에 있는 덕(德)으로서 우리의 마음속에 들어 있다.' 이다. 김충열, 「김충열교수의 중용대학강의」, 예문서원, 2007, pp,121~122 참고인용.

9) 致中和, 天地位焉, 萬物育焉!은 「중용」 제1장 원문에 마지막 결론이다. 이것은 중화(中和)에 이르는 것은 천지음양이 작용하여 만물을 생육하는 것으로서 중(中)과 화(和)가 극치를 이룰 때 천지(세상)는 각기 자기 자리에서 중심을 잡고 그 속에서 만물을 생육하는 것이다. 김충열, 「김충열교수의 중용대학강의」, 예문서원, 2007, p,117 참고인용.

그래서 그 속에 있는 자연의 많은 생명들의 신음소리가 날로 날로 커져가고 있다. 그런 결과의 주범은 역시 우리 인간들이고 물질만 능의 탐욕과 타락으로 말미암아 세상의 조화를 이루지 못하는데서 오는 부조화, 불균형의 결과인 셈이다.

결론적으로 말하면 '균형과 조화'는 천지만물이 영속적으로 하염없이 생성하고 운행되게 하는 자연활동에 메커니즘(mechanism) 이고 우주적 시스템이라 할 수 있다. 이런 균형과 조화가 현실에서 깨어지면 우리 인류사회의 미래는 암울할 수밖에 없다. 그렇게 되지 않게 하기위해서는 먼저 자신이 처해 있는 위치를 알고 스스로 균형을 잡고 스스로 조화로워야 한다. 그런 다음에 나와 너의 위치를 알고 너와 나 사이의 균형을 잡고 서로서로 조화로워지면 우리의 이웃이 조화롭고, 우리사회가 조화롭고, 국가와 민족이 조화롭고, 흔들림과 깨어짐이 없는 강한 중심이 형성되어진다. 비로소 그때에 강건한 국가가 형성될 수 있다. 더 나아가 세계평화는 물론 미래사회의 인류가 다 함께 행복해질 수 있지 않을까? 그렇게 기대해 봄직하다.

'몸, 맘, 얼' 삼위일체의 의미

나는 누구일까?[1]

나는 나의 몸과, 나의 맘과, 나의 얼[2]인 3요소(3要素)로 이루어진 삼위일체의 사회적 동물이다. 이 중 어느 것 하나라도 없으면 나는 완전한 나가 아니다. 이처럼 '몸, 맘, 얼'은 나를 이루고 있는 필수적 조건이다. 이것은 나를 이루고 있는 '균형과 조화(均衡과 調和)의 틀인 동시에 중용(中庸)의 중(中)'이다. 동시에 나의 삶에 균형과 조화를 이루는 요소이기도하다. 균형이란? 어느 한쪽으로 기울거나 치우치지 아니하고 고른 상태이다. 그것은 동심을 태우고 오르내리는 시소의 작용과 같다. 그것은 저울대가 가장 알맞은 상

---

1) 참 나란? 하느님이 보낸 '얼나'이다. 류영모 · 박영호, 「공자가 사랑한 하느님」, 교양인, 2010, p, 14 참고인용.

2) 얼나(목숨)- 얼은 정신의 줏대이다. 따라서 얼나는 나의 정신으로서 혼(魂)이다. "뚫린 줄(命)"- 하느님의 생명인 얼숨을 받아들이는 관(管)을 뜻하는 말. "바탈(性)"- '받아서 할'을 줄인 말로서 곧 삶의 목적이 되는 얼나(영원한 생명)로서 성명(性命)이나 천명(天命)을 말함. 류영모 · 박영호, 「공자가 사랑한 하느님」, 교양인, 2010, pp, 14, 43 참고인용.

태에 놓여 있을 때의 평일(平一)한 상태이다. 우주의 가장 건전한 운행은 형평이요, 가장 충실한 생성은 조화이기 때문이다.[3] '몸, 맘, 얼'이 상호 '균형과 조화'를 이루지 못하면 결코 몸은 몸일 뿐이고, 맘은 맘뿐이고, 얼은 얼일 뿐이다. 그것은 마치 융합되지 않는 물과 기름일 뿐이다.

따라서 '영성(靈性)'[4]을 이루기 위해서는 반드시 몸과 맘 얼 3요소가 삼위일체의 '균형과 조화(調和)'를 이루어야 한다. '균형과 조화'란? 각기 성질이 다른 개체가 융합되어 삼위일체의 통합을 이루는 일체(一體)의 '어울림'이다. 본래의 성질을 바탕에서 또 다른 맛으로 발효 숙성시켜 참맛을 이루는 과정이다. 인간이 가지고 있는 본래의 성질은 제나(自我/ego)[5]가 가지고 있는 탐진치(貪瞋癡)로 수성(獸性)에 가깝다. 그래서 류영모 선생님은 이 수성을 누르면 진선미(眞善美)의 영성(靈性)을 드러낸다고 하였다. 조화는 그렇게 단단함을 유연하고 부드럽게 혹은 막힌 것을 뚫어내는 소통의 원동력이요, 활성제이다. 조화는 안 보이는 것을 보이게 하는 현미경이요, 망원경이다. 조화는 부정에서 긍정으로 가게 하는 긍정에 힘, 필수 아미노산과 같은 에너지원이다.

먼저 우리의 몸을 보자. 나는 거울 앞에서 나를 보고 특별하게 잘생기지도 못했으면서도 조물주께 무한한 감사를 드린다. 그것은 조물주께서 인간을 창조하심에 참으로 과학적이고 매우 균형 있게

---

3) 김충열,「김충열 교수의 중용대학강의」, 예문서원, 2007, p, 112 참고인용.

4) 영성(靈性)- 신령한 품성으로 하늘의 이치를 깨닫는 도리.

5) 제나(自我)- 짐승인 제나(자아, ego)로 살고 있는 사람은 소인(소인)이고, 하느님의 아들인 얼나(영아,soul)로 살고 있는 사람은 군자(군자)이다. 류영모 · 박영호,「공자가 사랑한 하느님」, 교양인, 2010, p,19 참고인용.

만들었다는 생각과 안도감에서다. 머리에서 발끝까지 하나여도 되는 것은 하나만 만드셨다. 그리고 둘이어야 하는 것은 반드시 둘을 만드셨다. 아마도 그것은 균형과 조화에 역점을 둔 창조주만의 전능적 조형술(造形術)의 결과인 셈이다.

이것은 우리의 몸이 '균형과 조화'를 이루도록 신체적 조건과 설계를 하신 것이다. 만일 하나여야 하는 코와 입을 둘씩 만들었다면 음식을 먹고 말 할 때도 매우 혼란스러울 것이다. 어느 쪽으로 음식이 들어가야 할지. 또한 말은 어느 쪽 입을 통해서 말을 해야 할지. 또한 각기 다른 입이 각기 다른 말을 해댄다면 이 얼마나 우리의 일상에서 불편함을 초래할 것인가. 또한 팔과 다리를 보자. 둘이 아닌 하나만 만들었다든가 아니면 셋을 만들어 놓았다면 이 또한 많은 문제가 있긴 마찬가지이다. 한발로 어떻게 균형을 잡고 걸을 것이며, 세발이라면 두발은 걷고 한발은 무엇을 할 것인가? 만일 그랬다면 우리 인간은 어떻게 살아갈 것인가. 실로 두렵지 않을 수가 없다. 참으로 어이없는 상상 같지만 사실이 그렇다면 어쩔 번 했을까?

그렇다. 어이없는 상상이지만 조물주께서는 분명 이런 어이없는 상황을 고려해서 인간을 창조하신 것만은 분명한 사실 같다. 그러니 어이 조물주의 경이로움에 찬탄하지 않을 수 있나. 이것은 그 신체적 작용에 있어서 원활한 기능과 작용이 일어나게 하기 위한 목적이었을 것이다. 또한 원활한 기능과 작용을 통해서 신체적 균형과 조화를 이루게 하기 위함이라 생각한다. 우리의 몸속에서 일어나는 모든 기능과 작용이 또한 그럴 것이다. 그러나 그러한 기능과 작용에 문제가 생기게 되면 우리의 몸은 곧 균형과 조화를 잃고 병이 나게 되는 것과 같은 이치이다. 때문에 몸은 몸속에서 일어나는 모든 작용과 기능의 중심을 지키고 균형과 조화를 이루어야한다.

다음은 우리의 맘(心)에 대하여 생각해보자. 인간의 맘은 인간의 의식 속에 발현되어 드러나는 의식 혹은 생각이다. 그것이 입을 통해서 나오면 언어 혹은 말이다. 그러나 그런 생각들은 입을 통해서 말로 표현되기 전까지는 그 맘의 모양이나, 형태를 전혀 알 수가 없다. 그래서 누가 어떤 맘을 가지고 있는지, 무엇을 하려는지, 호의적인지, 비호감인지 등 전혀 상대의 감정을 구분하고 이해하기가 어렵다. 그러나 이렇게 보이고 잡히지 않는 생각이지만 우린 자신의 맘에 중심을 잡고 균형과 조화를 이루어야한다. 그렇지 않으면 사람과 사람의 관계에서 또 다른 균형과 조화를 이룰 수 없기 때문이다.

다른 사람과의 원만한 관계는 고사하고라도 먼저 자신의 맘을 컨트롤 할 수가 없어 불안전한 상태에 놓이게. 되면 올바른 이성과 판단이 불가능하게 된다. 그러면 인면수심과 같은 상태에 놓이게 된다. 때문에 참다운 그 인간의 중심을 간직하고 균형과 조화로움의 길로 가야하는데 그 길을 알게 함이 바로 '중용의 도리'이다. 이 중용의 도리를 이해하면 모든 사물의 중심을 바로보고 알 수가 있어 사전에 오류를 예방하고 순리에 역행을 피해갈 수 있다.

건강한 나의 몸과, 맘에 중심을 잡고 균형과 조화를 이루고 있다면 66%는 성공한 삶이다. 여기에다 건강한 얼(靈魂)만 하나 더 보탠다면 이것은 진정한 자기 자신의 완성을 이루는 '몸, 맘, 얼'의 3요소가 성공적으로 삼위일체를 이루고 자신의 완전한 삶을 성공시키는 행복의 결과가 됨이다. 건강한 몸에서 건강한 맘과 얼이 나온다. 몸이 병들면 맘과 얼도 제대로 건강할 수가 없다. 그것은 몸에 균형과 조화가 깨짐으로써 미치게 되는 불균형의 악영향 때문이다.

그럼 이 '얼(靈魂)'이란 대체 무엇인가? 나의 얼은 곧 나의 사람됨의 정신에서 중심(中心)이 되는 부분이다. 우린 영혼이 맑고 깨끗한 사람을 가리켜 천사와 같다고 한다. 천진난만한 어린아이의 눈빛과 미소를 보고 있으면 그 때 묻지 않은 순수한 영혼을 느끼게 한다. 우리가 어떤 위대한 사람의 숭고한 정신을 계승하는 것도 그의 얼을 잇는 것이다. 이처럼 얼이란 우리의 삶에 탄탄한 정신적 뿌리와 기둥이 되기 때문이다.

그러나 아무리 위대한 얼이라도 그것을 계승하고 발전시키지 못하면 아무런 의미와 소용이 없다. 그러한 위대한 사상가의 얼과 정신은 이 시대를 살아가는 현대인들에게 있어서는 목마름에 생명수와 같고 숨을 이어가는 청정한 산소이다. 이것을 통해서 삶의 지혜와 이치를 배우게 되기 때문이다. 우리의 고전엔 이와 같은 성인들의 말씀이 많다.

그 중에서도 이 '중용'[6]은 그 학문의 이치가 견고하고 깨지지 않는다고 하여 학자들 사이에서는 차돌학문이라 지칭하기도 한다. 그러나 조금 어렵게 느껴지는 것이 흠이기는 하지만 어렵다고 하여 그것을 배우고 알기를 포기하는 것은 나에게 주어진 행복의 보배를 보배로 알지 못하는 우매함이 아닐까? 그것은 인간의 삶이 고통스럽고 힘들다하여 포기할 수 없는 것과 마찬가지이다. 더욱이 복잡한 문명시대에 이 중용은 그 진가를 발휘할 수 있는 인문정신의 바

---

6) 김충열, 「김충열교수의 중용대학강의」, 예문서원, 2007, p,11 참고인용.

이블이다. 끝없이 변화하는 인간의 삶에서 어떻게 변화에 순응하고 대처할 것인가에 대한 진지한 자기성찰과 어떤 외세의 소용돌이 속에서도 휘말리지 않고 그 중심을 지켜내는 지혜가 여기에 담겨있기 때문이다.

예컨대 정치를 함에 있어서 야당이 존재하는 이유는 여당에 들러리나 심심할까봐서가 아니다. 그것은 정치의 '균형과 조화'를 이루기 위함이다. 여당은 늘 찬성만하고 야당은 늘 반대만 하는 것이어서도 곤란하다. 야당이든, 여당이든 늘 찬성만 하고 늘 반대만 하라는 것도 아니다. 어느 쪽이던 찬성만 있거나, 반대만 있다면 그것은 자칫 찬성을 위한 찬성이나 반대를 위한 반대만을 부르게 된다.

그것은 진정한 민주주의나 진정한 자유주의 정신에 반칙이다. 야당의 존재 목적은 부조화와 불균형을 예방하고 함께 하모니를 이루려는 정치공동체적 시스템의 체계이다.

그것은 어떤 사상이나 이념, 권력에 의해 억압된 포퓰리즘(Populism)이 아니고서는 절대 동의할 수 없다. '조화(調和)'란? 서로의 성질이 다른 것들이 다른 것을 위해 한 발씩 물러서거나 또는 다가서는 일이다. 그렇게 상대를 이해하고 설득을 얻어냄으로서 문제의 본질과 핵심을 찾아내고 문제 해결에 공통분모를 만들어가기 위함이요, 상대에 대한 진지한 배려와 이해 그리고 포용이다.

이러한 '조화와 균형'을 생각하지 않는 의식이나 행동은 자기 편향주의와 이기주의에서 비롯되는 것이다. 객관적 가치보다는 주관적가치가 크게 작용하는 현상이다.

때문에 '몸, 맘, 얼'이 상호 조화를 이루지 못하면 우리의 몸은 몸일 뿐이고, 맘은 맘뿐이고, 얼은 얼일 수밖에 없다. 탐진치(貪

瞋癡)[7]는 탐진치일 뿐이고, 진선미(眞善美)는 진선미인 것처럼 말이다. 그리고 하나님은 하나님일 뿐이고 나는 나일 수밖에 없는 것이 되고 만다. 그렇듯이 그것은 순리에 역행하는 '부조화(不調和)'일 수밖에 없다. 부조화는 서로 어울리지 못하고, 작용하지 못해 온전한 완성을 이루지 못하고 제각각의 미완성 개체일 뿐이다. 그것은 결코 자연과 자연이 하나를 이룰 수 없고 생명과 생명이 융합하지 못 함이다. 그것은 인간이 신과의 내밀한 교류를 부정함이요 결코 '영성'을 이루지 못함이다.

앞으로 인류사회의 미래는 여러 가지의 다양성과 이해관계로 더욱 더 빈번한 충돌이 불가피하다. 이런 '불협화음(不協和音)'의 충돌을 피해가는 것이 현대사회가 반드시 지혜롭게 풀어가야 할 커다란 명제고 과제이다. 이것을 바로 인식하고 대처하는 것이 21세기 미래비전(Future vision)이다. 이런 비전을 우리 자신에게 약속받기 위해서는 우리사회의 '몸, 맘, 얼'이 조화와 균형으로 삼위일체를 이루어야 한다.

이 시대는 집단이건, 개인이건, 이기주의나 편향주의에 함몰된 현실에서 국내 모 기업이 경영모토를 "밸런스(balance)"로 정하고 우리사회의 '균형과 조화'를 강조하는 이미지 광고를 내고 있다. 그것을 보면서 참으로 기업의 경영철학이 참신하고 돋보인다는 생각이 든다. 목숨 건 투쟁의 치열한 피투성이 대결 속에서도 우리사회의 균형과 조화를 꿈꾸고 있다는 것이 필자에게는 참으로 고맙게

---

7) 탐진치(貪瞋痴)- 삼불선근(三不善根)·삼구(三垢)·삼화(三火)라고도 한다. 탐욕(貪慾-욕심), 진에(瞋恚-분노·노여움), 우치(愚癡-어리석음)로서 흔히 '탐·진·치'라 한다. 탐은 좋아하는 대상에 대한 집착, 진은 탐과 짝을 이루는 것으로서 좋아하지 않는 대상에 대한 반감·혐오·불쾌 등의 감정을 말함이다.

느껴졌기 때문이다. 무수히 많은 기업이 있지만 우리사회의 '균형과 조화'를 이루려는 진정한 기업경영의 철학은 쉽게 찾아볼 수가 없었다. '밸런스'란 모토 거기에는 나만이 아닌 우리 또는 그들 모두가 포함되어 있고 서로서로가 상생의 공존공영을 통해서 희망과 행복을 이루고자하는 의미가 내포 되어 있기 때문이다.

흔히 우리가 살고 있는 현대사회를 정글에 법칙이니, 약육강식이니 하면서 적자생존을 부르짖고 그것만이 생존할 수 있는 유일한 것처럼 의식화하고 당연시 하는 것이 현실이다. 그래서인지 그것을 걱정하는 소제의 조정래 선생의 소설「정글만리」가 베스트셀러반열에서 많은 독자들에게 읽히고 있다. 그것은 어쩌면 이 문명시대를 힘겹게 살아가는 현대인들 모두에 자화상일 게다. 어쩌면 그것을 읽고 현실에서의 불안한 삶의 비상탈출구를 찾기 위한 염원일지도 모른다는 생각이다.

때문에 이제는 더 이상 상생의 '조화와 균형'을 미룰 수 없는 현실에 문제가 되었다. 이렇게 인류미래사회의 번영과 행복에 대한 진지한 고민과 그 중심을 잡으려는 태도야말로 얼마나 다행한 일인가. 그 기업이 추구하는 상생의 공생공존에 가치는 아무리 강조해도 좋고 넘치지 않는 보석같이 귀하고 빛나는 소중한 가치임에 틀림없을 것이다.

이렇게 '균형과 조화'는 우리사회의 곳곳에서 발생하는 멈춘 현상이나, 불통 현상과 같은 단절들을 쌩쌩 돌아가게 하는 무한 원동력이 될 수 있다. 어두운 곳에서 밝음에 빛을 발하는 큰 희망이 될 수 있음이다. 울림이 없는 공간에서 울림을 만들어내는 소통의 메아리일 수도 있다. 희망의 메신저이다. 공통의 분모를 만들어가는 긍정의 힘이다. 불협에서 타협을 이루기 위해 한발 한발 다가서는 신뢰와 평화의 발걸음이다. 어울림이 부족한 것들을 채워나가는 포용과 통찰의 정신이요, 상대에게 다가가는 진정한 배려와 이해가 아닌가.

이제 제각각이던 우리사회의 '몸, 맘, 얼'이 삼위일체를 이룰 '조화와 균형'을 미래사회의 새로운 트렌드(trend)로 반드시 인식하여야 할 때이다. 개개인이건, 직장인이건 사회의 어떤 집단이건 우리는 물론 국제사회서도 마찬가지이다. 정치. 경제, 사회, 문화를 비롯해서 사상이나 종교적 이념도 마찬가지다. 이제는 '조화와 균형'이다. 그것이 함께 더불어 사는 진정한 참다운 세상의 참모습이 아닐까? 이제 우리는 우리가 추구하는 행복의 목표를 이 참모습에서 만들어가야 한다.

中心의 理論

중(中)이란?

중심(中心)에서의 '중'은 중용(中庸)에서의 '중'

중용(中庸)에서 말하는 중(中)은 일반적으로 '지나치거나 못 미치거나 혹은 넘치거나 모자람이 없는 것으로서 그 어느 쪽에도 치우침이 없다.' [1]는 의미임을 앞에서도 여러 차례 서술되었다. 중은 그 뜻을 중용에서 가장 대표적으로 잘 상징하고 설명하는 문자이고 언어 중 하나이다. 또 중용(中庸)은 이런 뜻만 있는 것이 아니다. 유교적 사상과 철학에서 중용이란 용어와 이와 관련한 뜻들은 인간의 삶의 커다란 물줄기를 이루는 강물과 같은 한 맥이다. 그러나 중(中)이나 중용(中庸)은 한 문장, 한 단어 정도로 간단히 설명되기는 매우 부족하다.

이와 같이 중용의 뜻은 여러 가지의 뜻을 넓고 깊게 내포하고 있

---

1) 중(中)- 치우치지도 않고, 기대지도 않으며, 지나치거나 못 미치지도 않은 것. 용(庸)은 평상적인 것을 말한다. 김충열, 「김충열 교수의 중용대학강의」, 예문서원, 2007, p.96 참고인용.

고 여러 의미로 쓰이지만 우선 「서경(書經)」에서는 '진실로 그 중용(中庸)을 잡도록 하라'는 말이 있는데 「서경」에서의 중용은 요·순·우·탕으로 이어진 중국 고대 제왕들의 정치적 기본 원리를 가르친 개념으로 사용되고 있었을 정도로 정치철학에서는 빼놓을 수 없는 핵심적 사상이었고 현대사회에서는 정치·경제·사회·문화 그 어떤 분야에서도 적용되지 않는 곳이 없는 생활사상의 철학이론이다. 그리고 「논어·맹자」에서도 이와 동일한 관념적 이론이 내포되어 있음을 알 수 있다. 이러한 중용의 개념은 명백히 인간의 도덕적, 윤리적 사상과 결합하여 총망라 된 이론이라고 해야 한다.

「중용」에서는 '희로애락의 미발(未發)상태를 중(中)[2]이라 했고, 그 미발의 상태가 발(發)하여 중절(中節)된 것을 화(和)[3]라고' 했다. 희로애락은 인간의 삶이고 우리 현대인의 일상이다. 여기서 중(中)이

---

2) 희로애락지미발, 위지중, 발이개중절, 위지화(喜怒哀樂之未發, 謂之中, 發而皆中節, 謂之和)- 희로애락이 발현되지 않은 상태를 중(中)이라 하고, 발현되어 절도(節度)에 맞는 현상을 화(和)라 한다(중용 제1장 원문). 중(中)은 마음속에 있는 심으로서 희로애락의 정이 발하지 않았을 때로서 어디에 치우치거나 기대지 않은 상태이다. 또한 희로애락의 정이 심의 작용으로 나타나 외재사물에 영향을 미쳤을 때 딱 들어맞아 과불급이 없는 중절의 상태를 말한다. 앞의 중은 중심(中心=가운데 마음)에 중이고 뒤의 중은 적중(적중=꼭 맞는 것)의 중이다. 김충열,「김충열교수의 중용대학강의」, 예문서원, 2007, p.99 참고인용.
중(中)자는 제례의식과 관련이 있기도 하다. 의식 때에 좌우에 사람들이 균형 있게 배치하고 그 중앙으로 왕이 자리하여 통천의식을 거행하는 예에 기인한 것이다. 양방웅,「중용과 천명」, 예경, 2006, p, 47 참고인용.
3) 화(和)- 희로애락의 정이 심의 작용으로 나타나 외재사물에 영향을 미쳤을 때 딱 들어맞아 과불급이 없는 중절(中節)의 상태를 화라 말한다. 김충열,「김충열 교수의 중용대학강의」, 예문서원, 2007, pp.99, 104, 참고인용. 수면에 열(熱)·냉(冷)·조(燥)·습(濕)의 기운이 작용하면 수면에 물결이 일어나거나, 얼거나, 증발하는 등에 변화가 생기게 된다. 이처럼 사람의 성(性)에 희·로·애·락의 정이 작용하면 변화가 일어나는데 그 변화가 겉으로 나타나지 않고 균형을 이루고 있는 상태를 중(中)이라 하고, 겉으로 표출되어 균형을 이루고 있는 상태를 화(和)라 한다. 양방웅,「중용과 천명」, 예경, 2006, p, 246 참고인용.

란? 희로애락 등의 감정이 아직 발하지 않은 상태의 내면적 마음을 의미하며, 화(和)는 이미 촉발된 정(情)이 중에 의해 조절된 상태를 의미한다고 했다. 그리고 이러한 중화(中和)[4]의 상태에 도달하려는 수양의 방법으로 신독(愼獨)[5]을 원칙으로 제시하고 있다.

중용은 송(宋)시대에 이르러 성리학이 성립하면서 특히「중용」의 중요성이 재 부각되었고 이에 따라 중화설(中和說)에 대한 새로운 해석이 이루어졌다. 정이(程頤-중국 북송의 유학자로서 성리학(性理學)의 기초를 닦음.)는 중(中)을 적연부동(寂然不動)한 것으로, 화(和)를 감이수통(感而遂通-감정의 느낌이 소통에 이르게 됨)한 것으로 해석했다. 이를 계승한 주희는 사려(思慮)가 싹트지 않고 사물이 이르지 않은 때를 미발이라 하고, 이때의 심(心)은 적연부동한 본체가 되며 온전한 천명지성(天命之性)[6]이 될 수 있는 것이라 했다. 따라서 이러한 상태에서는 과불급(過不及)이나 치우침이 없기 때문에 이것을 중(中)이라 했다. 또 세상 가운데 일어나는 일들(삶의 과정, 자연의 현상)에 감이수통하게 되면 희로애락의 정이 촉발되어 심(心)에 작용이 드러나게 되는데 이때 중절되는 상태를 가리켜 화(和)라 했다.

요·순임금 때에 천하통치의 근본사상은 도통(道通)인데, 이 도통의 요체가 중용에 있고 이를 터득하고 실천하는 가르침이 중용의

---

4) 중화(中和)- 항상 변화, 변동 속에서 가장 안정된 위치를 찾아 움직이는 중을 말하는 것으로 중화는 일종의 자기조절기능과 같은 형평의 원리로서 균형과 조화를 포괄하는 의미이다. 김충열, 「김충열교수의 중용대학강의」, 예문서원, 2007,p,107 참고인용.

5) 계신공구(戒愼恐懼)-신독(愼獨) 김충열, 「김충열교수의 중용대학강의」, 예문서원, 2007, pp,121, 122 참고인용.

6) 천명지성(天命之性)- 하늘로부터 부여받은 성품.

생활실천사상이다. 사람은 누구에게나 인간적 욕심과 도덕적 본성이 함께 내재되어 있다. 가장 지혜로운 사람이라도 인간적 욕심이 없을 수 없으며 가장 어리석은 사람이라도 도덕적 본성이 없을 수는 없다. 이 두 마음을 다스리는 사상과 철학의 가르침이 중용사상의 근본 바탕을 이룬다고 하였다.

중용에서는 도덕적 본성이 항상 자기 자신의 주체가 되고 인간적 욕심이 매번 도덕적 본성의 명(命)을 따르게 하는 것이 중용의 도를 실천하는 방법의 길로 생각했다. 이를 위하여 중용에서는 성(性), 도(道), 교(敎)라는 개념으로 천도와 인도와의 관계를 설명하려 했다. 성(性)[7] 은 하늘로부터 받은 사람 속에 있는 하늘의 속성이다.

---

7) 성(性)- 인간이 갖추고 있는 선험적이고 보편적인 본성을 가리키는 개념이다. 그러나 성에 관한 논의는 중국 전국시대부터 시작되었다. 성설은 주로 성의 선악(善惡)에 관한 문제를 중심으로 전개되었다는 점이 특징이다. 대표적인 것으로 고자(告子)의 성무선무불선설(性無善無不善說), 맹자(孟子)의 성선설(性善說), 순자(荀子)의 성악설(性惡說) 등이 있다. 또한 불교의 불성(佛性)은 인간의 마음속에 불성이라는 신비스런 정신적 실체의 존재를 주장한다는 점에서 유교의 성설과는 차이가 있었다. 그러나 그러한 불성론(佛性論)은 송대에 이르러 새로운 유교로 성립한 성리학의 성설에 커다란 영향을 미쳤다고 한다. 성리학은 유교적, 불교적 성설을 계승하고 종합하여 체계적인 성설을 정립했다. 북송 때의 성리학자인 장재(張載)는 성을 천지지성(天地之性)과 기질지성(氣質之性)으로 나누어 설명했고, 정이(程頤)는 의리지성(義理之性)과 기질지성으로 나누어 설명했다. 남송대의 주희(朱熹)는 장재와 정이의 이론을 계승하여 본연지성(本然之性)과 기질지성의 개념에 의해 인간의 성을 설명하려했다. 이 두 가지 성 가운데 본연지성이 중용에서의 성을 기본 내용으로 하고 있다. 이와 관련하여 이기론(理氣論)에서는 이(理)가 인간의 마음속에 내재 된 것이라 믿고 있었다. 이것은 곧 성리학의 성설을 집약하는 '성즉리(性卽理)'라는 명제의 내용이기도 하다. 본연지성은 인·의·예·지·신(仁義禮智信)이라는 일상의 현실적인 도덕규범을 가리켰다. 결국 성리학에서는 모든 인간에게 인·의·예·지·신이라는 도덕규범에 의해 인간의 선험적이고 보편적인 본성이 규정된다고 보았다. 모든 인간은 본연지성을 온전히 갖추고 있다는 점에서는 평등한 존재이다. 훗날 성리학의 논쟁은 수양론을 뒷받침하기 위한 이론적 쟁론이 되었으나 그 결과는 인간중심, 즉 인간본성과 그 도덕적 지향에만 집중되었던 성리학의 인식범주를 인간에 대해서는 물론 객관사물의 세계에까지 확대시키는 계기가 되었다.

도(道)[8]는 하늘이 부여한 본연의 성(性)을 따르는 것으로서 효도와 자식 사랑, 형제간의 우애, 가정의 화목, 이웃의 사랑 같은 것이 도였다. 교(敎)[9]는 사람의 길로 제대로 갈 수 있도록 마름질하는 것으로 그것을 구체화한 교육, 예절, 법칙, 제도 등이다.

중용(中庸)은 어떠한 일에서나 알맞도록 하여 편중(偏重)되지 않는다고 하였다. 여기서 중(中)이란? 정도를 말하는 것으로서 산술적인 평균이 아니다. 중용은 때때로 상식이나 관행(慣行)에 따라서 평온하게 사는 생활태도가 되기도 한다. 중용의 덕을 철학적으로 명확하게 설명한 사람은 아리스토텔레스[10]이다. 그는 이성으로 욕망을 통제하고 과대(過大)와 과소(過小)의 중간을 택함으로써 삶의 안정된 균형을 잡고 거기에 덕이 있음을 확립했다.

---

8) 도(道)- 중국사상과 철학에서 '올바른 길' 또는 '하늘의 길(天道)'을 나타내는 기본 개념이다. 유가(儒家)의 학설엔 도(道)는 도덕적으로 인간행위의 올바른 길을 나타내는 것으로서 따라서 행동에 국한 된다. 유가와 대립적인 도가(道家)에서는 도를 인간의 영역을 초월한 형이상학적 의미를 지닌 근본적인 개념으로 설명한다. 도가의 고전「도덕경」은 이렇게 시작된다. "말로 표현할 수 있는 도는 본래의 도가 아니다(道可道 非常道)"라고 했다. 따라서 본래의 도는 분명한 언어로 정의할 수 없지만 언어를 통해 암시된 직관 또는 영감에 의해 이해할 수는 있다. 그러나 만물의 변화를 가져오는 자연의 순환과정에서 우리는 도의 한 측면을 인지할 수 있다. 도의 가시적 현상을 관찰함으로써 만물의 근원인 궁극적인 실체가 존재함을 직관에 의해 잘 알 수 있다. 도가는 삶과 죽음을 도의 서로 다른 측면에 불과하다고 보아 자연과 일치하는 삶이라고 옹호한다.
9) 교(敎)- 길(道=천도와 인도)에 부합하도록 가르치는 것을 교(敎)라 한다.
10) 아리스토텔레스- 플라톤과 함께 그리스 최고의 사상가로 꼽히는 인물이다. 서양지성사의 방향과 내용에 매우 큰 영향을 끼쳤다. 그가 세운 철학과 과학의 체계는 여러 세기 동안 중세 그리스도교 사상과 스콜라주의 사상을 뒷받침하게 했다. 17세기말까지 서양문화는 아리스토텔레스주의였으며 수백 년에 걸친 과학혁명 뒤에도 아리스토텔레스주의는 서양사상에 여전히 뿌리 깊게 남아 있는 사상이다. 아리스토텔레스가 연구한 지식분야는 물리학·화학·생물학·동물학·심리학·정치학·윤리학·논리학·형이상학·역사·문예이론·수사학 등 매우 다양하다. 가장 큰 업적은 형식논리학과 동물학분야의 연구이다. 철학 분야에서 아리스토텔레스는 아직도 살아 있다.

중(中字)자는 중국이 나라 이름으로 쓸 만큼 중국의 문화 · 철학 · 사상 등에서 지극한 표준이 되고 있고 그 정체성에도 중심을 확고히 하는 뜻을 가지고 있다. 본래 中자는 '田'아니고 '中' 모양의 글자였다. 이 'O'은 천지와 우주의 존재형상이고 'l'은 생명을 뜻함이다. 따라서 中[11]은 천지와 생명의 결합을 의미하고 이 생명이 삶의 중심되고 근본이 됨을 뜻함이다. 다시 말해 생명의 근본이 우주의 중심이 된다는 뜻이다.

동서고금 종교와 철학에 능통했던 대석학이자 사상가였던 다석 류영모 선생은 중용(中庸) 1장의 첫 문장인 천명지위성(天命之謂性)을 '뚫린 줄[12] 이라 해석했다. 뚫린 줄이란? 하늘로부터 받은 생명인 얼숨[13] 을 일컬음이고 'l'의 뜻은 생명의 줄을 받아들이는 관(管)을 의미함이다. 따라서 中(中)은 하늘로부터 받은 생명이고 그것이 만물가운데 균형과 조화를 이루는 근본적 중심이 된다는 의미이다.

또한 中이나, 中은 또 무엇과 흡사히 닮았다. 바로 우리가 어려서 많이 가지고 놀았던 '팽이(猤)'와 매우 흡사하다. 팽이는 쉬지 않고 돌아야 한다. 돌아야 균형이 잡히고 죽지 않는다. 중(中)이란 마치 '돌고 있는 팽이'와 같다. 팽이는 돌고 돌아야 균형과 중심을 잡고 쓰러지지 않는다. 우리 교훈 중에 '행자상지, 위자상성(行者常至, 爲者常成)'이란 교훈이 있다. 이 같은 말은 '멈추지 않고 길을 가는

---

11) 김충열,「김충열교수의 중용대학강의」, 예문서원, 2007, p.101 참고인용.
12) '뚫린 줄(天命之謂性)' - 류영모 · 박영호,「공자가 사랑한 하느님」, 교양인, 2010, p,1월 43 참고인용.
13) '얼숨' - '내가 얼숨을 쉰다는 것은 하느님의 생명인 얼(성령)을 숨 쉬어 얼나를 깨닫는 것이다. 류영모, 박영호,「공자가 사랑한 하느님」, 교양인, 2010, p,14 참고인용.

사람에게는 늘 다다르는 곳이 있게 마련이고, 쉬지 않고 일하는 사람에게는 늘 이루어짐이 있다.' 는 훌륭한 가르침이다. 이에 필자가 감히 첨언을 한다면 '편자상가, 회자상행(鞭者常杂, 廻者常幸)' 이라 하고 싶다. 이는 '멈추지 않고 늘 채찍질을 하는 사람은 항상 팽이처럼 중심을 잡고 돌게 마련이고, 쉬지 않고 돌아가는 사람은 늘 행복의 중심을 간직하게 마련이다.' 라고 해보면 어떠할지?

또한 '광강시천, 유부수부(廣江始泉, 流否水腐)' 라. '드넓은 강물도 샘으로부터 시작된 것이고, 흐르지 않는 물은 썩게 마련' 이다. 이처럼 인간의 삶이란 살아 숨 쉬고 있는 한 팽이처럼 돌면서 사는 것이고 돌지 못하면 그것이 곧 종명(終命)에 이르게 된다. 샘으로부터 시작해서 드넓은 강물이 되었으나 아무리 많은 물도 흐르지 않는 물은 썩게 마련이라는 뜻이다.

팽이 같이 돌아가고 있다는 것은 그 중심(中心=가운데 마음)을 잃지 않고 그 기능과 작용이 조화롭게 이루어지고 있다는 의미이고 우리의 삶에서 흔들리지 않고 본분에 맞게 잘 살고 있다는 말이다. 그러니 나의 삶이 팽이 같다 해서 불만스럽게 생각할일이 아닌 듯싶다. 그래서 누가 어떻게 살았느냐고 내게 물으면 난 주저 없이 "팽이처럼 살았습니다."라고 답할 수 있다. 팽이는 자기 채찍질을 통해서 흔들림으로부터 중심을 잡고 조화와 균형으로써 생의 성찰을 이루게 된다.

중심(中心)은 '가운데 마음' 을 의미한다. 첫째는 치중(治中)하여 좌우, 상하의 균형을 잡는 것이고, 둘째는 치심(治心)하여 상하, 좌우의 조화를 이룸이다. 다시 말해서 치중, 치심(균형과 조화)이 이루어지지 않으면 그냥 중일뿐이고, 그냥 중심일 뿐이다. 즉 중(中)

만으로는 활발한 생기의 작용과 현상이 이루어지지 못한다. 따라서 불균형의 상태에 있는 것은 물의 본성(平)처럼 고저에 관계없이 평(平)을 이루려는 것이고, 부조화의 현상은 바람의 손길처럼 좌우, 상하를 모두 어루만져 조화롭게 하려는 현상이다.

정자(程子- 중국 송나라의 유학자 정호(程顥)와 정이(程頤)의 존칭)는 '치우치지 않은 것을 중(中)이라 하고, 바뀌지 않는 것을 용(庸)이라 했다. 따라서 중은 천하의 정도(正道)요, 용(庸)은 천하의 정리(定理)다.' 라고 하였다. 그러므로 '이 중용의 이치는 밖으로 표출하면 천지에 가득차고 그 어디에서나, 어떤 사물에게나 또 어떤 상황에서도 적용되지 않는 것이 없다. 이 무궁무진한 이치를 거두어들일 경우 하나의 마음속에 수습된다. 거두고 펴는 것이 자재(自在)함에 그 쓰임이 무궁하고 쓰는 자 스스로 무한한 성취감을 맛보게 됨으로 곧 이것이 사람이 살아가는데 없어서는 안 되는 절실한 학문이다.'[14] 라고 하셨다.

이처럼 중(中)은 세상에 바른 길이요, 인간의 삶에 정해진 이치로서 완벽하다 못해 온전한 학문이라 하였다. 그러나 끊임없이 변화하는 시간과 세상 속에서는 고정된 중(中)이 있을 수 없다. 인간의 삶은 상황에 따라 천태만상으로 변화한다. 따라서 변화에 적합하게 맞춰가야 하는데 한 곳, 한 상황에만 머무르거나 집착하는 것은 오히려 정도와 정리에 불균형과 부조화를 초래할 수 있으므로 중화(中和=균형과 조화)와 시중(時中=알맞은 때)이 요구되는 것이다. 이때의 중화가 바로 치중치심(治中治心)이다.

이것을 장자께서는 '자기를 둘러싸고 있는 주위환경에서 가장 알

---

14) 김충열, 「김충열교수의 중용대학강의」, 예문서원, 2007, p.96 참고 재인용.

맞은 중심을 얻어 자리를 잡고 주위 상황과 변화에 적응해 나가면 적중(適中, 中節)되지 않음이 없으며, 변화에 응하는데도 편리하고 지치지 않는다(得其環中, 以應無窮)' 라고 하셨다.

이것은 쉽게 다시 말하자면 아무리 힘들고 어려운 변화와 상황에서도 그 변화에 잘만 적응하면 살아가는 데는 문제가 없고 그것이 가장 현명한 최선의 방법으로서 바로 이것이 중(中)이다.[15] 라는 말씀이다. 이렇게 중은 나와 남 그리고 안과 밖의 작용과 연관성에서 종합적으로 판단되고 설정되는 기준이다. 따라서 나의 중심을 세우고 나의 중심이 어딘지를 알기 위해서는 변화하는 상황과 과정에서 균형점을 찾아 조화롭게 응해야 한다.

이처럼 중용에서 중(中)이 갖는 의미와 뜻을 나름대로 정리해보았다. 중용은 사람이 한 세상 살면서 인간관계와 처세에서 누려야할 최고 경지에 윤리의식이고 도덕적 학문의 근본이다. 따라서 인간의 삶에 있어서 반드시 갖추고 이행하여야할 이 세상 모든 이치에 근본(根本), 정도(正道), 정리(定理)라고 이해하면 좋을 듯하다.

---

15) 김충열, 「김충열교수의 중용대학강의」, 예문서원, 2007, p.101 참고 재인용.

중심(中心)의 이해

중심(中心)이란?

중심(中心)의 사전적 의미는 '한가운데, 한복판, 가장 중요한 역할을 하는 곳, 또는 그러한 위치에 있는 것' 이렇게 기술되어 있다. 그리고 영어로는 center(중심), middle(한가운데의, 중간의, 중위中位), balance(천칭天秤, 균형, 평형), heart(심장), focus(초점), nucleus(핵, 핵심) 등과 같은 다양한 의미로 표현되고 있다. 즉 사물의 한가운데를 비롯해서 사물의 작용이나 과정에서 매우 중요한 곳, 기본이 되는 부분 또는 확고한 주관이나 줏대 등의 의미로 기술되어 있다. 그러나 중용에서의 중심(中心)은 사전에서 정의해 놓은 일반적이고 보편적 개념과는 매우 다르다. 이것을 필자는 '가운데 마음(中+心)'이라 정의했다.

일반적 중심의 개념

일반적 중심의 개념은 사물이나 행동에서 매우 중요하고 기본이 되는 부분을 말함이다. 따라서 사회적 중심개념은 사회과학분야에서, 구체적인 사회적 사실들에 귀납하여 일반화한 추상적 사람들의 생각을 말한다. 예컨대 사람들이 '많이 먹는 음식'을 '맛있는 음식'이라고 말하면 '많이 먹는 음식'에서 '맛있는 음식'으로 표현의 개념인 중심이 변화된다. 또 사람들이 많이 보는 책을 재미있는 책이라고 말할 때, 많이 보는 책에서 '재미있는 책'이라는 개념으로 중심이 변화하게 된다. 이처럼 중심이란 여러 관념 속에서 공통된 요소를 뽑아내거나 종합하여서 만들어진 결과로 하나의 보편적인 관념이 어떤 행동이나 언어로 표현되는 것이며 일반적으로 판단에 의하여 얻어지는 것들이다.

또한 이러한 중심의 개념 속에는 중심의 기능들이 있다. 이것은 그의 상응하는 구실이나 작용들로서 관계된 권한이나 직책, 능력 따위에 따라 일정한 분야에서 하는 역할과 작용을 중심기능이라 한다. 그리고 육체적, 정신적으로 작업을 손쉽고 정확하게 해 주는 기술상의 재능도 중심기능이라 할 수 있다.

중심내용이란? 그릇이나 포장 따위의 안에 지배적으로 들어 있는 것을 뜻하는 것으로서 사물의 내용을 뜻하지만 그 사물의 속내를 이루는 것들도 포함하는 내용도 있다. 이를테면 어떤 용기에 들어있는 문서가 아니라 문서 따위에 담긴 자산의 내용, 생산요소의 내용, 예산의 내용 같은 것들이다. 또한 글이나 말, 그림, 연출 따위의 모든 표현 매체 속에 들어 있는 핵심적인 것들일 수도 있다. 어떤 일의 내막이나 사건의 자세한 내용도 중심내용에 포함되는 개념들이다. 이렇게 중심의 개념은 사물과 현상의 기초를 형성하는 본질이나 의미로서 본래부터 갖고 있는 사물 스스로의 성질이나 모습들을 중심의 개념으로 정의하고 있다. 이런 생명의 본질적 존재와 인간의 본질적 개념에서 둘의 형태는 다르지만 실상의 중심적 본질은 같다고 해야 한다.

중심사상(中心思想)이란? 어떠한 사물에 대하여 가지고 있는 구체적인 개념과 생각, 사고 따위를 말하는 것으로서 상당한 이론의 체계와 합리적 판단, 추리 등을 거쳐서 생긴 의식체계의 중심을 말한다. 그럼 이렇게 일반적으로 통용되고 있는 중심의 개념과 기능, 내용에 대해서 알아보자.

일반적 개념의 중심은 이렇게 다양하게 표현되고 사용되어지고 있으나 그보다는 더욱 중요한 의미가 따로 있다. 그것은 바로 '가운데 마음(中+心)'이다. 이 단어가 갖는 의미는 사전에 기술되어 있는 일반적인 뜻과는 사뭇 다른 더 크고, 깊은 의미의 개념이다. 여기서 말하려는 이 '중심(中心)'은 어떤 사물의 작용이나 과정, 현상, 행동, 장소에서 보편적 핵심이 되는 중요한 부분을 일컫는 개념보다 더 큰 의미이고 형이상학적이다. 그럼 무엇이 형이상학적 개념인지 중용에서 담고 있는 뜻의 중심에 대하여 탐구해보자.

중용에서의 중(中)은 세상에서 으뜸가는 근본이라고 했다. 그것은 희로애락이 발현되지 않은 '미발의 상태(謂之中)'[1]를 이르는 말이다.

---

1) 중용 제1장 원문에 나오는 말이다. 희로애락지미발, 위지중(喜怒哀樂之未發, 謂之中)- 희로애락이 발현되지 않은 상태를 중(中)이라 함이다. 중야자, 천하지대본야, 화야자, 천하지달도야.(中也者, 天下之大本也, 和也者, 天下之達道也.)- 중(中)은 세상에서 으뜸가는 근본이고, 화(和)는 세상에서 통용되는 일상의 도리(道理)이다.

미발의 상태란? 꽃이 피우기 전 잔뜩 오므리고 있는 봉오리 상태다. 생기충천(生氣衝天)한 모습으로 단단히 온축되어 있는 모습이다. 이것은 성선한 본성을 가지고 있으나 지각이 없어 희로애락의 감정을 채 느끼기 전의 상태이다.

현대문명의 대명사인 자동차가 쭉 뻗은 도로를 주행할 성능과 본성을 지녔으나 아직 주행을 시작하지 않고 가만히 멈춰 있는 상태라면 이것도 미발의 상태이다. 또한 도로 위를 달릴 수 없어서 제자리에 가만히 멈춰서있다면 차의 의미는 과연 무엇일까? 그것은 자동차가 아니라 그냥 차일 뿐이다. 그냥 차일 뿐이라면 자기 정체성과 본성을 잃은 고철덩이에 불과하다. 그것은 자동차로서의 정신(soul=software)을 가지고 있지 않은, 겉모습만 자동차의 모습인, 아무런 기능과 작용을 할 수 없는 무용의 가치와 같다.

이처럼 중(中)도 마찬가지이다. 아무리 온전한 중(中)일지라도 심(心=性=和=誠)이 더해지지 않으면 희로애락의 지각과 작용이 일어나지 않는다. 즉, 꽃의 봉오리는 봉오리일 뿐이고, 온축되어 있는 생기충천은 생기충천일 뿐이고, 지각을 갖지 못하는 희로애락은 아무 느낌이 없는 감정일 뿐이다. 꽃의 봉오리는 중화(中和)의 작용으로 발하여 형형색색으로 활짝 피어날 때 비로소 그 꽃의 아름다움과 본성이 드러나게 되고 그 본성은 많은 느낌과 감동을 주게 된다. 그 향기 또한 천지(文明世界)에 기쁨으로 가득하게 된다.

하늘 섭리(攝理=天理)[2] 에 따라 살아갈 생명도 그냥 생명일 뿐이

---

2) 천리(天理)- 천명지위성(天命之謂性)이란? 하늘로부터 받은 생명이 성(性)을 말한다. 천명(천명)은 하늘이 내린 명령이고 성(性)은 하늘의 이치(天理)이다. 이것은 중용 제1장 원문 맨 앞에 있는 첫 구이다.

라면 어떤 삶도 생의 의미는 없다. 지각이 없는 희로애락도 아무런 감정을 일으키지 못한다면 한마디로 무의미하다. 자동차 같은 문명 창달의 유익한 도구도 인류의 헛수고일 뿐이다. 한 움큼의 물줄기도 땅에서 솟아나면 흘러 흘러서 아래로, 아래로 좀 더 낮은 곳을 향해 간다. 그렇게 해서 내를 이루고, 강을 이루고, 결국엔 넓디넓은 바다로 들어가 물의 하나를 이루게 된다.

그렇다면 중(中)이 아무리 지고지순한 만세의 이치요, 도리라 해도 심을 갖추지 않고 중화(中和)의 작용과 현상을 만들어가지 못하면 아무소용이 없다. 때문에 중은 반드시 중화를 이루어야 한다. 그 중화를 이루는 요체의 근원이 바로 심(心)이다. 심은 모든 사물의 밑바탕에 깔려 있는 본성(本性)이다. 그런 까닭에 중용의 이치를 '中心 중에 中心'이라 함이다.

이런 중심을 바로 이해하고, 바로보지 못한다면 이 얼마나 안타까운 일인가? 이러한 것을 안타깝게 여긴 공자께서 하신 말씀이다. 중용기지의호, 민선능구의.(中庸其至矣乎, 民鮮能久矣.)[3] 이다. 이 말씀은 '그 중용은 참으로 지극(至極)한 것인데 백성들이 이를 능히 알지 못하고 실행하지 못한지 오래 되었구나!' 이다. 마치 '아!' 하는 외마디의 탄식에 소리와 같다. 근심과 걱정을 더 이상 표현 할 길이 없어 내뱉는 탄성이다. 이것은 공자님의 인간적이고 절절한 고뇌가 묻어나는 대목이었다.

중용의 도가 우리의 일상에 있다고는 하나 군자가 아닌 소인의

---

3) 중용기지의호, 민선능구의.(中庸其至矣乎, 民鮮能久矣.)는 중용 제3장 원문의 나오는 말씀이다. '그 중용은 참으로 지극(至極)한 것인데 백성들이 이를 알지 못하고 실행하지 못한지 오래 되었구나!' 이다. 이장은 중용에서 제일 짧게 하신 말씀이다.

입장에선 그것을 행하고 실천함에 쉽지 않은 것은 지극히 당연하다. 군자라도 그리 쉽지가 않았을 터이다. 하지만 그렇다고 해도 중용의 도를 포기하기엔 너무나도 훌륭한 학문이다. 어렵게 생각하면 한없이 어렵고 어렵더라도 쉽게 생각하고 쉽고 작은 것부터 하나하나 실행을 하다보면 전부는 아니더라도 실천하고 노력한 만큼의 인간관계의 도리와 이치를 깨닫게 될 것이다.

자기 자신의 중심을 잡고 균형과 조화[4]를 이룸으로써 모든 사람과 함께 살아감에 함께 느낄 수 있는 진정한 행복이 아닐까? 이것이 이 시대를 사는 현대인들이 알아야 할 중용의 위대한 경으로서의 가치와 그 당위성이다. 그것이 세상의 중심을 보고 세상의 중심에 바로 서야하는 이유이다.

이처럼 중심은 여러 사물들이 지니고 있는 것들 중에서도 으뜸이 되는 근본(根本)이요, 많은 마음(心) 중에서도 으뜸이 되는 중심

---

4) 균형과 조화(均衡과 調和)- 균형과 조화란? 어느 한쪽으로 기울거나 치우치지 아니하고 고른 상태이다. 그것은 저울대가 가장 알맞은 상태에 놓여 있을 때의 평일(平一)한 상태이다. 우주의 가장 건전한 운행은 형평이요, 가장 충실한 생성은 조화이다. 김충열, 「김충열 교수의 중용대학강의」, 예문서원, 2007, pp,107, 112 참고인용.
　　또한 '균형과 조화'는 치의(緇衣)와 같은 것이다. 또한 치의는 균형과 조화를 중시하는 원칙적의식이다. 이것은 검은 색깔의 옷으로서 흰색 옷의 반대 개념이다. 흰색은 이색, 저색으로 색을 변화시킬 수 있다.하지만 검은 흑색(黑色=치의)은 이색, 저색으로 바꿀 수도 없고, 또 다른 이색, 저색을 아무리 섞어봐야 그저 흑색일 뿐이다. 다시 말해 모든 색을 다 섞으면 그 색은 검정색이 된다. 검정색은 이렇게 모든 색을 다 받아드리고 포용한다. 그러면서도 그 본질(바탕=중심)은 변하지 않는다. 이렇게 변함이 없는 항상성은 검정색이 아니면 그 어떤 색도 불가능하다. 이것은 변함없는 나의 마음과 인간관계의 변함없는 도리를 상징하는 뜻이다. 그러므로 이것은 비단 색뿐만이 아니라 모든 사물의 본질(本性)과 변할 수 없는 중심(中心=가운데 마음)에 대한 이치를 말하는 것이고 조화와 균형을 잡고 있는 색이다. 그렇듯이 우리의 삶에도 이 중심이 깨지거나 잃게 되면 그 본질과 형상도 잃게 됨을 의미한 것이다.

(中心=가운데 마음)으로서 아주 깊고 광대한 뜻이다. 그 중심점은 중앙에서도 더 중앙인 한가운데이다. 그 중앙에서도 아주 단단하여 절대 깨어지지 않는 응축된 핵을 이루는 것에 참뜻이다. 여기에는 그 어떤 것도 끼어들을 수 없는 내재의 위치다. 이것이 중심에서 말하려는 '가운데 마음(中心)'의 개념과 정의이다.

이 '가운데 마음(中心)'이란? 부정의 마음이 아니라 긍정의 마음이다. 즉, 옳지 않음의 마음이 아니라 바름의 마음으로 곧 중심(中心)의 참뜻과 깊게 부합되는 의미이다. 즉, 이것은 사람이 사람답게 살아가는 방법과 실천행의 근본을 이르는 말이다. 특히 '마음'을 뜻하는 '심(心=性)은 영혼(性命=정신, 자아)과 생명성이 담겨진 철학적 언어이다. 즉, 심은 모든 사물에 들어 있는 것으로 보는 것이고 이것은 어디든지 갈 수 있고, 어디든지 머무를 수 있는 의식 체계의 하나이다. 따라서 우리고전에 많은 학문이 있지만 그 중에서도 '중용(中庸)'의 사상을 고전학문의 핵심으로 보는 까닭은 이런 이유에서다. 때문에 이 '중용'에서 그 많은 내용을 한마디로 묶어서 표현한다면 그것은 '가운데 마음(中心)'이라고 할 수 있다. 이것이 그 학문의 핵심을 이루는 내용이다. 따라서 중용이 인간의 마음을 천지자연의 이치로 통찰해내고 치중(治中)[5] 하는 것은 지혜(智慧)의 심서라 아니할 수 없다.

조선 순조 때 정약용선생이 지은 계몽도서 목민심서는 지방 관리들의 폐해를 없애고 지방행정의 쇄신을 위해 옛 지방 관리들의 잘

---

5) 치중치심(治中治心)- 심(心)은 천지의 중(中)이요 일신의 주재자다. 따라서 마음을 다스리고, 중심을 다스리는 것은 한 뜻이다. 김충열, 「김충열 교수의 중용대학강의」, 예문서원, 2007, p,84 참고인용.

못된 사례를 들어 백성들을 일깨우고 다스리는 도리(중용의 이치와 원리)를 설명하고 가르치는데 쓰인 계몽적 실학교서이다. 정약용선생은 조선 후기의 당대에 선구자적 실학자(1762~1836)이다. 호는 다산(茶山)·사암(俟菴)·여유당(與猶堂)이고 문장과 경학(經學)이 뛰어난 학자이다. 중용의 실용주의와 실학사상(實學思想)을 계승하고 집대성하였다. 인간과 인간관계의 중심은 오로지 인간일 수밖에 없고 균형과 조화를 중시한 실용주의 학자로서 백성을 아끼고 사랑하는 마음이 지극했다.

이처럼 '중심中心(가운데 마음)'의 사상과 철학은 인간의 삶에서 고대사회나 현대사회에서 떼어낼 내야 떼어낼 수 없고 좌우의 관계를 아우르고 통합시키는 소통의 법칙과 합리적사고의 중심점(中心點)[6]으로서 그 기준을 세운 이론이다. 그런데 우리의 일상적 삶에서 그 중심을 이루지는 못했다. 학문으로서 학문 중에 학문이었던 때는 별반 없었다. 이렇게 인간의 삶에 근본이 되는 '중심이론(中心理論-가운데 마음의 이치)'이 오늘날 문명사회의 현대학문에 밀려서 우리의 삶에 그 근본과 기본을 잃게 되었다. 이토록 '가운데 마음'인 그 중심이 우리의 눈에 보이지 않고, 우리의 마음에 부재하니 우리의 행복은 현실에서 요원하기만 하다.

공자께서 현세에 오셔서 현대인의 삶을 보시면 아마도 기절초풍하실 일이다. 물질은 넘쳐나도 고르지 못하고, 도덕과 윤리는 시들

---

6) 중심점(中心點)- 광범위한 인간관계의 질서와 회통에 대한 중요성과 조화와 균형의 기준점이 되는 것으로서 첫째는 자신의 도덕인격을 확립해야 하고, 둘째는 사람과 사람사이의 원만한 소통이고, 셋째는 천지만물과 함께 동참하여 조화와 균형으로 중화(中和)를 이루어내야 하는 것. 김충열, 「김충열 교수의 중용대학강의」, 예문서원, 2007, pp,123~124 참고인용.

고 말라서 싱그러운 잎과 꽃을 피우기가 어렵게 되고, 사회의 정의와 공정은 오간데 없고, 강자들의 탐욕만 쓰나미처럼 높게 일어 약자들의 삶을 유린하고, 문명은 눈부시게 빛나지만 조화와 균형을 잃고 있다. 언제 어떻게 인간의 삶이 와르르 무너져 내릴지도 모를 미래의 세상은 위태위태 불안하고 암울하기만하다. 문명의 창달과 문명의 이기로 몸은 편하지만 삶의 불안과 고통은 여전하다. 그것은 이미 우리의 삶에서 근본이 깨지고 균형과 조화를 잃었기 때문이다. 오늘날 이렇게 문명의 풍요로움 속에서도 우리의 삶은 그 중심을 잃었거나 그 중심을 잡지 못하고서 마구 문명의 소용돌이에 휘말려 흔들거리고 제 자리에서 정신 차리기가 쉽지 않기 때문이다.

이제는 그 흔들림의 영향에서 내 자신을 스스로 보호하고 지켜내야 한다. 삶의 가치관도 방향성을 잃고 문명의 망망대해에서 표류하고 있다. 이렇게 표류하고 있는 삶의 가치관에 아직은 한줄기 희망을 밝히는 등대와 같은 희망의 빛이 있다면 그것이 바로 '중용'에서 말하는 '중심보기, 중심 찾기, 중심 지키기'의 인문정신의 기술이다. 이것을 우리의 일상에서 찾아내어 쉽고 작은 것부터 하나하나 지키고, 실행해갈 때 우리의 삶이 좀 더 균형과 조화를 이루고 살아 있음에 내가 행복하고 현재보다는 더 많은 사람들이 더욱 큰 행복을 누리게 될 수 있을 것이라는 것이 필자의 생각이다.

마음(의식, 생각)의 이해

그럼 그 '가운데 마음' 인 중심(中心)에 대하여 얼핏 이해는 되었으나 그래도 선뜻 잡히지 않는다. 그렇다고 확연하게 눈에 보이는 것도 아니다. 그 중심의 색깔이 어떤 색깔인지도 모르겠고, 어떤 모양으로 어떤 크기인지도 가늠이 쉽지 않다. 그렇다. 사람의 마음이 그럴진대 그 '마음의 중심, 가운데 마음'은 또 어떤 것이고 무엇이란 말인가?

마음의 '중심'을 한마디로 규정하거나 표현하기에는 매우 어렵다. 그것은 매우 주관적이기 때문이다. 때문에 이것을 객관화하여 무슨 수학공식과 같은 것으로 이해해서는 답이 될 수 없다. 나의 견지에서 보면 옳은 것도 제삼자의 입장에서 보면 옳지 않은 것이 될 수도 있기 때문이다. 그렇다고 해서 옳고 그른 것이 따로 없다는 것은 더욱 아니다. 반드시 모든 사물에는 음과 양의 성질이 있듯이 우리의 마음과 생각에도 늘 음과 양이 있다. 예컨대 음이 슬픔이나 고통이라면, 양은 기쁨이나 즐거움이랄 수 있다. 이런 현상과 작용은 우리가 숨 쉬고 있는 한 누구에게나 마음에서 작용하고 있다. 우리의 몸도 음양의 기운에 의해 타고난 체질의 균형을 잡고 있다. 그러나 반드시 양적 요소만이 옳은 것이고 음적 요소는 옳지 않은 것이라는 고정관념과 선입견도 음양을 이해하는 데에는 별로 도움이 안 되는 방법이다. 다만 우리는 음양이 함께 존재한다는 것을 인정하고 부정하지 말아야겠다.

이 세상에는 음이 존재하지 않으면 양도 존재할 수 없다. 따라서 이를테면 양(긍정적)의 마음이 있기에 음(부정적)의 마음도 있는 것이라고 해야겠다. 수(數)에도 음수(-)와 양수(+)가 존재하고 양립함으로써 가감승제(加減乘除)의 모든 수리가 가능한 것과 같은 이치이다. 음수만으로 수리를 하는 것은 수리에 한계가 있다. 양수만 가지고 수리를 하는 것도 한계가 있다. 이처럼 음양의 성질은 다르나 결코 각각이 아닌 하나일 수밖에 없다. 남녀가 각각의 독립된 성질이나 결혼을 하여 가정이라는 틀(관계) 안에 들어가면 하나일 수밖에 없는 것과 같은 이치이다. 형식적인 것이 아니라 일심동체의 진정한 부부로서 하나를 이룰 때 가정은 흔들림이 없고 철옹성같이 외재적 공격이나 충격으로부터도 견뎌내고 깨지지 않을 수 있기 때문이다. 이것은 음수와 양수가 결합되었을 때 만들어지는 집합의 결정체이다. 각각의 성질이 다르지만 균형과 조화로서 합리적 공통분모를 산출해내기 때문이다.

그렇듯이 우리의 주관적 음양의 마음을 객관화하는 것을 포기한다면 이 '중심(가운데 마음)'의 주제에서 다룰 이유와 필요성이 없다. 우리의 마음을 음의 마음이냐, 양의 마음이냐. 혹은 양의 마음이니까 선한 것이냐, 음의 마음이니까 악한 것이냐의 구분 따위가 아니다. 흑백의 논리가 아니다. 이분법적 개념이 아니다. 이처럼 인간의 마음을 객관화하기란 쉽지 않다. 그러나 '가운데 마음(中心)'에 대하여 이해를 돕고자 굳이 숫자화 해서 객관화 한다면 그 기준점은 아마도 '0'이라고 해야 할 것이다.

중심(가운데 마음)은 음수와 양수의 한가운데서 균형을 이루고 있는 중심점(中心點)이 바로 '0'이고, 인간의 마음도 '0'이 '가운데 마음' 즉 중심(中心)이 될 것이다. 그래서 우리는 남달리 주관이 뚜렷하고 투철한 사람을 가리켜 '중심이 있는 사람' 이렇게 지칭하는 데는 그만한 이유와 까닭이 있다. 왠지 중심이 있는 사람은 믿음직스럽다. 정도를 가는 사람 같고 의도적이거나 본의 아니게 타인에게 해 끼치지 않을 것 같다.

그렇다면 그런 중심이 없는 사람은 어떨까? 주관이 없고 이리저리 왔다, 갔다 하여 일관성이 없고 정의와 공정의 편에 있는 것이 아니라 자신의 유불리(有不利)에 따라서 비합리적 행동을 취하는 사람이라 느껴진다. 정의와 공정은 무엇인가. 쉽게 말해서 나에게 다소 불리하거나 이익이 없어도 위험을 감소하고라도 합리적인 사고와 행동으로 사람의 도리를 지키고 벗어나지 않는 사람을 정의롭다고 할 것이다.

이 '가운데 마음(중심)'인 '0'에 대하여 병상 깨달음을 얻은 전직 KBS 아나운서였던 이규항 선생은 자신의 저서 「0의 행복」에서 '나의 마음자리는 0에 있을 것 같았다.' 라고 병상에서의 깨달음을 술회하고 있다. 뿐만 아니라 병상에서 자기 자신도 모르게 '0의 행복'이라고 외쳤다한다. 그것은 참기 힘들었던 고통(–)의 시간에서 점진 기쁨(+)의 시간으로 넘어가려는 경계의 순간에 아주 평안하고 안온한 시간의 교차점(마음의 중심점=가운데 마음)에서 느꼈던 마음의 상태(0=중심)를 의미함이다. 그렇듯이 기쁨이나 쾌락은 아니지만 또한 고통이나 괴로움도 아닌 안온한 상태의 느낌과 의미를 가장 정직하고 알맞게 표현한 대목이다.

또한 이규항 선생은 보리수 아래서 붓다가 최초로 깨닫고 발견한 중도(中道)와 0은 동위적인 개념이라 했다.[7] 이것은 변화무쌍한 인간의 마음에서 좀 더 그 내면의 상태를 깊이 있게 성찰하고 늘 물결처럼 일렁이는 마음의 상태에서 어떻게 하면 마음의 안정과 행복을 취하는 방법이 무엇인지를 형이상학적으로 좀 더 객관화해서 이해하려는 매우 합리적이고 타당한 중심(가운데 마음)보기이며 치중치심(治中治心)의 탐구이자 시도이다.

---

7) 이규항, 「0의 행복」, 글누림, 2009, p, 41 참고고인용.

그러나 '중심'에 대하여 사전적 의미처럼 한가운데가 되는 것. 즉 사물의 한가운데나 사물에 행동에서 매우 중요하고 기본이 되는 뜻 정도의 부분만을 이 주제의 '중심'에 내용으로 이해할 수밖에 없다면 이리 깊게 고민할 필요가 없고 문제도 간단하다. 하지만 그것만 가지고는 문제의 핵심을 볼 수 없기 때문이다. 설령 문제의 핵심을 보았다고 해도 그 '중심'을 완전히 이해하기란 무리다. 객관화 된 것도, 중심의 미완이요, 주관화 된 것도 중심의 미완이기 때문이다. 즉 우리의 삶에는 완전한 기쁨도, 완전한 고통도 없다. 때에 따라서는 고통이 기쁨이 되기도 하고, 기쁨이 고통이 되기도 한다. 완전함이나 온전함은 영속성이 전제되어야 하는데 인간의 마음은 늘 가변적 성질로서 상황에 따라서 조건과 환경만 바뀌면 언제라도 변화할 가능성과 개연성이 농후하기 때문이다.

이렇게 인간은 끝없이 변화하는 마음을 갖고 있다. 이것은 아침에 잠시 피어났다 사라지는 안개와도 같다. 그 기쁨은 천둥번개치고 비온 뒤 맑게 갠 하늘 저편의 오색찬란한 무지개 신기루와도 같다. 그렇게 기쁨은 잠시고 언제라도 변화하는 것이 우리의 삶 일상이다. 우린 이 각각의 변화무쌍한 마음의 모양과 성질에서 공통에 분모를 만들어야 한다. 그 공통의 분모를 통해서 나의 중심과, 너의 중심과, 그들의 중심을 이해하고 배려함으로써 우리 사회의 중심을 지켜갈 수 있다.

사람이 일상에서 얼마나 많은 생각을 하고 사는지 우리는 평소 그것을 잊고 산다. 그러나 심리학에서는 엄청난 생각을 매일 무수히 하고 산다고 하는데 무려 5만여 가지의 생각을 한다는 학자들의 연구이기도하다. 그 오만여 생각 속에는 필요한 생각, 불필요한 생각 모두가 아마 절반씩은 될 법하다. 그러나 전혀 근거 없는 말 같지는 않다. 그래서 무슨 생각에 몰두하여 골몰하고 있으면 그것을 지켜보고 있는 주위 사람들은 걱정이 되어 생각을 끊어주기 위해 쓸데없이 오만가지 생각을 하지 말라고 충고를 하는 것이다.

그리고 불교에선 인간의 마음에서 일어날 수 있는 생각들을 비교적 구체화해서 치중치심 할 수 있도록 하고 있는데 바로 그것이 108번뇌[8] 라 하는 것이다. 인간의 마음이 어떤 것이냐고 물으면 108가지의 번뇌망상(煩惱妄想)이라 나름 정의한다. 그래서 이를 마음으로부터 소멸키 위해 108배의 참회의식을 갖는다. 불교에서는 참(진여)이 아닌 모든 생각(마음, 의식)들을 한낱 망상으로 본다. 따라서 108가지의 번뇌를 바로잡고 소멸시키기 위해 108번의 참회를 위한 뜻으로 108배를 하는 것이 불가의 오랜 전통이다.

이처럼 불교의 가르침은 마음의 수행과 무소유에 근본을 두고 있기 때문에 비교적 인간의 마음을 구체적으로 정의하고 있다. 그러나 일반적으로 마음은 사람이 본래부터 지닌 성격이나 품성으로 사람이 다른 사람이나 사물에 대하여 감정이나 의지, 생각 따위를 느끼거나 일으키는 의식의 작용이나 태도를 말 함이다. 사람의 생각이나 감정 그리고 어떤 기억 따위가 생기거나 자리 잡는 현상이나 공간 같은 것을 두고 그것이 마음(心)이라 할 것이다.

그러나 이것은 구체적이지 못하다. 매우 추상적이거나 모호하다. 그리고 언제, 어떻게 변할지 모를 매우 가변적 개연성이 내재되어

---

8) 108번뇌- 사람이 지닌 108가지의 번뇌 망상이다. 6근(根)에 각기 고(苦), 락(樂), 불고불락(不苦不樂)이 있어 18가지가 되고, 이에 탐(貪)과 무탐(無貪)이 있어 36가지가 되며, 이것을 다시 과거, 현재, 미래로 각각 풀면 108가지가 된다. 일반적으로 사람의 마음속에 있는 엄청난 번뇌를 이른다.

있어 영속성이 없다. 그러니 중심(가운데 마음)을 이해하기란 그리 간단치가 않다. 하지만 그 중심을 제대로만 이해한다면 우리는 우리의 삶에서 좀 더 미래의 행복을 담보 받을 수 있으리라는 생각이다. 이 행복에 대하여 소크라테스는 '인간 최대의 행복은 날마다 덕(德)에 대해서 말을 주고받는 것이다. 혼이 없는 생활은 인간에 값하는 생활이 아니다.' 라고 했다. 법정스님께서는 당신의 산문선집에서 이렇게 말씀하셨다. '우리가 불행한 것은 가진 것이 적어서가 아니라 따뜻한 가슴을 잃어가기 때문이다,' [9] 라고 하셨다. 이 말씀은 물질만능주의에 매몰되어 자신의 뜨거운 심장과 중심마저도 잃고 차갑게 식어가는 현대인들의 불행한 삶을 일깨워 주시려는 일갈처럼 들린다.

영국 속담에 '자기 스스로 행복하다고 생각하는 사람은 행복하다' 는 말이 있다. 이처럼 행복은 다른 곳에서 나를 향해 오는 것이 아니다. 그것은 '나의 일상에서 나를 발견하고 나의 중심이 어디에 있는지 가늠할 수 있을 때 발현 가능한 일' 이다. 따라서 우린 우리의 일상에서 주어지는 소소한 행복의 소중함을 알아야 한다. 필자가 갖는 행복의 정의는 이렇다. '행복이란 나의 중심 안에서 조화와 균형을 이루는 리듬감이다.' 라고 말하고 싶다. 그러기 위해서는 자신의 일상에서 자신의 중심을 통해 일어나는 행복이 진정한 행복의 근원임을 인식하고 그 자족의 리듬을 잃지 말아야한다.

---

9) 법정, 「맑고 향기롭게」, 조화로운 삶, 2006, p, 104 참고인용.

중심보기

중심보기란? 풀어서 말하면 '가운데 마음보기'이다. 이 중심보기의 방법에 앞서 중심보기는 왜 필요한가? 생각해보자. 중심보기는 현상을 바로 보고, 바로 이해하고, 바로 행동하는 것에 그 목적이 있다. 바로 행동한다는 것은 중심을 잃지 않고 바로 자신을 일으켜 세워서 삶(일상)이라고 하는 반석 위에 행복의 꽃을 피우는 목적일 것이다.

그런데 어떤 모양이나 현상에 대하여 우선 바로 보지 못하면 그 보이는 사물에 대하여 오판할 수 있기 때문이다. 1차적으로 보이는 것에서 제대로 사물이나 현상을 보지 못하면 2차 그 사물에 속이나 보이지 않는 부분은 더욱 알지 못하게 되는 것은 자명한 일이다. 그리고 그 사물과 연관되어지는 3차적 현상이나 또 다른 사물을 보더라도 그 대상에 대하여 바르게 인식하지 못하기는 마찬가지가 된다. 그러면 우리는 결국 겉과 속 전체를 보지 못하는 결과가 된다.

예컨대 어떤 대상의 사물을 볼 때 그 보고자하는 사물의 대상 앞에 보고자하는 사람이 바른 자세로 대상의 사물을 보았을 때 비로소 그 사물이 바르게 보이는 이치이다. 가령 측면에서 대상을 보았다면 그 사물에 바른 모습은 보이지 않고 측면 밖에 보지 못한다. 불교에선 이런 수행의 착오를 범하지 않기 위해서 사물을 바로 대하고 바로 보도록 함으로써 수행의 참됨을 일깨우는데 바로 이것이 정견(正見)이다. 이것은 팔정도[10] 의 하나이다. 사제(四諦)의 이치를

---

10) 팔정도(八正道)- 깨달음과 열반으로 이끄는 올바른 여덟 가지 길로서 정견(正見), 정사유(正思惟), 정어(正語), 정업(正業), 정명(正命), 정정진(正精進), 정념(正念), 정정(正定)을 가르침이다.

알고, 제법(諸法)의 참된 모습을 바르게 판단케 하는 지혜의 가르침이다. 그래서 우선 보이는 사물에 대하여 바르게 보는 훈련이 필요한 것이다. 내가 바른 위치에서 바르게 보아야 그 대상이 바르게 보여주는 것이다. 그래야 나와 그 대상 사이에 오해와 간극이 생기지 않기 때문이다.

눈앞에 보이는 사물이나 현상을 있는 그대로 바르게 보는 현상은 세상에서 보이는 일들에 왜곡이나 굴절 혹은 변질이 아니다. 그것은 있는 그대로이고 우리가 보고 보이는 것 그대로가 사실이고 참이기 때문이다. 이 땅에 인류가 행복하게 사는 현대사회는 이런 참(眞)이 살아 숨 쉬는 세상이어야 하기 때문이다.

중심(中心)보는 방법엔 여러 가지가 있다. 우선 자신의 '중심(가운데 마음)'을 보기에 앞서 사물의 중심보기부터 단계별 훈련을 하면 차츰 의식이나 관념의 중심보기도 쉬워진다. 맨 처음에는 보이는 사물을 대상으로 중심보기를 아래와 같이 반복적으로 습관화 해 본다.

1단계 : 보이는 것 중심보기
- 모양(형상)의 중심보기
- 숫자의 중심보기
- 거리(간격, 사이)의 중심보기
- 크기의 중심보기
- 면적의 중심보기
- 부피의 중심보기

2단계 : 현상(기능)과 작용의 중심보기

  • 사물의 현상과 작용의 중심보기

  • 숫자의 기능과 작용의 중심보기

  • 거리(간격, 사이)의 기능과 작용의 중심보기

  • 크기의 기능과 작용의 중심보기

  • 면적의 기능과 작용의 중심보기

  • 부피의 현상과 작용의 중심보기

3단계 : 보이지 않는 것 중심보기

  • 가려진 사물의 현상과 작용의 중심보기

  • 가려진 숫자의 기능과 작용의 중심보기

  • 가려진 거리(간격, 사이)의 기능과 작용의 중심보기

  • 가려진 크기의 기능과 작용의 중심보기

  • 가려진 면적의 기능과 작용의 중심보기

  • 가려진 부피의 현상과 작용의 중심보기

▶ 1단계 : 보이는 것 중심보기

1단계 보이는 것 중심보기 방법에서는 예컨대 벽면에 멋진 액자가 한 점 걸려있다고 상상해보는 것이다. 액자의 위치가 상하좌우 여백을 두고 이동해보면 가장 균형이 잘 잡이고 잘 어울리는 위치가 있게 마련이다. 그럼으로써 여백의 미를 포함해 액자의 그림이 더욱 아름답고 멋지게 느껴질 것이다. 그렇다면 그 위치가 그 공간

에서의 가장 이상적인 중심적 위치가 되는 것이다. 경우에 따라서는 여러 개의 액자가 걸렸다고 가정을 해볼 수 있을 것이다. 그럴 경우에도 대상이 하나이건, 둘이건, 여러 개이건 숫자가 문제 되는 것은 아니지만 숫자가 문제가 되면 숫자를 제한하면 된다.

또한 공간에 따라서 액자의 크기도 고려의 대상이다. 큰 것과 작은 것에 조화를 이룰 수 있는 위치가 크기의 중심보기다. 평면적 사물이 아니라 입체적 사물일 경우에도 공간적 조건에 딱 맞는 크고 작음의 선택으로서 사물의 위치와 공간적 배경이 '균형 잡힌 조화'를 이루고 있다면 바로 그 공간이 사물의 중심점이 되는 것이다. 그것은 공간과 배치의 기술과 감각으로 미적 중심을 찾아내는 내면적 중심보기인 것이다. 이것을 확대해석하면 벽면이라는 세상에 액자라고 하는 인간의 삶이 있다고 했을 때에 조화와 균형으로써 공간을 바라보면 느껴지는 아름다움이 곧 삶의 가치와 행복감이 될 수 있기 때문이다.

▶ 2단계 : 현상(기능)과 작용의 중심보기

2단계 현상(기능)과 작용의 중심보기에서는 대상이 사물의 모양이나 위치가 아니기 때문에 다소 어렵게 생각할 수 있으나 1단계에서 '보이는 것 중심보기' 훈련이 익숙해졌다면 '기능과 작용의 중심보기'도 어렵지 않다.

기능과 작용이란? 어떠한 현상을 일으키거나 어떤 것에 영향을 미침이다. 또는 어떤 물리적 원인이나 대상이 다른 대상이나 원인에 기여해서 또 다른 원인과 결과를 만들어 가는 현상이다. 이에 대하여 한 예를 들어보자.

그 '기능과 작용'은 하나의 독립적인 개체들이 상이의 관계성 속에서 생성되어지는 현상이다. 그렇게 전재했을 때 하나가 아닌 둘 이상의 관계에서 반드시 작동되어야하는 절대관계라고 할 수 있다. 이런 것은 이 세상에 너무나 많다. 우선 가족관계, 이웃관계, 교우관계, 직장관계, 사회관계, 회사 대 회사, 단체 대 단체, 국가 대 국가 등 어찌 보면 인간사회에서 일어나는 모든 일이 다 이 범주 안에서 생성되어지거나 소멸되어 가고 있다고 해야 한다. 자연의 관계가 그렇고, 사람과 사람의 관계가 그렇고, 또 사람과 자연의 관계가 그렇다. 동물과 자연과 인간의 관계가 그렇다. 더 나아가 사람과 자연과 신과의 관계도 끊임없이 그 기능과 원인에 대하여 작용하고 있고 끝없이 미래의 세계에 영향을 미치고 있다. 때문에 새로운 인류의 역사가 끊임없이 생성되어지고 또는 소멸되고 있다.

그러면 구체적인 예를 들어보자. 국가권력의 대표 격인 삼권분립의 기능과 작용에 대하여 생각해보자. 익히 여러분들이 잘 아시는 바와 같이 삼권분립(三權分立)은 국가의 권력을 입법, 사법, 행정의 삼권으로 분리하여 더욱 삼권 기능의 중심을 강화하고 공고히 하여 흔들림 없고 안정된 국가조직체의 운영을 위해서다. 그 삼권의 기능과 작용으로 서로 균형 잡힌 견제를 함으로써 국가권력의 남용을 막고, 국민의 권리와 자유를 안정적으로 보장하려는 국가 조직의 기본 틀이다. 이 삼권이 국가 조직의 원리에 맞게 각각 그 기능과 작용이 잘 작동되고 있다면 어느 나라건 의회민주주의와 정치가 이상적 민주주의로 발전하고 있다고 볼 수 있다.

그러나 실상은 그렇지 않다. 때문에 오늘날 한국사회의 정치는 진정한 정치가 없는 정치판이 되어버렸다. 이미 삼권이 제대로 그 기능과 작용을 하지 못한지는 오래다. 따라서 정치, 경제, 사회, 문화 모두가 그 부작용의 영향 아래 지장을 받고 있다. 최근 부정, 부패의 끝이 어딘지 모를 정도로 심각하게 드러나고 있는 부산저축은행, 금융감독원, 금융감독위원회의 사태만 보아도 힘(돈, 권력)의 균형이 얼마나 중요한 것인지를 여실히 증명해주는 사건들이다. 때문에 곳곳에서 파열음이 들리고 삐걱거리는 수레의 소리가 요란스럽다.

그래서 나라가 잘 되려면 정치가 똑바로 서야한다는 것이 우리사회의 통념인 것이다. 그러나 힘(돈, 권력)의 작용이라고 하는 것은 우리의 일반적 통념과는 다른 룰(rule)에서 작용하고 있고 우리사회의 일반적 통념을 뛰어넘어 비웃듯 하는 것이다. 반드시 정치의 민주화를 이루기 위해서라도 이제는 반드시 이 막강한 권력구조의 삼권분립을 통해서 안정적으로 상호 작용이 이루어지게 해야 한다. 그렇게 함으로써 나라의 중심이 잡히고, 사회의 중심이 잡히고, 국민 개개의 중심이 잡힘으로써 국민 모두의 일상이 행복할 수 있으리라는 생각이다.

그럼 이 삼권의 '중심-가운데 마음' 은 과연 어디에 있는 것일까? 생각해 보자. 삼권의 주체인 각각의 부에 이미 법과 제도로 설정해 놓은 부의 기능과 작용에 대한 법률적 권한과 의무, 목적의 경계가 부여되어 있다. 그것이 각 부의 '중심(가운데 마음)' 이다. 그러나 이것이 비정상으로 어느 한쪽이라도 그 기능과 작용에서 이탈하여 다른 쪽으로 확대되면 그 영향에 의해 다른 쪽의 중심이 축소됨으로써 삼권의 중심점이 다른 방향으로 이동하거나 곧 균형을 잃어서 제자리에 바로 서지 못하고 쓰러지게 되는 것과 같다. 그렇다면 각 부의 기능과 작용의 상태를 면밀히 살펴보고 점검하는 것이 곧 '중심(가운데 마음)보기'인 것이다.

그러나 이 중심보기에 책임이 있는 주체들마저도 그 소임을 다하지 못하고 외면하고 있고 함께 중심을 잃어가고 있으니 참으로 개탄스러운 일이다. 이와 같이 정부 거대조직이 그럴진대 사회의 민간 조직에서는 얼마나 이 '중심보기'가 합리적으로 가능하게 작용할 수 있을까라는 회의적 의문이다. 이렇게 관계 속에서 이루어지는 모든 기능과 작용들은 어찌 보면 우리의 일상인 삶이다. 우리의 일상과 삶이 그들에 무책임과 부도덕함으로 중심(가운데 마음)을 간직하기에 절대적으로 큰 지장을 받고 이해관계가 흔들리고 고통과 불행의 원인이 되는 것은 본래의 목적에 부합되지 못하는 현상이다. 이렇게 직간접적인 영향의 틀이 바로 우리 사회의 구성요소이고, 메커니즘(mechanism)이다. 이것에 중심을 바로 보고, 바로 세우는 것은 당연한 과제요 국민 된 책무이다.

2단계 '기능과 작용의 중심보기' 훈련이 이루어지고 익숙해지면 우리의 일상에서 일어나는 모든 문제의 진단이 더욱 쉬어진다. 1단계는 사물의 놓임 현상을 바로 보고 불균형과 부조화의 현상에 대한 문제의 인식과 판단을 긍정적으로 하게 된다. 2단계는 사물이건, 사물과 사물 사이의 관계이건 그 기능과 작용의 현상과 상태에 대한 것을 바로 보게 되는 것이고 그 관계 속에서 우연이거나 필연적으로 발생하는 갖가지 문제들과 현상들에 대하여 명확히 인식하게 된다. 따라서 그러한 부조화의 현상을 합리적으로 조절해가는 자기조절기능이 '중심보기'의 과정을 거쳐 '중심잡기'를 생성해가게 되는 것이다.

▶ 3단계 : 보이지 않는 것 중심보기

'보이지 않는 것 중심보기'의 이 3단계는 우리의 삶에서 일어나는 현상들에 대해 '예측 가능한 사고와 의식'으로 사물과 현상들에 대해 관찰하는 단계이다. 예컨대 미래학자들과 같은 사고와 의식이다.

미래학자(futurist 혹은 futurologist)는 현재가 아닌 다가올 미래에 대해 연구하는 사람들이다. 이들은 미래에서 일어날 일들에 대한 예견을 위해 각종자료를 수집 분석하여 이론을 수립하고 앞으로 나아가야할 방향성에 대해 이론적 체계를 세워서 자기의 주장을 내세우거나 대안을 제시하기도 한다.

그럼 우리 모두가 미래학을 연구하고 지향하는 미래학자가 되자는 것인가? 하고 반문할 수 있을지 모르겠으나 그런 의도나 목적에서 보이지 않는 것을 보자고 하는 것은 당연히 아니다. 그럼 왜? 무엇 때문에 보이는 것도 제대로 볼 수 없는 세상에서 굳이 보이지 않는 것까지도 애써 보려고 하는 것인가? 그 이유는 간단하다. 그것은 '미래의 불확실성' 때문이다. 보이는 것도 제대로 볼 수 없는 상황이라는 것은 답답하기가 이를 데 없다. 그것은 위험한 길을 보지도 않고 눈을 감고 가는 위험천만한 것이나 다름없는 행위이다.

현대사회가 문명의 힘으로 물질적 풍요는 이루었으나 그것이 곳곳에서 도사리고 있는 불안전한 위험으로부터 우리의 삶과 행복을 담보하는 것은 더욱 아니기 때문이다. 그것은 2011년 3월 11일에 있었던 일본의 후쿠시마 원전사고가 여실이 잘 증명하고 있다. 원전사고의 원인은 원전 자체에 있었던 것이 아니다. 그 직접적인 원인은 태평양 앞바다 대지진과 지진해일에 의한 쓰나미 때문이다.

이는 자연의 불협화음에서 비롯된 원인이다.

그렇다면 이러한 '미래의 불확실성'에 인류의 미래학자들은 무엇을 고민해야하는지 앞으로 닥칠 미래에 대해 문제의식을 가져보는 것이다. 그리고 그런 일들에 해답도 함께 고민해 보아야한다. 바로 '보이지 않는 것 중심보기'란 이와 같은 예측 불가능한 일들에 가장 가까운 가능성을 각자가 유추하고 예견함으로써 인류의 미래와 자신의 삶을 좀 더 공고히 해보자는 목적이다. 그것이 공적이든 개인적이든 자신의 불확실성에 대비한다는 것은 개인의 행복과도 직결되는 문제이기도하다.

때문에 우리는 이런 미래의 불확실성에 대해 얼마만큼 예견하고, 얼마만큼 지혜롭고 현명하게 대비하느냐에 따라서 우리의 삶에 본질인 행복추구를 효과적으로 실행해 갈수 있을 수 있다. 때문에 그런 조화와 균형 잡기의 중심의식이 필요한 것이다. 미래를 대비하고 예측하는 일에 있어서 꼭 미래학자만의 몫은 아니다. 우린 누구나 미래에 대해 나름 예측을 하고 산다. 그러나 각자에 따라서 예측의 거리와 크기가 다르다. 사고에 방식과 의식의 범주에 따라서 예측의 거리가 짧거나 길어질 뿐이다.

현재는 아주 급속하게 변천되어지는 다원화와 다변화의 소용돌이 물결 속에서 대다수 현대인들의 일상적 삶이란 미래를 예견하고 예측할 수 있는 삶이 결코 아니다. 예측은커녕 눈앞에서 벌어지는 사회적 기능과 작용의 현상마저도 제대로 보고 추종하기가 어렵다. 추종에 실패하면 자칫 불행에 빠지기가 쉽다. 그러나 눈앞에서 벌어지는 사회의 불균형적 기능과 작용들이나마 제대로 보고 추종할 수 있다면 다행이다. 하지만 대다수는 그렇지 못한 것이 부인할 수 없는 현실이다. 그러니 멀리 있는 미래의 작은 희망에 불빛을 평범한 현대인들이 예견하고 바라 볼 수 있는 선견지명의 눈은 거의 없다. 그것은 있다 해도 제대로 색을 구분키 어려운 색맹이거나 착시 혹은 시야 장애와 같은 사시일 것이다.

그럼 그냥 시대의 색맹으로 살아갈 것인가? 그럴 수는 없다. 미래를 볼 수 없다는 것은 다가 올 미래의 희망을 볼 수 없다. 그 희망을 보지 못하는 것은 현실의 고통이요, 불행이다. 때문에 우린 예측 가능한 사고와 의식으로라도 '보이지 않는 것 중심보기'를 끊임없이 연습하고 노력해야 한다. 보이지 않는 각자의 삶 앞에서 자신의 희망에 등불이 어디에서 빛나고 있는지를 바라 볼 수 있어야 한다. 그렇게 하기 위해서는 도처에서 일어나는 문제들과 현상들에 대한 자신만의 탁월한 예지와 관찰력으로써 끝없이 추적하고 진단, 분석해 가는 일상의 안목과 노력이 중요하다.

과거와 이 시대를 이끌고 있는 많은 미래학자들이 있다. 이들이 어떻게 미래의 일들을 예측하고 예견한 것일까? 그들은 다양한 분야에서 시시각각으로 일어나고 있는 사회적 현상이나 기능, 작용에 대한 관찰을 게을리 하지 않고 있다. 그리고 그 속에서 진정한 '중심(가운데 마음)'이 무엇인지 찾아내어 보려는 것이고 그 중심의 현상을 남보다 먼저 발견해가는 과정이다. '제3의 물결, 권력의 이동, 미래의 충격'의 저자인 앨빈 토플러를 비롯해서 애덤 스미스, 피터 드러커, 패트릭 딕슨, 아서 하킨스, 스티븐 호킹, 데이비드 시어서 등과 같은 많은 미래학자들이 이런 노력으로 미래예측을 통해 인류사의 눈부신 발전과 방향성에 대해 대비하고 경고함으로써 이에 학문적 기반과 전문적 지식 향상을 이루는 토대가 되고 있다.

현대의 미래학은 과거 미래주의에서 발달되었다. 1900년에서 1930년 사이에 새로운 예술의 종류로 미래주의가 이탈리아와 러시아에서 나타났으며 이들은 과거를 부정하고 속도, 기술 그리고 급격한 변화를 추종하였다. 이들은 선견지명을 가지고 있는 철학자나 작가들로 여겨졌다고 한다. 이후 1940년경 독일의 한 교수가 미래에 대해 생각하고 분석하는 의미의 미래학이라는 말을 처음 쓰게 되었고 그 이후 미래의 과학적 가능성에 대한 학문으로 발전되고 미래학을 연구하는 전문 연구소인 랜드(RAND)나 SRI같은 미래연구 집단이 등장하게 되었다. 이들은 장기적 관점에서의 계획과 시스템적인 트렌드 분석, 시나리오 개발 그리고 전망에 대하여 연구한다. 1950년대부터는 민간분야의 기업과 연구기관이 본격적으로 활동하기 시작하였다. 이렇게 1940년대에서 1960년대까지 20여 년간에 걸쳐 현대적 관점의 미래연구 분야의 관념적, 방법론적 연구의 토대가 마련되었다.

1966년에는 앨빈 토플러에 의해 처음으로 미국 대학 '더 뉴 스쿨'에서 미래학에 대한 강의가 있었다. 오늘날 현대사회의 관점에서 미래학자는 기술자, 작가, 예술가, 컨설턴트, 조직의 지도자 등과 같은 사람들이다. 이렇게 많은 미래학자들이 이를 위해 원래부터 전공한 것은 아니며 각자의 배경이나 환경도 다양했다. 여러 학문적, 실용적 배경을 가지고 각자의 방법론을 이용하여 미래에 대한 연구를 한다. 이들은 학문적 또는 시스템적 사고를 통해 어떠한 다양한 범지구적 문제에 관련하여 발생할 가능성의 시나리오를 수립하고 기회를 파악해서 만약의 상황에 인류에게 닥칠지도 모를 위험에 대비하고자 하는 활동과 준비를 하는 사람들이다.

앨빈 토플러(Alvin Toffler)는 세계에서 가장 저명한 미래학자이다. 1960년대 중반에 저술한 '미래의 충격(Future Shock)'을 계기로 본격적인 활동을 시작했으며 디지털 혁명, 통신 혁명, 사회 혁명, 기술적 특이성 등에 관한 저서로도 유명하다. 그의 저서 '제3의 물결'에서 앨빈 토플러는 세 가지 유형의 다가올 미래사회를 설명하고 이를 '물결'에 비유했었다. 이는 새 시대의 '물결'이 구시대의 '물결'을 물리친다는 학설이었다. 그의 저서 '미래의 충격'에서는 너무나도 생소했던 유전자 복제와 디지털 혁명 등을 언급함으로써 세상에 충격과 놀라움을 선사하기도 했다. .

오늘날 그의 예견이 곳곳에서 입증되고 있다. 그때에 앨빈 토플러의 생각과 말에 많은 사람들이 과연 얼마나 공감하고 그의 말에 신뢰를 가졌을까? 물론 많은 사람들이 공감하고 찬사를 보냈겠지만 대다수의 일반 사람들은 반신반의 했거나 일상의 무관심 속에서 보냈을 것이다. 그러나 한편 그의 말을 믿고 적극적으로 미래를 준비했던 사람들은 사회적으로 크게 성공했거나 적어도 미래가 전개되어가는 현실을 관망하고 즐기면서 기쁨을 가졌으리라. 그러나 반면 그런 예견에 부정적이거나 신뢰하지 않은 사람들은 그런 문제들에 대해서 아무런 준비를 하지 못하고 성공의 찬스와 때를 놓쳤을 수도 있다. 뿐만이 아니다. 정신 못 차리게 급변하는 현실을 예견하고 즐기지 못했으니 기쁨보다는 적응키 어려운 스트레스가 현실의 삶을 더욱 힘들게 했을 것이라는 생각이고 그런 생각과 스트레스 그 자체가 대다수의 삶의 불행이 되었을 수도 있다.

이렇게 세상은 끝없이 변화하고 있고 그 과정 속에서 우리 인간의 삶과 행복의 가치도 괘를 달리하는 상반된 길을 가고 있다. 그러니 어찌 미래를 예견하는 일에 있어서 무관심하겠는가? 때문에 미래를 예견하는 안목을 갖기 위해서는 세상에 일어나는 모든 사물과 현상을 인위적인 변질과 왜곡을 조작시키지 말아야 한다. 그것은 우리 인류의 안위와 번영, 비전에 대하여 악영향을 미치기 때문이다. 그렇다면 현재 우리사회를 이끌어가는 조직의 리더나, 사회의 지도층은 큰 책임을 느껴야 한다. 얼마나 많은 문제들을 현실에서 굴절시키고 방임했었는지를 뒤돌아봐야 할 일이다.

그러나 그것도 별로 기대를 걸만한 희망은 아닌 것 같다. 일부 뜻있는 소수의 노력만으론 큰 효과를 보기가 매우 어렵다. 전체가 바뀌고 변해야 하는데 영향력 있는 큰 힘들이 동참하지 않고 소수만 바뀌어서는 불가능하다. 그러니 국민 하나하나가 스스로 바뀌고, 바로서서 그 현상의 중심을 바로보고 세상의 소용돌이에 휘말리지 않고 중심을 잡아가는 것이 우리 삶의 가치와 행복을 지켜내는 최선의 방편이 되리라는 생각이다.

향후 현대사회를 40여년 뒤 미래학자들이 전망한 일들에 대하여 'USA 투데이(USA TODAY)'가 발표한 내용의 일부를 살펴보면 다음과 같다.

정치적으로는 새로운 정치의 여성 지도자들을 포함한 리더들이 대거 등장하고 다양한 종교계의 정치적 영향력도 빠르게 신장 될 것으로 전망했고 미국과 유럽의 영향권아래 있던 브라질·중국·인도의 경제가 차츰 그 영향으로부터 벗어나날 것으로 전망했다. 다음은 정치의 불안정, 경제의 불공평, 늘어나는 실직 또는 이민과 같은 사회현상들이 증가해 사회의 안보를 위협 할 것으로 전망했다.

사회적으론 갑작스러운 인구의 폭발적 증가가 예상되고 물과 에너지, 식량 등이 부족해지는 현상을 불러올 것으로 전망했다. 또한 사람의 길어진 수명 때문에 현재 대비 2.5배로 의료비가 크게 높아지게 될 것으로 전망했으며 온라인 소셜 네트워킹의 발전과 진화로 인해 기업들은 국경을 넘어 거대한 조직으로 커지고 자원이 부족한 개발도상국들도 이러한 것들을 통해서 다소 경제의 부가 축적될 수 있을 것이라 전망했다.

경제적으론 각국의 기업들은 국경 없는 국경을 빠른 속도로 넘나들고 기술의 진보는 빈민국들에게도 경제적 성장의 좋은 기회가 될 것으로 전망했다. 기술적으론 각국의 협력적 네트워크의 출현이 기업들을 상생하게 만들고 기술혁신이 이루어지는 미래에는 저장장치의 '페타 바이트(peta byte)가 정보의 증가, 포화 상태를 해결하고 모든 전자생활용품에도 각종 센서들이 탑재되어질 것으로 전망했다. 그러나 한편 기술혁신에 의한 불필요한 정보가 넘쳐나는 사이버 쓰레기 현상도 새로운 문제로 전망했다.

반면 디지털기술혁신은 공간의 개념을 허물고 공간적 제약 없이 근무할 수 있는 형태로 직장문화가 변모하게 될 것으로 전망했다. 환경문제에 대해선 정수시스템의 기술개발로 개발도상국에 많은 질병이 점차 줄고 음용수의 부족난도 점차 해결될 것이란 전망이다. 또 기후변화가 사회 전반에 큰 영향을 주고 해수면의 급격한 상승은 지구 면적을 크게 줄이게 될 것으로도 전망했다.

또는 천연 지하자원의 독점 등으로 국가 간 충돌도 있다고 미래의 일들을 전망했다. 한편 USA 투데이는 과거 앨빈 토플러가 '미래의 충격'에서 제기됐던 많은 예상들이 현실로 입증되고 있다고 평가를 하기도 했다.

2007년 환경운동으로 노벨평화상을 수상한 전 미국 부통령 앨 고어는 닥아 오는 미래사회의 전망에 대해 다음과 같이 말하고 있다. 향후 미래를 바꿀 6가지 결정인자로 경제의 세계화, 디지털의 혁명, 기후변화, 천연자원의 감소, 권력의 변화, 생명공학의 발전 등을 꼽았다. 그는 또 로봇이 인간의 노동력을 대체하는 '로보소싱(robosourcing)'이 진화해 더 이상 로봇이 인간의 도움을 필요로 하지 않는 세상이 올 것이라고 미래사회를 전망했다. 위의 미래학자들의 전망과 크게 다르지 않고 비슷한 분석이다.

이처럼 미래학은 미래학자들만이 전망하는 것이 아니다. 누구든 가능하다. 그것은 결국 개인이나 시대의 중심을 넘어서서 인류사회의 번영과 중심을 지켜내려는 노력이기도하다.

이렇게 미래학자들의 미래전망에서 보았듯이 현재의 진행형인 현상을 보고 관찰된 내용에 따라서 미래를 예측하는 '중심보기'는 중용의 인문학정신에서 필자가 제시하고 있는 '중심(가운데 마음)보기'의 방법으로 미래의 상황을 전망 축약 예측한 기법들이다. 바로 이런 것이 예측 가능한 사고와 의식으로 '보이지 않는 것 중심보기'의 3단계 과정이다.

이는 우리의 삶에서 일어나는 현상들에 대해 '예측'을 해봄으로써 사물과 현상들에 대한 통찰을 키워내는 선견이다. 이것의 궁극적인 목적은 '인간의 삶에 궁극적 목표인 행복추구'를 위한 사고와 의식적 기술이다. 위의 사례처럼 현대사회에서 이렇게 미래학자들의 역할은 매우 중요하다.

그러나 모든 미래학자들의 전망과 예측이 항상 딱 맞아떨어지는 것도 아니다. 늘 예견이나 예측은 빗나갈 수 있는 것이기도 하다. 즉, 다시 말해 그날그날의 일기예보와 같은 것이고 주식시장에서 애널리스트들이 그날의 시황을 전망하고 예측하는 것과 같다. 어디까지나 전망이고 예견일 뿐이다. 따라서 증명되지 않은 예견이나 예측을 맹신하는 것도 옳지 않다.

현대사회에서 미래학자들의 이런 선견도 따지고 보면 우리의 고전학문에 모두 함축되어 있는 내용으로서 우리의 고전 중용이 얼마나 뛰어난 선견지명적 학문이고 훌륭한 인문학의 정수를 보이는 이론인지 알아야한다. 오늘날 현대학문에 밀려 그 빛이 가려져 있으나 꺼내어 닦고 보면 더욱 눈부시게 빛이 난다. 이 '보이지 않는 것 중심보기'가 바로 중용의 사상의 이론에 근거한 내용이다.

보이는 것도 제대로 볼 수 없는 현실에서 보이지 않는 것을 보고 그 현상과 작용을 이해한다면 이것이 바로 삶의 지혜이다. 아무리 혼탁한 세상에 살아도 우리의 삶에 희망이 될 수 있는 빛이요, 생명을 불어 넣어주는 산소가 될 것이다. 지금까지 가려져서 보지 못했거나 보는 방법을 몰라 못 보았던 모든 관계 속 현상들에 대하여 '중심보기'가 과연 어떻게 우리의 일상과 현실에서 작용하고 있는지에 대해 알아보았다. 그것은 문제의 핵심을 보는 지혜의 사고로서 인문정신의 향상을 위한 기술이 될 것임에 틀림이 없다.

중심 찾기

문제의 핵심을 보고만 있으면 안 된다. 보고만 있어서는 문제의 해결이 되지 않는다. 그 안에서 잃어버렸거나 실종된 '중심' 즉 '가운데 마음'을 찾아내어야 한다. 어떤 관계의 주체와 주체의 연관과 기능 속에서 작용하던 본래의 현상을 회복하는 것이 잃어버린 중심을 되찾는 일이다. 그런데 이미 관계의 지형이 바뀌고 주체의 형상이 바뀌진 상태라면 그 본래의 중심을 정상적으로 회복하는 것은 근본적으로 불가능하다. 그렇다면 본래 가지고 있던 '중심'도 바뀌어야 한다.

본래 동그란 그릇에 담겨져 있던 물이라고 해서 사각의 그릇에 담겨서도 동그란 중심을 고집하고 있다는 것은 사리에 맞지 않다. 마찬가지로 동그란 주체나 관계에서 사각의 주체나 관계로 지형이 바뀌었다면 더 이상 동그란 '중심'을 고집해서는 안 된다. 상황과 현실에 맞게 사각의 주체로 '중심'이 바뀌어야 한다. 이것은 모양의 변화일 뿐이지 본성에 대한 변화는 아니다. 즉 하드웨어적인 변화이지 소프트웨어적 변화가 아닌 것이다. 따라서 본성은 그대로다. 즉 물이 지형에 따라 순응하여 흘러가는 것과 같다. 물은 어디로 어떻게 흘러가든 물이다. 즉 물에 본성은 H_2O 그대로인 것이다. 이것은 변화에 대한 순응의 이치로서 중화(中和)[11] 라 할 수 있다.

---

11) 중화(中和)- 이것은 가장 안정된 경지를 찾아 늘 변화하고 움직이는 것으로서 형평의 원리를 말한다. 치중화, 천지위언, 만물육언!(致中和, 天地位焉, 萬物育焉!)은 천지음양이 작용하여 만물을 생육한다는 뜻으로서 중용 제1장 원문 끝 구절이다. 중화는 천지만물이 지속적으로 하염없이 운행하고 작용하여 성취하는 우주 존재의 지극한 이치다. 김충열, 「김충열 교수의 중용대학강의」,예문서원, 2007, p.127 참고인용.

그럼 '중심 찾기'의 방법에 대하여 알아보자. 본래의 제자리에 있는 중심을 보지 못해 찾지 못하는 경우와, 그대로 있는데 소진되어 없어진 경우와, 중심의 위치가 흔들렸거나 다른 작용의 현상에 의해서 일시적으로 보이지 않을 경우를 가정해 볼 수 있다.

▶ 제자리에 있는 중심을 못 찾을 때의 경우

이 경우는 사물의 중심은 그대로 있으나 바라보는 사람의 시선이나 의식이 그 중심의 위치를 찾아가지 못한 경우이다. 이 경우는 보이는 대상의 사물이 아니라 관찰자의 사고와 의식에 관점이 문제이다. 예컨대 이것은 보고자하는 사물을 제대로 인식하지 못하고 있거나 바른 위치에서 바른 시선과 의식으로 사물을 보지 못하는 경우 때문이다. 따라서 이것은 보고자 하는 사물을 바르게 인식하는 자세와 의식이 선행되어야 한다. 보이는 것은 사과인데 인식은 복숭아로 인식되어지는 의식이다. 사과로 인식할 수 있는 사고의 전환과 관찰이 필요한 것이다. 그런 연후에 사과의 미적 관계를 접근해 가는 것이다.

▶ 있어야 할 중심이 소진되어 없어진 경우

이 경우는 사물에 대상은 있으나 없는 것과 같은 사고의 의식이다. 또는 관계는 있으나 전혀 작용되지 않는 현상이다. 관계는 있으나 작동되지 않는 관계의 현상은 무의미한 것이다. 이것은 관계의 외형은 존재하나 내면은 존재하지 않는 것이고 관계의 중심도 존재하지 않는 것이다. 따라서 표면적 대상도 없는 것과 동일한 상태이다. 이런 경우에는 잃어버린 중심이 아니다. 잃어버렸다면 다시 찾는 노력에 의해 그 중심을 회복할 수 있다. 그러나 잃어버린 것이 아니라 내버린 것이다. 관계의 작용도 끊어버린 것이고 중심도 내버린 것이다. 그렇다면 관계의 작용도 끊고 중심도 왜 버려야 했는지 원인적 분석을 함으로써 문제의 실마리를 찾을 수 있다. 이런 경우는 사물에 대상을 바꾸어 새롭게 해야 한다. 사물에 대상이 새로 바뀌면 관계의 현상과 작용도 새롭다. 따라서 새로운 중심을 찾게 된다.

▶ 있는 중심이 일시적으로 보이지 않을 경우

이 경우는 사물의 위치가 흔들렸거나 다른 작용의 현상과 원인에 의해서 일시적으로 보이지 않는 경우이다. 이것은 사물의 대상이 제자리를 찾지 못한 경우이다. 관계의 기능이나 작용도 일시적 혼돈의 현상이다. 따라서 흔들린 사물의 위치를 정위치만 하면 된다. 그러면 관계의 기능과 작용도 쉽게 회복 될 수 있다. 이런 경우의 '중심찾기'는 약간의 보완적 단계만 거치면 쉽게 보이게 될 수 있다.

이렇게 세상의 관계 속에서 끝없이 생겨나고, 소진되고, 보지 못하고, 잃어버리게 되는 '중심(가운데 마음)'을 나로부터 간직하고 지켜내는 일은 그리 쉬운 일이 아니다. 그러나 따지고 보면 그렇게 어려운 일만도 아니다. 그렇다고 '중심'을 쉽게 포기할 일은 더욱 아니다. 그 안에 삶의 지혜와 행복을 만들어가는 기술이 있기 때문이다.

중심의 작용

'시소놀이(seesaw)'에 대하여 생각해보자

어린 시절 놀이터에서 시소를 안타본 사람은 없다. 이 시소는 아주 간단한 놀이기구이지만 좌우의 무게중심을 이용한 매우 과학적인 놀이기구이다. 그런데 좌우 양쪽에 비슷한 크기에 아이들이 타고 놀아야 부드럽게 시소의 일진일퇴 작용을 반복하면서 좌우가 오르내리는데 조금만 큰아이와 작은아이가 타도 좌우에 오르내림이 버겁고 힘이 들게 마련이다. 그래서 한쪽엔 작은아이 둘이타고 또 한쪽엔 큰아이 혼자타고 놀기도 한다. 그러나 버겁고 힘들긴 마찬가지다. 그것은 좌우에 무게가 균일하지 못하기 때문이고 무게의 '중심과 균형'을 잡을 수 없기 때문이다. 이렇게 이것은 비교적 간단한 원리이지만 그러나 균일한 '균형과 중심'을 이루기에는 그리 쉽지가 않다.

그림-1 중심의 작용

① 균형의 상태

② 불균형의 상태

③ 불균형의 결과

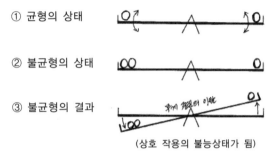

(상호 작용의 불능상태가 됨)

　모든 사물은 작용과 함께 변화의 속성을 지녔다. 그러므로 작용의 현상에 따라 그 중심의 축(軸)도 점차 변하여 중심축(中心軸)이 이동하여야 한다. 그러나 우리사회의 사회적 기능이나 현상들은 아쉽게도 좌우에 그 흐트러진 무게의 중심을 균형 있게 잡아가지 못하고 있음으로써 기능과 작용에 부하가 걸리고 정지되어버리고 마는 현상이 고질화되고 있다. 그로인해서 소통 또한 원활하지 못하다. 그런 중심의 축을 유효적절한 때에 알맞게 이동시킴으로써 시소에 좌우 오르내림의 작용과 같은 일진일퇴 운동이 가능해진다. 이렇게 되도록 사회의 기능과 작용이 자동으로 이루어지도록 장치하는 시스템이 우리사회의 메커니즘이다. 이것은 나 개인이나, 단체나 혹은 가정이나, 사회나 모두 마찬가지이다. 시소놀이에서 보았듯이 좌우가 번갈아 오르내리는 작용과 기능을 정상적으로 할 때에 비로소 시소놀이의 기능(본질)적 역할과 목적(재미, 보람, 행복)에 부합하는 것이다. 이것이 우리사회의 중심축이라 할 수 있는 균형과 조화의 메커니즘이다.

흐트러진 중심잡기

위 '시소놀이'에서 보았듯이 무게 때문에 사물의 중심이 불균형 상태라면 그 균형과 중심을 잡는 방법은 다음과 같다. 첫째는 무게의 중심과 균형이 깨지게 된 원인을 파악하여 개선하는 방법으로서 대상물에 조정을 통하여 중심을 잡는 방법이다. 두 번째는 원인의 대상물은 제자리에 그냥 두고서 중심축을 적절한 위치로 이동시키는 방법이다.

그림-2 중심축의 이동

〈첫 번째의 예〉

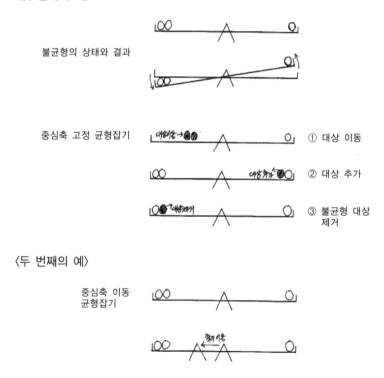

불균형의 상태와 결과

중심축 고정 균형잡기 ① 대상 이동
② 대상 추가
③ 불균형 대상 제거

〈두 번째의 예〉

중심축 이동 균형잡기

위 그림의 예와 같이 시소의 불균형을 정립하는 데는 여러 가지
방법이 있다. 아무튼 어떤 방법이든 그 중심을 회복하여야만 시소
로서의 기능과 작용을 정상화할 수 있다. 이처럼 잃어버린 나의 중
심이거나, 깨어진 가정의 중심이거나, 우리사회의 중심이거나 혹은
상호관계의 중심이거나를 막론하고 그 중심을 회복하고 그 기능과
작용이 정상화되도록 하여야 한다. 그것만이 밝은 미래를 담보하고
약속할 수 있는 조건이다.

'팽이놀이'에 대해서 한번 생각해보자

팽이(top)[1] 는 하나의 고정된 축으로 균형을 잡고 회전하는 놀이
장난감이다. 팽이는 원뿔형·원형·타원형의 몸체로 되어 있고 보통
끈 달린 채로 쳐서 돌린다. 팽이의 물리적 특성은 자이로스코프[2] 의
특성과 비슷하다. 흔히 볼 수 있는 나무팽이와 같은 팽이들은 끈이

---

1) 팽이는 속이 비어 있기도 하며, 한쪽 끝은 뾰족하게 못이 박혀 있어 팽이가 잘
돌게 되어 있다. 팽이를 쳐주면 스핀을 먹은 팽이는 비스듬하게 기운 채 원을 그
리며 돌아간다. 처음 돌기 시작할 때는 기울어져 돌아가다가도 곧 똑바로 서서 돌
다가 회전의 에너지가 소진되어 정지될 때까지 똑바로 돌게 된다. 팽이는 고대에
도 알려져 있었다. 유럽에서는 14세기부터 팽이가 알려졌는데, 셰익스피어 시대에
는 날씨가 추울 때 하는 준비운동의 하나로써 커다란 마을 팽이가 쓰였다. 나폴
레옹 시대에는 수세기 동안 중국에서 '고엔겐(Ko-en-gen)'이라고 알려졌던 놀이
가 유럽에 공중팽이(diablo)라고 소개되어 있다. 한국에서는 지방에 따라 팽이를
패이·팽돌이·뺑생이·봉애·포애·도래기라고도 한다. 팽이의 재료는 박달나무,
대추나무, 소나무의 관솔 부분 등 무게 있고 굳은 나무로 만들어야 팽이 끝이 무디
지 않아서 오래 가지고 놀 수 있다. 팽이는 가장 오래 된 놀이기구 중 하나로, 여러
고대 유적지에서 발견되곤 한다. 출처: 브리태니커, 팽이(top)놀이기구, 참고인용.
2) 자이로스코프(gyroscope)- 임의의 축을 중심으로 자유롭게 회전할 수 있는 틀
속에 빠르게 도는 팽이를 장치한 것. 빠른 속도로 회전하는 팽이의 축이 지구의
자전하는 힘에 의하여 항상 남북을 가리키도록 한 장치이다.

나 채찍으로 쳐서 돌린다. 다른 팽이들은 손으로 비틀어 돌리거나, 스프링의 힘으로 돌린다.

유럽에서는 14세기 때부터 팽이가 있었다. 셰익스피어 시대에는 날씨가 추울 때 하는 준비운동의 하나로써 커다란 마을 팽이가 쓰였다고 한다. 팽이는 다양한 변형으로 여전히 우리 어린이들에게 인기가 높은 장난감이다. 우리나라에서는 지방에 따라 팽이를 패이·팽돌이·뺑생이·봉애·포애·도래기라고도 한다. 팽이의 재료는 박달나무, 대추나무, 소나무의 관솔 부분 등 무게 있고 굳은 나무로 만들어서 팽이 끝이 쉽게 무뎌지지 않아 오래 가지고 놀 수 있게 했다. 팽이돌리기를 경쟁적으로 하는 놀이를 팽이싸움이라고 하는데 오래 돌리기·멀리치기·빨리 돌아오기·부딪쳐 돌아오기·찌게 돌리기 등이 있다.

팽이 종류는 다양하다. 말팽이·장구팽이·줄팽이 등 여러 종류가 있다. 말팽이는 제일 잘 돌고 오래 도는 팽이로, 머리는 평평하고 길이는 원뿔형으로 내려오다가 끝을 뾰족하게 깎아 만든다. 모양이 쌀을 되는 말과 같다고 하여 말팽이라고 한다. 장구팽이는 머리와 팽이 끝을 다 뾰족하게 깎아서 아무 쪽으로나 돌게 만든 팽이이다. 팽이는 인류역사상 가장 오래 된 놀이기구 중 하나로 여러 고대 유적지에서도 발견되곤 한다. 팽이는 현대의 잘 만들어진 어린이 놀이기구에 비하면 별 품 나지 않는 작고 보잘 것 없는 장난감의 불과하다. 하지만 팽이는 인류사의 한 놀이문화로 오래전부터 지금까지 자랑스럽게 전해지는 놀이기구이다.

그러나 팽이는 단순한 놀이기구로만 치부하기엔 너무나 큰 교육적 가치를 지닌 놀이기구다. 필자는 이에 대하여 '편자상가 회자상

중(鞭者常染 迴者常中)'이라 말하고 싶다. '늘 채찍질을 하는 사람은 팽이처럼 돌게 마련이고, 쉬지 않고 돌아가는 사람은 늘 삶의 중심(행복)을 간직하게 마련이다'라고 말이다. 시인 김수영[3]은 그의 시 '달나라의 장난'이란 작품에서 이처럼 팽이를 주제로 인간의 삶을 의미 깊게 관조하고 있다.

팽이가 돈다
… 어린아이이고 어른이고 살아가는 것이 신기로워
물끄러미 보고 있기를 좋아하는 나의 너무 큰 눈앞에서
아이가 팽이를 돌린다
살림을 사는 아이들도 아름답듯이
노는 아이도 아름다워 보인다고 생각하면서
손님으로 온 나는 이 집 주인과의 이야기도 잊어버리고
또 한 번 팽이를 돌려주었으면 하고 원하는 것이다.
도회(都會) 안에서 쫓겨 다니는 듯이 사는
나의 일이며
어느 소설(小說)보다도 신기로운 나의 생활(生活)이며
모두 다 내던지고
점잖이 앉은 나의 나이와 나이가 준 나의 무게를 생각하면서
정말 속임 없는 눈으로
지금 팽이가 도는 것을 본다
그러면 팽이가 까맣게 변하여 서서 있는 것이다
누구 집을 가 보아도 나사는 곳보다는 여유(餘裕)가 있고
바쁘지도 않으니
마치 별세계(別世界)같이 보인다

---

3) 시인 김수영(金洙暎)- 모더니즘과 참여주의의 영향을 받은 우리나라의 시인 (1921~1968). 모더니스트로 출발하여 지성과 감성의 조화를 이룬 작품으로 평가를 받았으며, 4 · 19 혁명 이후 현실 비판 의식과 저항 정신을 바탕으로 한 참여시를 쓴 시인이다. 그의 시 작품은 《달나라의 장난》, 《거대한 뿌리》 따위가 있고 산문집 《시여 침을 뱉어라》 따위가 있다.

팽이가 돈다
팽이가 돈다
팽이 밑바닥에 끈을 돌려 매이니 이상하고
손가락 사이에 끈을 한끝 잡고 방바닥에 내어던지니
소리없이 회색빛으로 도는 것이
오래 보지 못한 달나라의 장난 같다
팽이가 돈다
팽이가 돌면서 나를 울린다
제트기(機) 벽화(壁畵) 밑의 나보다 더 뚱뚱한 주인 앞에서
나는 결코 울어야 할 사람은 아니며
영원히 나 자신을 고쳐가야 할 운명(運命)과 사명(使命)에 놓여있는 이 밤에
나는 한사코 방심(放心)조차 하여서는 아니 될 터인데
팽이는 나를 비웃는 듯이 돌고 있다
비행기 프로펠러보다는 팽이가 기억(記憶)이 멀고
강한 것보다는 약한 것이 더 많은 나의 착한 마음이기에
팽이는 지금 수천 년 전의 성인(聖人)과 같이
내 앞에서 돈다
생각하면 서러운 것인데
너도 나도 스스로 도는 힘을 위하여
공통된 그 무엇을 위하여 울어서는 아니 된다는 듯이
서서 돌고 있는 것인가
팽이가 돈다
팽이가 돈다

마치 시인 김수영은 "인간의 삶이 팽이처럼 채찍으로 맞으며 돌다가 쓰러져가는 것"이라고 말하고 있는 듯하다. 때문에 쓰러지지 않기 위해서는 맞아 고통스럽더라도 돌고 돌아야한다고 삶의 진실적 내면을 날선 예리함으로 깊게 파헤쳐 사유하고 있다. '팽이가 돈다 / ... 어린아이이고 어른이고 살아가는 것이 신기로워 / 물끄러미 보고 있기를 좋아하는 나의 너무 큰 눈앞에서 / 아이가 팽이

를 돌린다'

시인은 팽이가 쓰러질듯 말듯 하면서도 쓰러지지 않고 돌아가는 것을 보고 있노라면 신기했을 법하다. 생존자체가 불확실한 하루하루의 일상 속에서 자칫 돌아가던 팽이가 쓰러지듯 멈추면 마치 자신의 삶이 멈추고 끝나는 것이라 동일시 한 것은 아닐까? 그러니 사람이 하루하루를 연명하듯 살아간다는 것도 참으로 신기한 일이다. 아이가 팽이를 돌리는 것이 아니라 바로 시인 김수영이 자신의 팽이 같은 삶을 버겁게 돌리고 있는 것이다.

시인은 인간의 삶 자체를 명쾌히 규명할 수 없음이 안타까운 듯 그것은 달나라의 장난이라고 노래하고 있다. 아무리 힘들어도 장난은 곧 끝날 수 있는 놀이가 아닌가. 그러니 곧 끝날 장난 앞에 두려움은 없는 것이다. 다시 삶의 진실 속에 희망이 있음을 팽이가 돌면서 대신 답을 하고 있다. 그렇게 시인은 허무의 상처를 달나라의 장난을 통해서 치유의 근본적 해법을 되묻고 있었던 것이다.

예부터 '시심(詩心)은 동심(童心)이다' 라고 했다. 동심처럼 순수해야 한다는 의미이다. 돌아가는 세상을 마냥 신기해하며 노는 아이들의 그 초롱초롱한 눈, 그것이야말로 시가 아닐 수 없다. 영어로 팽이는 'TOP' 이다. 탑의 의미는 최고, 가장 뛰어난, 으뜸, 정상 같은 의미이다. 라틴어로 창조란 'POEM' 이다. 아이들의 눈으로 세상을 팽이처럼 돌려야 아름다운 세상이 비로소 창조된다는 의미일 것이다. 위에 시 '달나라의 장난' 은 김수영 시인 앞에서 버겁게 돌고 있는 작은 팽이이자, 시인의 버거운 세상이다. 지구가 회전축을 중심으로 시간의 영속성을 이어가듯 팽이의 회전축이 김수영 시인의 삶에 지속적인 무브먼트(movement)를 만들고 있다.

그 무브먼트는 팽이의 생명력이었다. 그 움직임의 현상은 삶을 영속하게 만드는 분자운동(分子運動)과 같다. 그렇듯이 자전을 멈춘 지구는 지구가 아니다. 지구가 멈추는 것은 시간의 정지다. 돌지 않는 팽이는 결국 삶의 멈춤이기 때문이다. 때문에 팽이는 멈추지 말아야하고, 멈추지 않기 위해서는 돌아야하고, 돌기 위해서는 인문정신의 채찍을 고통스럽게 맞아야한다. 그렇게 한참 맞고 돌다보면 팽이 위에 멋진 무지개도 만들어지고 한 동안은 맞지 않아도 오랫동안 잘도 돈다. 우리의 삶에서 어쩌면 누구든 그때가 인생의 황금기일지도 모른다. 이처럼 팽이와 우리 인간의 삶은 중심(中心)적 공통분모를 형성하고 있다.

'중(中)' 은 하나의 우주(中=天地)를 상징하는 것에 의미이다. 팽이는 '중(中)' 자의 모양과 중자에 내포되어 있는 작용과 의미가 매우 흡사하다. 다시 말해 '中' 은 돌고 있는 팽이(冬)와 같은 것으로서 돌아야만 존재의 의미를 갖는다. 돌지 않으면 쓰러진다. 쓰러지지 않고 돌고 있을 때 팽이로서 존재하는 것이듯 우리의 일상도 팽이처럼 돌아야 한다. 돌고 있는 한 절대 쓰러지지 않는 것이 팽이다. 그것은 원심력(遠心力)[4] 에 의해서 그 중심을 잡고 있기 때문이

---

4) 원심력(遠心力)-물체가 원운동을 하고 있을 때 회전 중심에서 멀어지려는 힘이다. 이것은 구심력과 크기가 같고 방향은 반대지만 실재하는 힘은 관성력으로부터 변형된 형태의 힘이다. 물리학에서는 원심 분리기, 원심 조속기, 속도계 따위 등에서 응용되고 있는 이론이다. 원형의 경로를 따라서 운동을 하는 입자의 양으로서, 입자를 원형의 경로에 유지하는 힘(구심력)과 동일한 차원과 크기를 가지지만 방향이 반대인 힘이다. 가령 고정되어 있는 기둥에 연결된 줄의 한쪽 끝에 매달려 수평면 위를 회전하는 돌멩이는 속도의 방향이 계속 변화하고 있다. 따라서 기둥 방향으로 가속도를 가진다. 뉴턴의 법칙에 따르면 가속은 힘에 의해서 발생한다고 했다. 이 경우에 힘은 줄의 장력에 해당한다. 만일 돌멩이가 일정한 속력으로 움직이고 중력을 무시할 수 있다면 줄의 장력이 돌멩이에 작용하는 유일한 힘이다.

다. 지구의 자전과 공전이 이루어지지 않고 있다고 생각해보면 인간의 삶은 어떻게 이루어지게 될까? 참으로 궁금하다.

우린 어린 시절에 누구나 팽이치기 놀이를 해본 경험이 있다. 이 팽이는 살살치기 보다는 잔뜩 손에 힘을 주고 세계 때려야 쌩쌩 잘 돌아간다. 그렇게 잘 돌아갈 때는 건드려도 웬만해서는 쓰러지지 않는다. 잠시 휘청했다가도 다시 중심을 잡고 잘도 돌아간다. 그래서 서로 누구의 팽이가 잘 돌아가는지 경합을 하는데 좋은 팽이를 갖고 폼을 잡기도 했다. 돈 주고 사는 팽이에도 여러 형태의 팽이가 있었다. 어린 시절 그 팽이 때문에 울기도 많이 울고 싸우기도 많이 싸웠다.

팽이를 돈 주고 살 수가 없어서 뒷동산에 올라가 멀쩡한 나무들을 잘라 팽이를 만들었다. 크기별로 보기 좋게 자르고 다듬어서 가운데 못을 하나 박으면 되었다. 그러나 아무리 잘 만들어도 돈 주고 사는 팽이와는 달리 볼품도 없고 잘 돌지도 않는다. 때문에 잘 돌지도 않고 쉽게 쓰러지고 만다. 그래서 쓰러지지 않게 채찍질을 더욱 열심히 해야 한다. 잠시라도 게을리 하면 곧 나무로 깎아 만든 팽이는 그 중심을 잃고 쓰러지게 마련이다.

그 우리의 삶은 어떤가? 팽이처럼 하루하루 일상의 궤도를 돈다. 마치 지구가 우주라는 공간에서 끝없이 반복해서 자전과 공전을 하

또한 만일 줄이 끊어지는 경우에는 관성에 의해서 돌멩이는 중심에서 바깥 방향으로 날아가게 된다. 이렇게 뉴턴의 법칙에 따르면 원심력은 실제의 힘이 아니지만 유용한 개념이다. 원심력은 ① 회전의 속력, ② 물체의 질량, ③ 곡선의 중심에서 물체까지의 거리이다. 즉 반지름을 크게 하여 증가시킬 수 있다. 원심력은 질량이나 반지름에는 비례하지만 회전속력에는 제곱에 비례한다. 회전수가 분당 10회전에서 100회전으로 10배 증가하면 이에 따른 원심력은 100배 증가하게 되는 것이다. 브리태니커, 물리학, 원심력(centrifugal force, 遠心力), 참고인용.

고 있는 거와 같다. 팽이처럼 돌고 있다가 장애물을 만나거나 어려움에 처하면 스스로 쓰러지지 않으려고 자신에게 채찍을 가한다. 흐트러진 마음의 중심상태(中心)를 바로 잡아 세우고 똑바로 서서 세상이라고 하는 삶의 무대 위에서 쌩쌩 돌기를 희망하는 것이다. 그러나 사람에 따라서 자기가 가지고 있는 팽이의 종류가 다르고 팽이를 돌리는 방법도 다르다. 그러나 일단 자기 자신의 팽이를 잘 돌아가게 해야 한다. 곧 그것이 살아감에 보람이고 행복이다.

어떤 친구들은 링도 박히고 잘 만든 팽이를 사가지고 다녔고 어떤 친구들은 철심이 박힌 팽이에 줄을 감아 던지면 돌아가는 팽이를 가지고 다니면서 폼을 쟀다. 나중엔 팽이에 줄도 필요 없이 시계태엽 감듯이 돌려서 버튼만 누르면 자동으로 돌아가는 팽이를 가지고 다니면서 폼을 재고 자랑을 했다. 그땐 그런 친구들이 얼마나 부러웠는지 모른다. 난 엄하신 아버지 때문에 돈 주고 사는 장난감은 꿈도 꾸지 못했다.

그러나 버튼이 달린 자동팽이나 줄을 감아 돌리는 팽이는 결국 1회성이다. 계속해서 돌지 못하고 돌아가다 회전 관성의 에너지가 소진되면 곧 쓰러지고 만다. 과학문명의 손길로 만들어진 팽이는 모양과 회전하는 속도가 좋고 파워가 있지만 그것은 1회성이다. 지속적으로 돌아야하는 팽이의 본분엔 나약하기가 그지없다. 힘 있게 돌아가는 것도 잠시 잠간일 뿐 결국은 비실비실 쓰러지고 만다. 그러나 내가 가지고 있는 팽이는 뾰족한 철심도 없고, 줄도 없고, 문명의 손길로 만들어진 자동도 아닌 팽이지만 가장 길게 오래 돌아가는 팽이이다.

비로소 내가 포기해야 팽이도 멈춘다. 나태하지 않고 꾸준히 자기 채찍질만 잘하면 그 어떤 팽이보다도 잘 돌고 무엇보다도 중요한 것은 1회성의 생명력이 아니라 영속성이다. 채찍질을 하고 있는 한 영속적으로 돌기 때문에 절대 쓰러지지 않는다. 나는 이 이치를 깨닫는데 반세기가 걸렸다. 이 간단한 삶의 이치지만 50여년 걸려 반세기만에 깨달은 것도 어찌 보면 매우 다행스런 일이라 생각한다.

그것은 중용의 학문을 어렴풋이나마 이해하고 중심보기(中心=가운데 마음)가 무엇인지를 알게 되면서다. 가끔 친구들이나 지인들을 만날 때 어떻게 지냈냐고 물으면 필자는 스스럼없이 그냥 팽이처럼 살았노라 답한다. 인간의 삶이란 팽이처럼 돌고 돌면서 살다가 그 쓰임이 다하여 쓰러지면 그만이다. 다만 쓰러져 모든 것이 멈추기 전까지는 채찍질의 최선을 다해야 한다. 따라서 팽이같이 쓰러지지 않고 돌고 있다는 것은 살아 있다는 증거이다. 팽이같이 돌고 있다는 것은 그 삶의 중심을 잃지 않고 그 기능과 작용을 잘하고 있다는 의미이다. 내가 스스로 잘 돌고 있다는 것은 내 스스로의 삶을 그 어떤 것에 의탁하지 않고 잘 살아가고 있다는 반증이다. 이처럼 각자의 삶에 모두가 충실하고 팽이처럼만 잘 돌아갈 수만 있다면 얼마나 다행스럽고 행복한 일일까?

그렇지만 우리의 일상이 그리 쉽지만은 않다. 그것은 자기의 삶에서 자기 팽이에 대한 채찍질을 하지 않으면 안 되기 때문이다. 그리고 그것은 고통스럽고 아픈 일이다. 종아리에 회초리의 맛을 보지 않고서는, 종아리에 회초리가 남긴 선명한 고통의 기억이 어떤 것인지 모른다. 이처럼 자기 성찰을 위한 채찍질이 선행되지 않으면 자기의 팽이를 돌린다는 것은 불가능하다. 그 어떤 문명이 만들어 낸 팽이일지라도 그렇게 지속성을 갖고 이 지상에선 끝없이 돌아갈 수 가 없다.

우리의 삶에서 계속해서 돌고 있는 팽이처럼 보람과 행복을 영속적으로 확보할 수만 있다면 그보다 더 큰 생의 축복은 없다. 우리의 교훈 중에 '행자상지 위자상성(行者常至 爲者常成)[5]'이란 가르침이 있다. 이는 '멈추지 않고 길을 가는 사람에게는 늘 다다르는 것이 있게 마련이고 무엇인가 쉬지 않고 하는 사람에게는 반드시 이루어짐이 있다'는 훌륭한 교훈이다. 이에 필자가 감히 첨언을 하여 '편자상가 회자상중(鞭者常枌 迴者常中)'이라 말하고 싶다. '늘 채찍질을 하는 사람은 팽이처럼 돌게 마련이고, 쉬지 않고 돌아가는 사람은 늘 삶의 중심(행복)을 간직하게 마련이다.' 라고 해보면 어떠할까?

'자전거타기'에 대해서 한번 생각해보자

자전거는 우리의 일상에서 참으로 유익한 생활용품이다. 자전거는 물건의 운송과 이동수단으로서 대단한 효용적가치가 있다. 비교

---

5) 행자상지 위자상성(行者常至 爲者常成)- 이 말씀은 안자춘추(晏子春秋) 내편잡하에 나오는 가르침이다. 이는 '멈추지 않고 길을 가는 사람에게는 늘 다다르는 것이 있게 마련이고 무엇인가 쉬지 않고 하는 사람에게는 반드시 이루어짐이 있다' 이다. 안자(晏子)는 안영(晏嬰, 기원전 500년)의 존칭이다. 안자는 중국 춘추시대 제나라(齊)의 명재상으로서 자는 중(仲), 시호는 평(平)이다. 제(齊)나라 영공(靈公), 장공(莊公), 경공(景公) 같은 3대의 임금을 섬긴 뛰어나 명재상으로서 절약검소하고 군주에게 기탄없이 간언하는 충신으로 유명하였다. 안영의 키는 '여섯 자(尺)가 되지 않는 단신이었다. 그러나 작은 체구임에도 커다란 용기를 갖추고 있어서 항상 사직(社稷, 국가)을 최우선으로 생각하여 간언을 한 충신 중에 충신이었다. 때문에 제나라 안에서 절대적인 인망을 얻어서 군주조차도 안영을 조심스럽게 대하였다고 한다. 또한 안영 자신은 매우 검약하고 소박한 생활을 고집하여 고기 따위가 식탁에 오르는 경우는 매우 드물었다고 사서에 기록되어 있다. 위키백과, 안자춘추, 참고인용.

적 간단한 기계적 구조와 작용에 의해서 움직이는 장치이지만 우리의 일상에서 이만한 효용가치가 있는 물건도 흔치가 않다. 그뿐만이 아니다. 현대인들은 자전거타기를 통해서 일상에서 지치고 부실해진 건강관리의 도구로 크게 이용하고 자전거를 타고 여행이나 레저를 즐기는 계층도 수년 전부터 점점 크게 확산되고 있는 추세이다. 아무리 현대사회에서 자동차가 인기라 해도 자동차는 못가는 길이 있다. 그러나 자전거는 사람이 다닐 수 있는 웬만한 길은 좁은 길이고 굴곡진 길이고 못 다니는 길이 없다. 심지어는 산악자전거 마니아들은 일반인들이 힘들어 하는 높은 산에도 자전거를 타고 오르내린다.

자전거는 운전자의 다리 힘으로 추진되는 경량의 2륜차(二輪車)라고도 한다. 자전거는 인력을 추진동력으로 전환하도록 고안된 교통수단 중 현재까지 가장 효과적인 운반 및 이동수단이다. 19세기 초에 처음 제작된 자전거가 오늘날 중요한 교통수단의 하나가 되었다. 세계적으로는 스포츠와 산업화의 기초로 발전하다가 점차 건강과 레저의 목적으로 사용되어지고 있다. 자전거는 중국을 비롯해서 많은 나라에서 도로교통수단의 한 부분을 크게 차지하고 있다. 자전거를 타고 직장에 출근도 하고, 운동도 하고, 여행도 하고, 여가도 즐긴다.

자전거를 타고 하는 관광여행은 영국에서 가장 많지만 독일과 프랑스 및 기타 유럽 국가에서도 점점 늘고 있다고 한다. 가장 오래된 자전거 관광여행 클럽은 1870년에 창설된 런던의 '피크위크 바이시클 클럽(Pickwick Bicycle Club)' 이다. 자전거를 탄 사람은 걷는 것에 약 16~19km 정도가 바르다. 즉 보행의 약 4배 속도를 쉽게 낼 수 있다고 한다. 자전거는 이처럼 인간의 일상에 깊게 자리 잡고 있는 없어서는 안 되는 중요한 생활편리기구이다.

몇 해 전에 필자도 아내에게 자전거 타는 법을 배워주기로 하고 연습에 들어갔다. 마침 주택단지 뒷길에 여유롭고 비교적 자전거를 배우기에 안성맞춤인 도로가 있었다. 와이프는 페달을 밟고 나는 뒤에서 넘어가지 않도록 중심을 꽉 잡고 천천히 밀고 가는데 여간 힘든 것이 아니었다. 핸들을 움직여서 자전거의 균형과 중심을 잡아야하는데 핸들을 붙잡고만 있으니 좀처럼 균형을 잡기가 힘들다. 그렇게 며칠을 연습을 했는데도 중심을 잡는 것에 실패하고 결국은 자전거타기를 아내는 포기했다. 나는 좀 더 배우기를 권유했지만 도저히 자신이 없다고 했다. 겁도 많고 어찌나 중심을 못 잡는지 참으로 답답했다. 그 중심(中心) 잡는 요령만 터득하면 자전거는 저절로 굴러간다. 그것도 못하냐고 핀잔 아닌 핀잔을 주었지만 겁이 많은 아내는 그렇게 포기하고 말았다.

나도 유년시절 자전거를 배울 때 고생깨나 했던 생각이 났다. 아직도 왼쪽 무릎에 큼지막한 상처가 남아있다. 그 때는 나이도 어리고 무거운 어른 자전거를 가지고 배우다보니 넘어지기도 많이 넘어지고 위험한 일도 많았다. 안장에 올라가지는 못하고 앞바퀴와 뒷바퀴 사이에 오른쪽 다리를 집어넣고 페달을 반씩만 밟아서 중심을 잡는 요령으로 자전거를 배웠다. 시골길이니 좁기도 하고 자칫하면 논두렁이나 밭고랑으로 처박기가 일수였다. 그것도 아버지 친구나 손님들이 타고 온 자전거를 몰래 끌고나가 타고 그랬다.

그렇게 어느 정도 균형과 중심 잡는 요령을 터득하고 제법 자신 감이 붙었을 때 자동차가 다니는 신작로(아스팔트 포장도로)에 나갔다가 균형을 잃고 넘어질 때 왼쪽 무릎이 아스팔트에 끌려 살을 깊이 갈았기 때문에 그 대가로 오랜 기간 아물 때 까지 참으로 고생을 많이 했었다. 그 때 고생한 덕분에 지금은 자전거를 타고 균형을 잡는 것은 자신 있다. 그러나 이륜의 특성상 중심을 못 잡고 넘어지면 다칠 확률이 많고 위험하다.

자전거는 일단 조금씩이라도 굴러가야 중심을 잡기가 수월하다. 즉 굴러가지 않는 상태에서는 중심을 잡고 서있는 것이 한계가 있다. 일단은 조금씩이라도 바퀴가 굴러가야 핸들을 돌려서 균형과 중심을 잡는다. 넘어가려는 쪽으로 핸들의 방향을 돌리면 신기하게도 안 넘어 간다. 넘어가려다 자전거는 다시 중심을 절로 잡는다. 그것은 '관성의 법칙' 때문이다. 그러나 그 원리를 무시하고 이미 자전거의 중심은 왼쪽으로 기울었는데 핸들을 반대인 오른쪽으로 틀면 더 빨리 중심을 잃고 넘어간다. 그것을 이해하지 못하는 아내의 입장에선 자전거를 배운다는 것이 무엇보다도 무섭고 힘들었을 법하다.

마음은 알고 있어도 실제는 몸 따로, 자전거 따로 언밸런스 균형 때문에 넘어지고 마는 것이다. 즉 자전거를 타는 사람은 자전거와 타는 사람과 중심의 일체를 이루어야 한다. 즉 중심과 균형의 일체를 이루어야 한다. 자전거의 중심과 나의 중심에 공통의 분모를 만들어야 한다. 그 중심이 다르면 일체가 될 수 없다. 그렇게 되면 균형이 흐트러지고, 중심을 잃게 된다. 기수가 말위에 올라가서 말과 호흡을 함께 하지 못하면 말이 받는 스트레스는 엄청나다고 한다. 그것은 호흡의 일체를 이루지 못하고 있기 때문이다.

그렇게 되면 그 말과 기수는 좋은 기록을 기대할 수가 없다. 자전거와 몸의 균형을 잡고 일치하기 위해서는 자전거와 자연스럽게 하나가 되어서 나는 페달을 밟아 추진의 동력을 만들어야 하고 자전거는 핸들을 적합한 방향으로 돌려서 균형과 중심을 잡고 하나 된 일체를 넘어가지 않도록 중심을 세워야한다. 이렇게 자전거처럼 쓰러지지 않고 미래를 향해 힘차게 달려가려면 넘어가는 쪽(-의 자리, 약함)에 힘을 보태야 한다. 그래야 바르게 중심(+와 -의 사이 =0의 자리)을 세울 수 있다.

우리 사회의 중심이 무너지면 미래로의 전진은 불가능하다. 어느 한쪽만의 발전은 발전이 아니다. 그것은 언제 무너질지 모르는 사상누각이나 마찬가지이다. 어느 한쪽만의 선택은 한쪽을 포기하는 어리석음이다. 그것은 절대로 '균형과 조화'를 이룰 수가 없다. 자동차가 도로를 주행함에 좌우 양측의 바퀴로 가야하는데 한쪽 바퀴의 의존해서 간다면 매우 불안전한 상태가 된다. 열차가 한쪽의 레일에 의존해서 가고 있다면 언젠가는 탈선하고 말 것이다. 여야가 함께 가야하는 정치발전과 국정이어야 하는데 힘이 있다고 해서 여당인 한쪽의 바퀴로만 정치의 도로를 달리고 있다면 정치는 추락하고 만다. 이 얼마나 위험한 질주란 말인가?

세상엔 좌우처럼 다 상대가 있다. 좌우의 상대가 성질이 달라도 동떨어질 수는 없는 것이다. 좌가 우가 싫다고 우를 버리고 좌 혼자서 가는 길에는 중심이 필요가 없다. 그냥 혼자가면 된다. 그러나 혼자 가는 길은 좌도 아니고 우도 아니고 결국은 파멸이고 만다.

지금까지 '시소놀이'와 '팽이놀이' 그리고 '자전거타기'의 과정과 작용을 통해서 그 작용의 근본원리를 알아보았다. 이처럼 우리의 삶에는 균형과 조화가 그 무엇보다도 중요하다. 그러나 인류가 이룩한 과학문명창달이 아무리 아름다운 문명의 향기를 내뿜고 있어도 그 중심을 흔드는 물질만능과 황금만능주의, 신자본주의 등과 같은 것들이 서로 결탁해 권력의 속성에 매몰되어가는 현대사회에서는 인간의 삶에 균형과 조화 그리고 그 중심을 잡아간다는 것은 매우 어렵고 그리 간단치가 않다. 중심을 잡기는커녕 그 무질서한 거대 문명의 파고와 소용돌이 속에 휘말려서 허우적거리다가 망망대해로 떠내려가지 않는 것만으로도 참 다행이라 생각해야 하는 것이 오늘의 현실이다.

중심에 설 때 중심을 볼 수 있다

'역이경강 즉이필리, 기즉무중 영불인인(力而傾强 即而必理, 其即
無中 永不引引)' 이것은 '힘이 강한 쪽으로 기우는 것은 바로 당연
한 이치이나 그것은 곧 중심(中心)이 없기 때문이며 그렇다고 계속
해서 끌려가는 것은 아니다.'(필자 졸역) 이것은 필자의 생각을 적은
글이다. '소용돌이에 휘말리는 것은 세상의 이치이나 그것은 내가
중심을 지키지 못했기 때문이며 그 것을 알고 난 후에는 절대 소용
돌이에 휘말리지 않아야 한다'는 의미이다.

사람의 마음가짐에서 중심(中心)은 곧 마음의 균형점(均衡點)이
다. 중심을 잡거나 균형을 잡으려면 먼저 중심의 위치에 서야한다.
그럴 때에 바른 중심(中心=가운데 마음)을 볼 수 있다. 중심을 본다
는 것은 사물의 형상이나 작용이나 현상을 보게 된다는 의미이다.

그 모양이나 현상, 작용에 대하여 바르게 본다는 것은 사물의 이
치를 알게 된다는 것이다. 따라서 사물의 이치를 알게 됨으로써 비
로소 그 사물에 진정성(참)을 이해하게 되는데 이때 사물의 진정성

은 부정이 아닌 긍정의 사고와 의식이다.

나의 중심이란? 나의 '가운데 마음'인데 이 가운데 마음의 구체적 실체는 과연 무엇일까? 그 실체가 추구하는 내용은 과연 어떤 것일까? 나의 마음 중에 마음 즉, 중심이 지향하고 추구하는 것은 크게 3가지로 분류할 수 있다.

그 첫째는 나의 '본성'이다. 둘째는 나의 '삶에 가치관'이다. 셋째는 내가 '소유한 기질과 자질'이다. 이렇게 누구의 가슴 속에든 그 중심(中心=가운데 마음)이 있고 품고 있는 의식은 늘 변화하고 작용한다. 사물의 긍정적 사고와 의식은 정적인 중심의 중(中)이 아니라 중화(中和)[1] 되는 현상과 가능성의 시발(始發)이다. 즉 중심의 축(軸)이 불안정하게 흔들리면 그 흔들림에서 안정을 찾아 흔들림으로부터 구속되지 않으려고 그 중심축(中心軸)이 알맞은 위치로 이동하거나 변화 작용하는 현상이다. 그것은 어떤 불안정으로부터 안정을 찾아가는 자기조절기능의 현상이다.

그것은 부조화의 현상에서 조화를 이루고 추구하는 의식의 현상이다. 불균형에서 균형을 이루려는 작용이다. 이런 현상들은 자연에 현상과 같이 지극히 자연스러움이어야 한다. 중심점의 합리적 이동과 기준이 곧 조화와 균형점이 되고 곧 그것이 중심(中心=가운데 마음)이다. 이것은 중이 중에서 이탈하여 나비처럼 날개를 달고 세상을 향해 자유롭게 공중을 비상하는 모습과 같은 것이다. 그럼

---

1) 중화(中和)- 이것은 가장 안정된 경지를 찾아 늘 변화하고 움직이는 것으로서 형평의 원리를 말한다. 치중화, 천지위언, 만물육언!(致中和, 天地位焉, 萬物育焉!)은 천지음양이 작용하여 만물을 생육한다는 뜻으로서 중용 제1장 원문 끝 구절이다. 중화는 천지만물이 지속적으로 하염없이 운행하고 작용하여 성취하는 우주존재의 지극한 이치이다. 김충열,「김충열 교수의 중용대학강의」, 예문서원, 2007, p,127 참고인용.

'중심과 균형'에 대해서 좀 더 구체적으로 알아보자.

- 중심에 설 때 중심을 볼 수 있다.
- 균형을 잡으려면 중심점을 알아야 한다.
- 균형을 유지하는 것은 영속의 의미
- 균형은 질서의 시작과 끝의 출발점이다.
- 균형은 과학이며 철학이다.
- 균형은 중심과 같이 0의 숫자와 동일한 의미
- 우주법계와 대자연도 균형 속에서 존재하는 것.
- 최고의 아름다움은 조화와 균형
- 인간의 관계도 균형과 조화로움으로
- 중심(中心=均衡)을 잡는 것은 매우 어렵지만 결코 포기할
  수 없다.

중심에 설 때 중심을 볼 수 있다.

중심(中心)이란? 어느 한 방향에 치우치지 않고 좌, 우가 같은 길
이에 놓이면서 좌와 우의 경계를 이루는 지점이다. 또한 좌우의 어
떤 작용이나 불안정한 현상으로부터 안정(平)을 이룰 수 있는 위치
가 바로 중심[2]이 되는 것을 의미한다. 이것은 어떤 사물의 모양이

---

2) 중심(中心)- 중용 제1장 원문에 나오는 말이다. 희노애락지미발, 위지중(喜怒
哀樂之未發, 謂之中)- 희로애락이 발현되지 않은 상태를 중(中)이라 함이다. 중야
자, 천하지대본야, 화야자, 천하지달도야.(中也者, 天下之大本也, 和也者, 天下之達
道也.)- 중(中)은 세상에서 으뜸가는 근본이고, 화(和)는 세상에서 통용되는 일상

나 중심에서 균형을 잡기 위한 기준이기도 하고 사물의 작용과 관계의 현상에서 알맞은 상태를 유지하는 현상의 상태이기도 하다.

　바로 이런 현상들은 사고의 중심과 객관성을 잃지 않기 위한 방법으로써 사물을 볼 때나 의식구조의 편향을 예방할 수 있다. 따라서 사실에 대한 직관이 가능하고 그릇된 판단이나 오류를 피해 갈 수 있는 아주 중요한 기준과 척도가 된다. 이런 의식이나 사상이 인문정신의 뿌리이다. 나무의 줄기나 잎도 과유불급(過猶不及)이나 집기양단(執記兩端)의 이치를 무시하고 마구 생겨나는 것이 아니다. 뿌리에서 공급되는 에너지의 양만큼만 생육의 활동을 거쳐 성장하고 '균형과 조화'를 이룬다.

　중심을 본다고 하면서 중심에서 중심을 보지 않고 측면(side)에서 중심을 본다면 중심은 보이지 않고 측면 밖에 볼 수가 없다. 좌우의 무게중심을 잡는다고 하면서 중심축(中心軸)을 합리적으로 이동시킬 수 없다면 좌우의 무게중심은 그 균형점을 찾을 수가 없다.

　이처럼 중심을 본다거나, 중심을 잡는다는 것은 그림으로만 보면 얼핏 보아 쉽게 알 수 있지만 그리 간단한 문제가 아님을 알 수 있다. 대략적인 가늠은 가능하겠으나 복잡한 수학적 공식을 거치지 않고서는 정확한 측정은 매우 불가능한 것이다. 다면적인 모양이나 무게의 중심을 정확히 잡기 위해서는 대략적이라든가 짐작으로 되는 것이 더욱 아니기 때문이다.

의 도리(道理)이다. 이렇게 '중(中)'이란? 치우치지도 않고, 기대지도 않으며, 지나치거나 못 미치지도 않은 것을 의미함이다. '용(庸)은 평상적인 것을 말한다.'이다. 김충열,「김충열 교수의 중용대학강의」, 예문서원, 2007, p,96 참고인용. 치중치심(治中治心)- 심(心)은 천지의 중(中)이요 일신의 주재자다. 따라서 마음을 다스리고, 중심을 다스리는 것은 한 뜻이다. 김충열,「김충열 교수의 중용대학강의」, 예문서원, 2007, p,84 참고인용.

리더의 역할이 중요시되는 조직체에서도 조직의 중심에서 중심을 바라보고 섰을 때 조직의 균형감각을 체감할 수 있으며 균형 잡힌 조직의 이해와 운용을 위해서는 좌, 우 힘의 배분과 무게의 중심이 유지되어야 한다. 따라서 현대사회의 다원화 된 조직체계와 조직문화 속에서는 조직의 불균형적 해소가 매우 중요하다. 방대한 정부조직이나 대기업조직을 비롯해서 사회단체조직 등 사회전반 또는 국제사회의 조직과 질서에도 마찬가지다. 어느 조직이든 조직의 중심은 조직체나 조직문화 · 기능의 허리에 해당한다.

어떤 조직이든 조직은 그 허리가 튼실해야 상하와 좌우가 튼실하고 균형과 조화를 이룰 수 있다. 때문에 조직의 '중심보기'와 '중심잡기'가 필수적 요소이다. 조직마다 조직 관리의 체계적인 기술적 지원과 더불어 중심적 사고의 의식체계가 전제되어야 한다. 따라서 '중심적 사고'와 '균형적 의식'은 모든 조직을 이끌고 운용하는 조직체의 리더로서 반드시 지녀야할 덕목 가운데 하나이다.

이처럼 중(中)은 세상 사물의 관계에서 으뜸가는 근본이고, 화(和)는 세상에서 통용되는 일상의 도리(道理)에서 최상이다. 다시 말해 중심이란? 좌우, 상하를 잇는 절대의 가교이면서 충돌의 완충지대이다. 중심은 음양이 조화를 이루고 생성케 하는 매개체이다. 청춘남녀를 하나로 맺어주는 중매쟁이다. 북위와 남위 사이에 있는 0도(적도)이다. 적도(상하의 중심)가 있어서 남과 북의 기운이 정(靜=中)에서 중화(中和=공생공존의 작용)를 이루고 동(음=-)과 서(양=+)가 순환 교류하는 근원적 접경이다.

이렇게 중심은 관계와 관계의 사이에 존재하는 공간이면서 깨어지지 않는 응축된 다이아몬드 같은 결정체가 바로 중심점(中心點)

이다. 이런 중심을 이해하고 바로 볼 수만 있다면 우리의 일상적 삶에서 내게 닥치는 불운이나 불행도 지혜롭게 피해갈 수 있고 멀리 있는 행복도 찾아갈 수가 있는 것이 '중심보기'이고 그 중심을 바로 보기 위해서는 나의 시야를 가리는 갖가지 장벽과 유혹 그리고 허식, 탐욕의 늪에서 벗어나 흔들리지 않는 중심점에 내가 바로 설 때 그 중심의 꽃과 중화의 향기를 보고 느끼면서 비로소 실행되는 감응의 행복을 우리의 삶에서 경험할 수 있다.

균형을 잡으려면 중심점을 알아야 한다.

사물이나 어떤 내용에 있어서 중심을 잡는다고 그냥 잡아지는 것이 아니다. 우리는 흔히 여기가 중심점인가, 저기가 중심점인가. 이렇게 생각과 의식의 사이에서 왔다 갔다 또는 우왕좌왕 혼돈할 때가 많이 있다. 그렇게 누구나 한 두 번씩은 일상적인 생활에서 많은 시행착오를 통해서 경험을 했으리라는 생각이다. 균형 (balance)[3]을 잡으려면 정확한 중심점을 알아야 한다. 정확한 중심점을 찾아내기 위해서는 여러 가지 수단이 있겠지만 어떻든 간에 좌, 우 양측의 길이를 보다 과학적이고, 합리적으로 계산하고 측정해서 산출할 때만이 가능하다. 이렇게 그 길이를 측정하고 산출해 내는 방법만이 중심의 위치를 찾아낼 수가 있다.

---

3) 균형과 조화(均衡과 調和)- 균형이란 어느 한쪽으로 기울거나 치우치지 아니하고 고른 상태이다. 그것은 동심을 태우고 오르내리는 시소와 같다. 그것은 저울대가 가장 알맞은 상태에 놓여 있을 때의 평일(平一)한 상태이다. 우주의 가장 건전한 운행은 형평이요, 가장 충실한 생성은 조화와 균형이다. 균형과 조화는 중심축의 이동과 변화다. 김충열,「김충열 교수의 중용대학강의」,예문서원, 2007, pp, 107, 112 참고인용.

중용 원문 제6장에 보면 집기양단, 용기중어민(執其兩端, 用其中 於民)[4]이라 했다. 이는 공자께서 순(舜)임금에 대하여 하신 말씀이다. 순임금께서는 백성들과 소통의 호흡을 하고 백성들을 다스림에 있어서 '상충하는 말은 그 양쪽의 말을 다 듣고 이를 절충하여 백성들이 중도(中道)를 가고, 지키도록 하셨다'는 말씀이다.

이 말씀은 사람과 사람의 관계에서 필연적으로 발생하는 이해득실에 따라서 이해관계를 놓고 상대에게 배려하고, 이해하고, 화합하는 방법을 합리적으로 조율해내는 과정에 대하여 하신 말씀이다. 여기서 말하는 합리적 조율점이 그 문제의 이해관계에 해당하는 '중심의 위치'가 될 수 있다. 그러나 사람의 이해관계란 늘 각자 자기의 중심에서 해석하고 판단하는 것이 우리의 습성이다. 즉 내가 다른 사람보다 더 많이 갖고 더 많은 이익을 챙기겠다는 계산에서다. 그러니 주관적 입장에서 떠나 객관적이고 합리적 결론을 내린다는 것은 성인군자 같이 탐욕과 온갖 유혹으로부터 자유로운 영혼의 소유자만이 가능할 것 같다. 때문에 이런 문제들로부터 인간의 마음을 다스리기 위해서 도덕과 윤리가 만들어지고 그 기준에 의해서 사람들은 나름대로 자기의 마음(중심=가운데 마음)을 제어하고 통제하며 규칙에 맞게 살아가는 것이 인간의 삶이요 오늘날 현대인의 일상이다.

---

4) 자왈, 순기대지야여, 순호문이호찰이언, 은악이양선, 집기양단, 용기중어민, 기사이위순호! (子曰, 舜其大知也與, 舜好問而好察邇言, 隱惡而揚善, 執其兩端, 用其中於民, 其斯以爲舜乎!)−공자께서 말씀하시길, 순(舜)께서는 참으로 위대한 지혜를 지니신 분입니다! 순임금께서는 묻기를 좋아하셨고 대수롭지 않은 말에도 세심한 배려와 관심으로 살펴서 옳지 않은 것은 밝히지 않고 좋은 것은 밝혀서 알게 하셨지요. 서로 상충하는 이해관계는 그 양쪽의 말을 다 듣고 이를 절충하고 조절하여 백성들이 중도(中道)를 가도록 하셨지요. 바로 이것이 순임금의 성덕인 도리였지요.

이처럼 인간의 관계에서 그 중심의 위치와 합리적 결론을 돌출해 내기 위해서는 그 중심을 헤아리고 바로 보는 사고의 기술이 필요 하다. 그 중심의 위치를 잴 때에 정확한 재단이 필수이다. 양단의 균형은 상호 대립이지만 상호 의존적 존재이다. 양단의 끝은 부정 의 배척이 아니라 긍정의 결합이다. 즉 태극의 음양과 같다. 그러나 물건이 아닌 인간의 생각이나 의식의 범주를 놓고 어떤 물건이나 사물의 길이를 재듯이 쉽고 정확하게 재단을 해내는 것은 매우 어 렵고 불가능하다고 보아야 한다. 그러나 나름대로 보이지 않는 생 각이나 의식을 재단하기 위해서는 인의예지(仁義禮智)를 갖춘 생각 이나 의식의 합리성이 구현된 사고방식만이 나름 그 중심의 위치를 잡아 계량하고 재단을 할 수 있는 의식의 도구이다. 정확한 재단을 해낼 수 있는 사고의 길이를 파악하고 분석되어야만 정확한 재단이 가능하다. 이처럼 어떤 사물의 중심점을 알아내는 것은 웬만한 인 의예지를 갖춘 사람도 쉽지 않은 일이다.

길이를 잰다거나 전체의 무게에서 산술적으로 풀어내는 것은 매 우 쉬운 일이다. 그러나 조직에서 조직의 중심이라고 하는 것은 산 술적으로만 되는 것은 아니다. 무형의 관념적 이해와 유형의 실제 적 이해를 합리적 논리와 근거로서 제시되었을 때에 균형 있는 조 직의 중심을 이해하게 된다. 따라서 조직을 관리하고 운용하는데 합리적 효과를 증대할 수 있기 때문이다.

그러나 대개의 조직에서는 이러한 것을 조직 관리론의 학술적 또 는 기술적 이해로만 이해하려 하고 별로 큰 의미를 두지 않으려고 한다. 그러나 대기업이나 정부조직과 같은 방대한 조직에서는 매우 중요한 문제이고 간과해서는 안 되는 과제이다. 그럼에도 불구하고 늘 조직에는 여러 가지 중심의 불균형으로 인한 많은 불협화음과 문제를 파생시키고 있다.

때문에 편법이 등장하고 편법은 또 다른 편법을 지속적으로 변용해 내는 것이며 그럴수록 많은 폐단을 만들어 내는 것이다. 우리 사회의 만연된 줄서기 문화도 그와 같은 현상에서 비롯되는 한 단면이라 할 수 있다.

균형 잃은 사고의 중심이나 의식의 편향으로부터 벗어나 균형 잡힌 중심에 서려면 당당한 의식과 용기가 필요하다. 정면으로 맞서는 진지한 태도가 필요한 것이다. 편법과 요령이 아닌 원칙에 충실한 중심적 사고가 필요하다. 그런 조직이라면 그 조직의 구성원 모두가 원칙에 충실한 중심론(中心論)적 의식과 사고의 소유자임이 분명할 것이다. 그랬을 때에 조직이 탄탄한 토대위에서 탄탄한 조직력으로 경쟁에서 지검승부를 할 수 있다.

균형을 유지하는 것은 영속의 의미

바다 위에 배가 높은 파도에서도 균형을 유지하는 것은 순전히 배 밑에 있는 균형타[5]의 작용에 의한 덕분이다. 비행기 뒷부분 꼬리 날개 중 수직 꼬리 날개가 있다. 수직꼬리 날개에는 러더(rudder)라고 불리는 장치가 비행체의 균형을 잡아준다. 이것은 날개속의 날개로서 매우 중요한 방향타이다. 헬리콥터는 주 회전날개(main rotor)의 회전력에 의해 생기는 동체 회전을 막기 위해 꼬리

---

5) 균형타(均衡舵)- 배의 균형(타축 앞쪽 끝에 타판 너비의 3/1 내지 5/1 거리에 있는 키)을 잡아 주는 키.

회전날개(tail rotor)가 있다. 비행기가 선회할 때는 좌측 또는 우측으로 비행기가 기울어진다. 헬리콥터도 마찬가지다. 선회경사계(turn-slip indicator)를 보면 비행기의 기울어짐 상태를 알 수 있다. 선회할 때의 원심력의 상태에 따라서 기체의 균형을 파악하게 된다.

이것은 변화하는 기체의 상태를 알게 하는 장치다. 사람의 중심(中心=가운데 마음)인 심리상태를 파악하는 중심보기와 같은 것이다. 비행할 때 공기의 흐름에 따라서 비행기는 균형을 잡고 비행하지만 만일 균형이 이루어지지 않으면 원하는 방향으로 순조로운 비행이 어렵게 된다. 곧 그것은 제대로 기체가 균형을 잡지 못하고 있다는 증거이다. 이처럼 헬리콥터의 테일 로터(tail rotor) 수직꼬리날개 러더(rudder)는 균형 회전날개로서 어디로 비행을 하던 중심(中心=가운데 마음)을 잡게 해주는 균형타이다.

이렇게 기체가 균형을 잡고 있는 한 하늘을 날고 있는 비행기는 안정된 균형으로 비행이 가능하다. 사람은 균형을 잡고 있는 한 평행봉 위에서 떨어지지 않는다. 균형을 잡고 있는 한 외줄 타기 위에서도 걸을 수 있다. 균형을 잡고 있는 한 팽이는 쓰러지지 않고 지속해서 돌아간다. 균형을 잡은 자전거는 멀리멀리 지속해서 전진해갈 수가 있다. 멀리 가려면 반드시 균형을 잡고 페달을 밟아야 멀리 갈 수 있다. 그것은 오래오래 주행을 위한 필수적 조건이다. 우리의 인생에 있어서도 삶의 안정된 균형이 필요하고 그런 상태에서 우린 삶의 기쁨과 행복을 느끼며 미래를 향해 희망을 품고 살아갈 수 있다.

정부는 삼권 분립을 통해 국가발전의 운용과 번영을 꾀할 수 있다. 그것은 국가 운용체제의 중심을 잡고 있기 때문이다. 기업은 영역별 업무분장을 통해 기업경영의 체제와 운영의 중심을 이루고 있다. 이럴 때에 업무의 기능적 역할과 중심이 깨지면 업무분장의 경계가 무너지게 되고 유기적인 영역별 업무의 질서를 넘어서 소위 말하는 구성원 간에 월권이 횡행하게 되므로 매우 무질서한 경영체제의 혼란을 유발하게 된다. 따라서 기업은 경영전체의 효율을 저해하는 고비용 저효율의 결과를 만들어 적자경영을 가져오게 된다.

따라서 업무의 효율은 떨어지고 배타적이며, 피동적이며, 구성원 간에 불신이 증폭되고 커뮤니케이션의 단절로 인한 경영활동에 동맥경화가 발생하게 된다. 그렇듯이 경영체제에 동맥경화가 발생하지 않으려면 조직에 중심을 잡고 부서 간 균형을 이루도록 CEO는 인사관리에서부터 합리적이고 세심한 배려로 조직을 관리할 책임이 있다. 즉 어떤 조직이든 균형이 깨지면 조직은 무너진다. 반면에 '조화와 균형'을 이루고 있으면 경쟁력이 강화되고 아무리 험난한 파도가 밀려와도 항해를 지속할 수가 있다.

균형은 질서의 시작과 끝의 출발점이다.

세상의 모든 것은 나름대로의 질서와 규칙 속에서 작용하고 있고 또 존재하고 있다. 그 질서란 균형 잡힌 조화로움과 환경 속에서 때맞추어 피어나는 아름다운 꽃들이다. 그 꽃에서 안정된 기쁨의 향기가 피어날 수 있다. 그리고 그 꽃은 또 다른 열매를 맺게 하고 그 열매는 또 다른 생명의 출발점이 된다. 그 생명의 탄생에서 질서에 대한 시작과 끝이 이루어지고 그 질서는 또 다른 질서를 창조하고 싹트게 한다. 따라서 질서는 相生의 작용을 연출하는 공간이다. 예컨대 드라마나 영화 속의 배우들이 연기를 하는 무대이며 공간이라고 할 수 있다. 멋진 하모니의 오케스트라 연주를 위해서는 그 중심에 지휘자가 있고 지휘자는 음률의 하모니를 이끌어내게 되는데 그 아름다운 음률의 하모니가 균형과 조화의 중심을 잡고 있기 때문이다.

중용 제1장 끝부분에 나오는 말씀이다. 치중화, 천지위언, 만물육언!(致中和, 天地位焉, 萬物育焉!)이라 했다. 이는 '중화(中和)에 이르는 것은 천지음양이 작용하여 만물을 생육케 하는 것이라.' 는 말씀이다. 천지간에 음양이 균형과 질서를 이루고 있다는 것은 시작과 끝의 영속성이다. 이것은 마치 대자연의 오케스트라 향연이 끊임없이 지속적으로 이루어지고 있음과 같다.

이것은 중용 제26장의 말씀이다. "그런 까닭에 지성(至誠)은 쉼이 없고, 쉼이 없으므로 곧 영원하며, 영원함은 곧 징험한데, 징험은 곧 멀리 계속되고, 멀리 계속되니 곧 넓게 도타워지고, 넓게 두터워지니 곧 높고 밝다. 넓고 두터우므로 만물을 실을 수 있고, 높고 밝음으로 만물을 덮을 수 있고, 영원하므로 그런 까닭에 만물을 생성한다. 넓고 두터움은 땅이고, 높고 밝음은 하늘이며, 유구함은 무한한 시간이다. 이와 같음은 드러내려 하지 않아도 저절로 밝게 보임이고, 움직이지 않아도 절로 변화되며, 하려함이 없어도 절로 이루어짐이다. 천지의 도(道)는 한 마디로 말한다면, 그 물(物)이 둘이 아니며, 곧 그 물의 만유생성은 측량이 안 된다. 천지의 도(道)는 넓고, 두텁고, 높고, 밝고, 멀고, 오랜 것이다."

"이제 저 하늘을 보면, 빛들이 얼마나 많이 빛나고 있나, 그 무한대에 이르러서는 해·달·별·은하수들이 주렁주렁 매달려 있고,

그 성체들로 이루어진 공간으로 만 물을 덮고 있다. 이제 저 대지를 보면, 한 줌의 흙이 모여 한 없이 넓고 두텁게 형성되었고, 오악(五嶽)을 싣고도 무겁다 하지 않고, 하해와 같은 강이 흘러가도 새어나감이 없으며, 만물은 대지가 편안키만 하다. 이제 저 산을 보면, 한주먹만한 돌들이 많이 모여서, 그 광대함에 이르고 있는데, 초목이 자라고, 금수들이 살며, 금은보화가 매장되어 있다. 이제 저 물을 보면, 한 움큼의 물이 많이 모여 그 헤아릴 수 없게 되었고, 거기에는 거북, 교룡, 어별들이 살아가고 있는데, 풍부한 먹을 거리가 되어 있다." 이것은 중용 제26장 전문[6] 의 해석이다.

이 말씀은 우주와 천지대자연의 경이로움과 질서를 설명한 내용이다. 그 조화로움의 균형과 질서 속에서 또 다른 생명의 시작과 출발

---

6) 중용 제26장 전문

故至誠無息, 不息則久, 久則徵, 徵則悠遠, 悠遠則博厚, 博厚則高明.
博厚所以載物也, 高明所以覆物也, 悠久所以成物也. 博厚配地, 高明配天,
　悠久無疆. 如此者不見而章, 不動而變, 無爲而成, 天地之道, 可一言而盡也.
　其爲物不貳, 則其生物不測. 天地之道, 博也, 厚也, 高也, 明也, 悠也, 久也.
今夫天, 斯昭昭之多, 及其無窮也, 日月星辰繫焉, 萬物覆焉. 今夫地, 一撮土之多,
及其廣厚, 載華嶽而不重, 振河海而不洩, 萬物載焉. 今夫山, 一卷石之多,
　及其廣大, 草木生之, 禽獸居之, 寶藏興焉. 今夫水, 一勺之多, 及其不測,
　黿鼉蛟龍魚鱉生焉, 貨財殖焉.
詩云 維天之命, 於穆不已. 蓋曰, 天之所以爲天也. 於乎不顯, 文王之德之純.
　蓋曰 文王之所以爲文也, 純亦不已.

고지성무식, 불식즉구, 구즉징, 징즉유원, 유원즉박후, 박후즉고명.
박후소이재물야, 고명소이복물야, 유구소이성물야. 박후배지, 고명배천,
　유구무강. 여차자불현이장, 부동이변, 무위이성, 천지지도, 가일언이진야.
　기위물불이, 즉기생물불측. 천지지도, 박야, 후야, 고야, 명야, 유야, 구야.
금부천, 사소소지다, 급기무궁야, 일월성신계언, 만물복언. 금부지, 일촬토지다,
급기광후, 재화악이부중, 진하해이불설, 만물재언. 금부산, 일권석지다,
　급기광대, 초목생지, 금수거지, 보장흥언. 금부수, 일작지다, 급기불측,
　원타교룡어별생언, 화재식언.
시운 유천지명, 어목불이. 개왈, 천지소이위천야. 어호불현, 문왕지덕지순.
　개왈 문왕지소이위문야, 순역불이.

점이 영속적으로 이루어지고 있음을 설명하신 말씀이다.

시경에 이르기를 "하늘의 운행이 영원하고, 만물에게 주는 명(命)도 그침이 없네. 이것이 하늘이 하늘 된 바이다. 오호라, 저리도 밝게 빛나고 있는데, 그것은 문왕의 성덕(聖德)과 순수함이다. 이것이 문왕을 문(文)이라 칭송하는 까닭이니, 하늘의 명(命)이 영원하듯이 이 또한 하염없다."라고 만유생성의 우주론과 영원성을 찬탄한 글이다.

다음은 중용 제30장[7] 의 해석이다. "위로는 하늘의 운행법칙에 순응하고, 아래로는 수 · 토(水 · 土)의 품성을 본받고 따랐다. 비유컨대 천지처럼 실리지 않은 것은 없고, 덮이지 않은 것도 없다. 비유컨대 사계처럼 번갈아 운행하고, 해와 달이 교대로 빛을 발하는 것과 같은 것들이다. 만물은 함께 화육되지만 서로를 방해하지 않고, 도가 함께 실행되지만 서로 어긋남이 없다." 이것이 우주 자연계의 흔들림 없는 질서와 균형이다. 인간의 삶에서 균형은 '질서의 시작과 끝'의 또 하나의 출발점이기도하다.

정부는 우리 한국이 세계의 무대에서 어떻게 우리의 중심을 잡아갈 것인가를 고민 중이다. 그런 환경과 배경의 질서 속에서 동북아의 중심 국가를 자처하고 그 역할을 통해 세계 속에서 한국의 위상과 확고한 자리 매김을 하려는 것이다. 그러나 그것은 주변 강국들

---

7) 중용 제30장-

上律天時, 下襲水土.

辟如天地之無不持載, 無不覆幬. 辟如四時之錯行, 如日月之代明.

萬物竝育而不相害, 道竝行而不相悖.

상률천시, 하습수토.

벽여천지지무부지재, 무불복도. 피여사시지착행, 여일월지대명.

만물병육이불상해, 도병행이불상패.

의 배려와 호응이 없이는 불가능하다. 한국이 처한 환경과 여건은 그리 쉬운 것이 아니라고 전문가나 식자들은 우려한다.

그러나 세계의 무대에서 그 질서를 수호하고 주변국과의 관계를 개선하고 세련된 외교의 중심축을 적시적합의 위치에 이동시키고 그 중심의 질서를 통해 그들의 호응과 배려를 이끌어낸다면 전혀 불가능한 것은 아니라고 생각된다. 그러므로 균형 있는 국가로서 중심의 위치에 한 발작 더 접근할 수 있다고 본다. 따라서 중심국가의 위상을 보이려면 한국이 좀 더 균형 잡힌 정치외교나 국가경제를 먼저 이룩하여야 한다.

균형은 과학이며 철학이다.

균형은 과학이다. 과학은 추상적이거나 관념적이지 않다. 균형은 매우 과학적이고 논리적인 개념이다. 팽이가 중심을 잡고 돌아가는 것은 회전 관성의 법칙에 의해서 균형을 잡고 있기 때문이다. 그것은 원심력 때문이다. 자전거가 쓰러지지 않고 앞으로 전진 하는 것도 좌우의 균형을 잡는 핸들이 방향타의 역할을 하기 때문이다. 이처럼 자전거는 핸들의 움직임으로 균형을 잡는다. 이것도 원심력을 이용한 것으로서 쓰러지려는 방향으로 핸들을 돌리면 반대방향으로 균형을 잡게 되기 때문이다.

괘종시계의 추가 일정하게 좌우 영속적으로 움직이는 것도 장력과 무게의 균형 때문이다. 아이들 놀이터에 시소도 좌우 무게중심의 균형을 이용한 놀이기구이다. 바다에 배도, 하늘의 비행기도 모두 균형을 잡고 있기 때문에 추락하거나 침몰하지 않는다.

자연의 현상도 과학이다. 과학의 원리에 의해서 자연의 현상이 '미발의 상태'에서 중화(中和)[8]의 과정과 작용을 통해 균형을 이루게 된다. 중화란? 바로 이런 것이다. '숲속에 바람이 일어 자연의 숨결과 맥박이 뛰고, 싱그러운 잎을 돋게 하고, 아름다운 형형색색의 꽃을 피우고, 향기를 피워내는 관계의 작용'이다.

이처럼 중화는 중(中)의 본질을 갖고 있는 물이 자연스럽게 계곡을 따라 흘러가는 현상이다. 물은 낮은 곳을 향해 흐른다. 지형에 따라 모양이 넓어지기도 하고 좁아지기도 한다. 굽은 곳은 굽어 흐르고 곧은 곳은 곧게 흐른다. 막힘이 있으면 때를 기다릴 줄 아는 인내가 있다. 그런 과정과 작용을 통해서 결국은 강(江)의 모습으로, 바다의 모습으로 변화한다.

중화는 끝없이 변화하는 현상이고 모습이다. 중화는 흐르는 물처럼 환경과 작용의 변동 속에서 가장 안정된 균형과 중심의 축(軸)을 이동시켜서 최적의 환경을 찾아가는 경지이다. 그런 의미에서 볼 때 '중심과 균형'은 형평의 원칙과 원리를 가지고 작용하는 과학적 이론이면서도 '자연적 현상'이다. 이런 중화의 현상은 우리의 일상과 현실 속에서도 항시 공존하고 있다.

이처럼 균형은 '과학의 원리'이다. 균형은 과학적으로 내포하고 있는 수리의 함수적 관계로서 매우 수리적이고 체계적인 것이다. 때문에 현대사회에서의 중심과 균형은 '과학적 사고의 개념'으로 새롭게 인식해야 한다. 더욱 피상적 관점이나 무개념(無槪念)이나

---

8) 중화(中和)- 치중화, 천지위언, 만물육언!(致中和, 天地位焉, 萬物育焉!) 중화(中和)에 이르는 것은 천지음양이 작용하여 만물을 생육하는 것이다. 이는 중용 제1장 마지막 구절의 말씀이다.

무가치(無價値)한 것으로 이해되어서는 곤란하다.

또한 인문정신에 이해와 사고의 근본적 목적에 접근하면 인본주의와 인간중심 철학의 출발점이 되기도 한다. 따라서 균형은 사물이든, 무형이든 중심을 그 중심으로 잉태하는 언저리의 외부 작용의 상태를 의미하는 요소이다. 균형은 이렇게 무형적이지만 많은 에너지와 물리적 작용을 연출해내는 하나의 절대적 필수 요소가 된다.

이처럼 인간의 삶에 있어서도 균형을 잡는 것은 비행기가 하늘을 나는 것과 같고, 배가 바다를 항해하는 것과 같다. 그렇다면 우리의 삶에서 내가 균형을 잃고, 내 가정이 균형을 잃고, 우리사회가 균형을 잃고 있다면 나와 내 가정을 누가 지켜 주고, 우리사회를 누가 구제해 줄 것인가?

그것에 대한 해답은 제일 먼저 나의 중심을 지키고 균형을 잡는 일이다. 우리민족이 크나큰 대가를 치루고 수호한 자유민주주의가 중심과 균형을 잃고 흔들리고 있다면 그것은 누구의 책임인가? 그것은 나와 우리의 모두의 책임이다. 바로 내가 균형을 잃고, 내 가정이 균형을 잃고, 우리사회가 균형을 잃었기 때문이다. 때문에 쓰러지지 않고 무너지지 않으려면 어떠한 상황 속에서도 그 중심과 균형을 잡아야 한다.

그러나 마치 폭풍우처럼 밀어닥치는 거대 문명의 소용돌이 속에서 우리는 자칫 흔들리는 균형을 똑바로 부여잡고 앞으로 미래의 희망을 향해 힘차게 전진할 것인지? 아니면 그냥 무기력하게 소용돌이에 휘말리고 말 것인지를 심각하게 고민해야한다.

균형은 중심과 같이 0의 숫자와 동일한 의미이다.

  균형은 양쪽의 끝으로부터 가장 가운데의 꼭짓점을 형성시키는 외부적 환경과 필수 조건을 가지고 균형을 이루기 위한 작용을 하여 그 중심으로 이끌어내는 물리적 함수(두 변수 x, 또는 y간의 어떤 관계가 있어서 x의 변화에 따라 y가 일정한 법칙으로 변할 때 y를 x의 함수라고 함. 또는 함수관계라고 한다.)이다. 그것은 무형적 무실체적이지만 함수적 관계에서 최소의 제로(0) 함수를 만들어내는 이론으로 이해하여야 한다. 따라서 0(零,zero)은 스스로 수로서 값을 만들지는 못하지만 다른 수의 값을 만드는 것에는 절대적으로 기여하는 존재이다. 때문에 수라고 하지 않고 다만 공(空)과 같이 무한대와 같은 의미로 정의하기도 한다. 이렇게 균형은 조화의 작용으로 영의 위치에서 중심을 만들어 내는 이론으로서 매우 중요하게 인식되어야 한다.

  인간의 삶에는 크게 나누어서 3개 영역의 세계가 존재한다. 그것은 다름 아닌 '+의 세계'와 '-의 세계'와 '0의 세계'이다. 그것은 인류가 지향하고 있는 미래(+)의 세계와, 현재(0)의 세계와, 과거(-)의 세계가 있음과 같다. 그러나 '0의 세계'는 +의 세계와 -의 세계가 독자적으로 이룰 수 있는 세계가 아니다. 모든 세계는 '0(현재)의 세계'에서 출발한다. 0의 세계가 없는 +(미래)의 세계와 -(과거)의 세계는 존재할 수 없다. 이처럼 세상은 관계 속에서 유기적인 조화와 균형을 이룰 때에 비로소 창조될 수 있는 중심(0)의 세계이고, 이 중심의 세계가 행복을 느낄 수 있는 0(중심)의 세계가 되는 것이다.

0의 위치는 균형점이다. 0은 붓다께서 선에 들었다가 깨달음의 한 순간에 얻어진 행복의 느낌이고 행복의 세계와 같다. 그것은 몸과 마음의 균형(Balance)을 하나로 일치시켜서 이룬 0의 시점일 것이다. 그렇듯이 붓다의 중도(中道)는 유가사상의 중용(中庸)과 크게 다르지 않다. 그 맥을 같이하는 의미로서 중용(中庸)에서 중화(中和)는 균형과 조화를 이루는 '0'의 개념이라고 해야겠다. 이에 중용의 핵심은 어느 쪽으로든지 치우침이 없이 중정(中正)[9] 함인데 그 중정의 위치는 바로 0이다.

이처럼 0의 위치는 우리의 삶에서 생존의 '이고득락(離苦得樂)'을 위한 '균형 잡기'이다. 균형과 조화를 통해서 진정한 이 시대의 '행복 찾기(0의 영역, 중도, 중용)'를 성취해야 한다. 이 '행복 찾기'는 '중심 찾기(0)'를 통해서 '0, 중도, 중용'으로 '균형과 조화(인간다운 방식)'를 이루는 길이다. 이것은 나만이 아닌 다수(모두)의 행복을 추구하는 사상이고 생활실천철학이기도 하다. 이처럼 중도와 중용(0의 세계)은 동서양을 막론하고 그 궁극의 지극한 진리요, 가치이다. 이 가치가 '0의 행복'을 발견하고 소유토록 하는 중용의 마음(中庸心)은 곧 우리의 삶에 균형과 조화로움으로 빚어내는 '0의 행복(0 of happiness)'이 될 것임에 틀림이 없을 것이다.

우주법계와 대자연도 균형 속에서 존재하는 것.

어느 날 천체의 일부가 균형을 잃고 질서가 깨져 갑자기 달이 지

---

9) 중정(中正)– 어느 한쪽으로 지나치거나 모자람이 없이 곧고 올바름 상태. 또는 그런 모양.

구와 충돌하고 지구가 태양으로 끌려간다고 상상해보면 아찔하다. 지구의 종말이란 어쩌면 그런 것일 수도 있지 않을까 억지 짐작을 해보기도 한다. 하지만 그런 일은 없다. 그렇다면 그야말로 천지간 종말의 비극이 연출되는 순간일 것이다. 절대로 그런 일이 일어나서는 안 될 일이다. 그렇다면 이 엄청난 재앙을 막고 그러한 일들이 일어나지 않도록 해주는 것은 무엇인가? 그것은 두말할 나위 없이 이 '균형'을 잡고 있는 우주천체들의 덕분이 아닌가 생각한다.

우주는 지금으로부터 137억 년 전 '빅뱅(big bang)'이라는 우주 대폭발에서 시작됐다. 그 때부터 시간이 흐르면서 우리가 살고 있는 지구와 세상에 생명들이 만들어지기 시작했다. 모든 물체들 사이엔 밀고 끌어당기는 힘의 작용이 있고 이 힘을 만유인력(萬有引力)이라고 한다. 지구상의 모든 물체가 지구 중심 쪽으로 끌어당겨지고 있는 것은, 지구와 물체들 사이에 만유인력이 작용하고 있기 때문이다.

만유인력의 크기는 물체의 질량이 클수록, 두 물체 사이의 거리가 가까울수록 커진다. 지구나 달과 같은 천체들의 질량은 엄청나게 커서 만유인력의 크기 또한 대단하다. 달이 지구의 둘레를 돌고, 행성들이 태양의 둘레를 도는 것도 천체들 사이에 만유인력이 작용하고 있기 때문이다. 별이 일정한 크기를 유지할 수 있는 것은 별을 안으로 끌어당기는 힘(중력)과 빛을 내는 에너지가 균형을 이루고 있기 때문이라고 한다.

이처럼 질량이 있는 물질은 서로 끌어당기는 힘, 즉 중력(重力)을 갖고 있어서다. 아인슈타인은 1917년 천체 간의 중력에 맞서 천체들을 밀어내는 힘인 척력(斥力)이 작용하고 있어서 상호 힘의 균형을 이룬다고 주장했다. 우리가 지금까지 이해하고 있는 우주란 한 마디로 '정태적(靜態的)'[10] 인 배열과 균형을 이루고 있는 가운데 존재하는 천체를 말한다. 그러나 이와 반대로 '동태적'인 균형과 대칭으로 존재하는 새로운 천체도 있다고 한다. 이들 모두가 동태적 상황에 대칭적인 균형의 힘으로서 우주가 계속해서 그 역작용으로 만유인력이 작용하고 있다는 논리이다. 우주는 빛, 우주팽창력, 만유인력 이 세 가지 힘의 균형과 조화 속에서 그 중심을 잡고 영속성이 유지되고 지속적으로 운행되고 있다.

중용 제30장의 '상률천시, 하습수토(上律天時, 下襲水土)'[11] 의 말씀은 우주 법계와 대자연도 균형을 유지하고 인간의 삶에도 질서와 균형을 강조한 말씀으로 우주 자연의 이치와 섭리를 설명하고 계시다.

그렇듯 천체간의 달과 별들이 일정한 질서가 영속적으로 유지되고 운행되고 있는 것은 과학적으로 설명하면 그것은 우주 천체 만유인력과 중력이 존재하고 있기 때문이고 조화롭게 '중심과 균형'을 잡고 있기 때문이다. 그 중에서도 태양이 가지고 있는 힘과 에너지는 대단하다. 이미 우리가 알고 있듯이 그 어떤 천체도 태양과 대적할 수는 없는 것 같다. 그러나 그 태양의 힘이 더 없이 강하다고 해서 주변 천체들을 마구잡이로 끌어 댕기고 녹여버린다면 우주의 질서는 어떻게 되겠는가. 하지만 다행히도 태양은 적절한 힘의 '균형과 조화'로서 그 중심을 잡고 우주 천체를 밤낮으로 관장하고

---

10) 정태적(靜態的)- 움직이지 않고 가만히 있는 상태의 것.

11) 仲尼祖述堯舜, 憲章文武. 上律天時, 下襲水土. 공자께서는 요임금과 순임금을 본받으며, 문왕과 무왕이 세운 법도를 지켰다. 위로는 하늘의 운행법칙에 순응하고, 아래로는 수ㆍ토(水ㆍ土)의 품성을 본받고 따랐다.

있다.

그 덕분에 자연의 하나인 우리 인간들도 지구상에서 이렇게 나름 행복하게 살 수 있는 것이 아닌가 생각이 된다. 하지만 천체간의 달과 별들이 일정한 질서가 영속적으로 유지되고 운행되고 있는 것은 오로지 신의 뜻이라고 믿고 싶다. 이것은 어디까지나 종교적 관점 또는 신념과는 무관한 나의 과학적 사고와 학술적 견해이며 나아가 궁극적인 관점에서 보면 만물을 창조하신 조물주의 섭리와 영역 가운데서 보호되고 이루어지는 것이라고 믿고 싶다. 또한 중용의 말씀이 경천사상이고 천지의 도리 안에 있기 때문이다.

최고의 아름다움은 균형을 잃지 않았을 때이다.

우리는 균형 잡힌 얼굴 또는 몸매를 멋지다, 아름답다고 생각한다. 균형 잡힌 사물을 보고 조화롭고 아름답다고 한다. 이렇게 균형 있는 사물의 이미지는 매우 긍정적이다. 아름답고, 안정적이고, 짜임새 있고, 편안하고, 편중되지 않고, 조화롭다. 이렇듯 균형은 사물의 형태 및 작용에 까지 절대적이고 밀접한 영향의 관계 속에 있다. 이러한 것들이 균형 잡힌 구조와 작용에 의해 조성 된 미적가치이다.

벽에 걸릴 액자가 아무데나 걸려 있다고 생각해보자. 또 테이블이나 선반에 올린 화분의 위치가 적재적소에 놓여 있는지를 한번 생각해보자. 액자는 액자의 담긴 작품의 아름다움다움을 감상하기 위해서다. 그 아름다움을 더욱 아름답고 돋보이게 하기 위해서는 공간의 미와 작품의 미가 일체를 이루어야 한다. 그 액자가 아무위치에나 있어가지고서는 절대 미적 아름다움을 창출하기가 어렵다. 그렇게 언밸런스인 상태에 놓여 있다면 그 액자의 위치를 상하좌우 여백을 두고 이동해보면 가장 균형이 잘 잡이고 잘 어울리는 위치가 있게 마련이다.

그럼으로써 여백의 미를 포함해 액자의 그림이 더욱 아름답고 멋지게 느껴질 것이다. 그렇다면 그 위치가 그 공간에서의 가장 아름다운의 미적가치를 지닌 이상인 '중심적 위치'가 된다. 다음 꽃병이나 화분의 위치도 마찬가지다. 아름다운 꽃이 우아하고 멋진 화병에 담겨 알맞은 곳에 놓여 있다면 그 꽃은 더욱 아름답고 더욱 빛날 것이다. 그러나 만일 아무데나 놓여 있다면 꽃을 감상하기 보다는 오히려 거치적거리고 산만한 느낌으로 불편함을 느끼게 될 것이다.

이처럼 모든 실내 장식물이나 디자인 등이 적재적소에 있지 못하면 아름다움의 균형은 깨지고 부조화의 부자연스러움과 산만한 느낌만 생기게 마련이다. 또한 큰 것과 작은 것에 조화를 이룰 수 있는 것은 '크기의 중심보기'이다. 평면적 사물이 아니라 입체적 사물일 경우에도 공간적 조건에 딱 맞는 크고 작음의 선택으로서 사물의 위치와 공간적 배경이 '균형 잡힌 조화'[12]를 이루고 있다면 바로 그 공간이 중심이 잡힌 미적 공간의 위치라고 할 수 있다.

그것은 공간배치의 기술적 감각으로 미적 중심을 찾아내는 내면

---

12) 균형과 조화(均衡과 調和)- 균형이란 어느 한쪽으로 기울거나 치우치지 아니하고 고른 상태이다. 그것은 순수한 동심을 태우고 오르내리는 시소와도 같다. 그것은 저울대가 가장 알맞은 상태에 놓여 있을 때의 평일(平一)한 상태이다. 우주의 가장 건전한 운행은 형평이요, 가장 충실한 생성은 조화이다. 김충열,「김충열교수의 중용대학강의」, 예문서원, 2007, pp.107, 112 참고인용.

에 '중심보기'이다. 이처럼 인간의 삶에서 예술성을 지향하지 않는 것은 거의 없다. 그러므로 모든 분야에서 예술의 미적 가치가 적용되고 추구되는 것이다.

인간의 관계도 균형으로 조화롭게 해야 한다.

조화(調和)란? 돌지 않는 것을 돌게 하는 원동력이다. 어두운 곳에서 밝음을 보게 하는 빛이다. 울림이 없는 공간에서 울림을 만들어내는 공명의 소리이다. 우리의 삶 속에서 공통의 분모를 만들어내는 삶의 방식이다. 불협화음에서 합리적 타협을 이루기 위한 배려와 양보의 포용적 가치이다. 관계의 하모니를 이루기 위해 한발 한발 다가가는 신뢰의 발걸음이다. 어울림이 부족한 것들을 위해 채워가는 넉넉함이다.

이처럼 어떤 단체나 집단의 구성원 개개인이 균형 잡힌 사고와 정신으로 무장되고 그 구성원의 집단이 균형 잡힌 의식으로 풍부한 소양과 자질을 갖추었다면 어떤 고난과 풍파도 극복할 수 있는 강한 조직이다. 우리가 일하는 직장의 구성원이 그렇다면 더욱 단결된 모습으로 더 큰 경영의 목적을 달성할 수 있고 우리의 일터를 더욱 빛나게 할 수 있을 것이란 생각이다.

따라서 사람들과의 관계도 균형과 조화를 이루려면 개개인 스스로가 자신의 '중심보기'와 '중심 지키기'가 먼저 선행되어야 관계와 관계 속의 조화를 이룰 수 있다. 그러나 현대사회의 인간관계는 어떠한가? 21세기는 하이테크(High Tech) 문명의 시대이다. 치열한 생존경쟁이 이루어지고 있는 전쟁터에 들어가서 실력 대 실력으로 우열에 전면전을 치루고 심판을 받아야하는 상황이다. 그렇게 해서 줄서기가 만들어지고 등수 내지는 등급이 정해진다. 바로 이것이 현재 하이테크 문명시대를 살아가는 현대인들이 직면한 자화상이다.

또한 이 시대를 사는 사람들의 삶에 방식이 매우 복잡함으로 사람과 사람들의 관계도 매우 복잡하다. 국가를 운영하는 체계와 시스템도 복잡하고 그것을 관리하고 감독하는 방법도 나날이 발전하고 매우 복잡하게 돌아가고 있다. 그런 까닭에 이 복잡한 사회에서 잘 살아남으려면 남보다 여간 똑똑하고 영리하지 않으면 안 된다. 때문에 그에 대한 자질과 능력을 키워야 하고 모두가 뛰어난 엘리트가 되지 않으면 안 된다.

실력이 있든 없든 무조건 대학은 나와야 하고 그런 자격을 내세워 어떤 분야에서든지 일등이 되어야만 살아남을 수 있다고 믿고 그 목표와 목적을 위해 치열한 자갈밭 피투성이 경쟁을 해야 하는 상황인 것이다. 그러나 그렇다고 모든 사람들이 다 일등이 될 수는 없다. 그래서 정정당당하게 일등이 될 수 없는 사람들은 온갖 편법을 동원하게 된다. 그 편법은 편법에 또 다른 편법으로 생존경쟁의 위기를 모면하고 성공의 국면전환을 위해 수단과 방법을 가리지 않으려 한다. 스스로 기회주의자가 되어야 한다. 이것은 죽기 아니면 살기의 몸부림이다. 즉 일등이 되고 성공이란 목적을 달성하기 위해서는 인격이나 양심에 수반하는 행동이 아니다. 우린 수단과 방법이 따로 없는 승자독식의 정글사회에서 살고 있다. 이것이 이 시대를 사는 현대인들의 어쩔 수 없는 자화상이다.

데일 카네기의 '인간관계론'은 저자의 대표적 저서이다. 데일 카네기(Dale Breckenridge Carnegie, 1888년~1955년)는 미국의 유명 작가이면서 인기강사이다. 1912년 YMCA에서 성인을 대상으로 대화 및 연설 기술을 강연하면서 이름이 크게 알려졌다. 선풍적인 인기와 더불어 카네기연구소가 설립되고 인간경영과 자기계발강좌를 개설했다. 국내에도 많은 출판사들이 이 같은 인간관계론에 대한 유사 자기계발서들을 많이 출간했다. 그리고 현대인들에게 성공하는 비결의 필수 지침서가 되고 있다. 때문에 성공을 꿈꾸는 욕망의 소유자들에게 항상 관심의 대상이 되고 있다. 데일 카네기는 성공적인 인간관계와 인간경영 리더십을 주창한 선구자이다. 문명시대의 현대인들에게 진정한 멘토(Mentor)로서 그 방향성을 나름대로 제시하고 있다.

그러나 한 가지 아쉬운 것은 그 이론의 바탕엔 드러내지 않은 부정적 이론의 실체가 들어있다. 그 이론만으로 인간관계의 모든 문제가 다 해결될 수는 없다. 그 무엇보다도 간과하고 있는 아쉬움은 인간의 관계와 정체성을 규격화하고 획일화하는 오류를 범하고 있다. 사람됨에 가치가 무슨 상품처럼 규격화하고 획일화할 수 있는 문제인가? 그것은 마치 잘생긴 나무가 쓸모와 효용적 가치가 크다고 해서 온 산에 잘생기고 쓸모 있는 나무들로만 전부 채우려는 것과 같은 이론이다.

모든 산에는 잘생긴 나무와 못생긴 나무 구분 없이 존재한다. 못생겼다 해서 밀어내는 나무도 산도 없다. 산이 아름다운 것은 잘생긴 나무와 못생긴 나무가 조화롭게 균형을 이루고 있기 때문에 더욱 아름답다. 이처럼 우리사회도 잘난 사람, 못난 사람 구분 없이 함께 조화롭고 균형 잡힌 사회를 이루는 것이 인류미래사회의 궁극적 목표이고 참다운 가치일 것이다.

때문에 어떤 경우라도 사람됨에 가치를 문명의 기술이나 생존의 방편으로서 훼손되어서는 안 된다. 그러나 그 내용을 요약해보면 인간관계의 표면에서 긍정의 면만 부각되고 이면의 관찰된 부정적인 면은 언급하지 않고 있음으로 실제의 인간관계에서 심리적 부담은 더욱 크고 불확실해졌다. 따라서 인간관계의 불신은 여전히 해소되지 않고 있고 오히려 불신만 증폭되고 있다. 현대의 문명사회가 눈부시게 빛나고 있음에도 사람과 사람의 관계는 전혀 신뢰 조성이 되지 않고 있음을 알 수 있다. 오히려 관계의 불균형으로 인한 사회적 불안은 더욱 심화되고 있다.

인간관계론에서 보여주고 있는 이론을 나름대로 정리해보면 그 이론의 핵심은 첫째는 우호적인 사람이 되라. 둘째는 열렬한 협력을 얻어내라. 셋째는 리더가 되라. 넷째는 감동(탁월한 커뮤니케이션)을 주어야 된다.[13] 라는 것을 강조하고 있다. 이렇듯 성공을 위해서는 모두가 필요한 조건이고 나름에 필수적 원칙을 제시한 것이긴 하다. 그러나 이것들은 모두가 성공을 위해 전재 된 조건이고 원칙일 뿐이다. 자신의 성공을 위해서 성공적인 인간관계의 조성이 필요하고 성공적인 조건과 분위기가 조성되면 그 때에 그 관계의 중심적 리더가 되어 자신이 설정한 그 목표를 이루어 나간다고 하는 것이 카네기 '인간관계론'의 핵심4단계이다. 이런 인간관계의 배경 속에서 모든 사람의 성공이 만들어지고 행복이 만들어진다고 우린 믿고 착각하고 있다.

때문에 사람들은 성공적인 인간관계를 위해 끝없는 생존의 투쟁

---

13) 데일 카네기,「카네기 인간관계론」, 씨앗을 뿌리는 사람, 2004, p, 6 참고인용.

을 해야 하고 최후의 승리를 쟁취하기 위해서 내가 가지고 있는 모든 수단과 방법을 가리지 않고 걸어야 한다. 그러나 이런 '인간관계론'의 전체를 보면 개인의 성공과 승리만을 말할 뿐 우리 모두의 성공과 승리를 위한 목적은 간과하고 있다. 단 내 자신의 성공을 위해서 '내가 어떻게, 어떤 방법으로, 어떻게 처신해야 한다.' 라고 하는 것에 대한 조언이고 방향제시이다. 따지고 보면 개인의 성공과 행복만을 위한 목적과 방법만이 강조되고 있다.

그렇다고 또한 우리 모두가 성공할 수 있는 것도 절대 아니다. 그런데 마치 우리 모두가 성공할 수 있는 것처럼 우릴 믿게 한다. 그러나 그 이론에 충실하여 성공을 이룬 사람들이 얼마나 될까? 아주 특별한 사람들도 간혹은 있다. 그러나 대부분 성공하지 못하고 그런 사람들은 결국 본인의 무능 탓으로 귀결되고 인생의 낙오자가 되고 만다. 다시 말해서 성공엔 아무리 노력하고 카네기의 이론에 충실했어도 꼭 성공할 수 있는 사람은 따로 있고 극소수의 불과할 뿐이다. 결국 성공할 수 있는 특별한 사람만 성공하고 대다수의 사람들은 성공하지 못한다고 하는 사실을 말하지 않고 있다.

다시 말해 성공하지 못 할 사람에게는 헛된 성공의 꿈을 꾸게 해서는 안 된다. 그럼에도 마치 모두가 성공할 것 같이 인간관계론이 성공의 상품으로 포장되어 있다. 우리사회에서 성공하는 문제가 어찌 개인의 노력만으로 가능하고 보장되는 일인가? 그렇지 않다. 그럼에도 카네기의 인간관계론에서는 이런 것을 절대 말하지 않고 있다. 이제는 그것을 알아야 한다. 그래야 헛된 꿈을 꾸지 않고 분수에 알맞게 시간낭비 없이 각자의 위치에서 각자의 삶을 위해 성실하게 노력하여 살아갈 수 있다.

이 같은 '인간관계론'과 '성공학'에서는 우리 모두와 우리의 사회가 성공하고 행복할 수 있는 가치부여는 전혀 언급되지 않고 있다. 개인의 성공에만 집중되고 치중함으로써 더불어 함께의 정신을 간과하고 있는 점이 매우 아쉽다. 이 세상은 나만 성공하면 되는 세상은 아니다. 익히 우리 모두가 알고 있듯이 우리는 함께 더불어 행복해야 하는 것이고 그런 세상과 그런 미래의 비전을 만들어가는 것이 미래의 궁극적 목표이기도하다.

내가 성공하는 것도 사회적, 국가적 이유에 정당성과 당위성이 충분히 있을 법하다. 그러나 현대사회에서의 성공은 개인의 영달에 목적이 있음 같은 인식과 분위기가 지배적이다. 물론 내가 먼저 성공하고 행복해야겠다는 그 당위성에 대해 그 누구도 이론이나 그 자체를 부정할 사람은 없을 것이다. 그러나 내가 성공하려는 과정에서 내가 아닌 그 누군가의 성공을 방해하고 지장을 주었다고 하는 것은 결코 옳지 않다. 그것이 고의성이거나 악의적 의도에서 어떤 힘이 작용했다면 그것 또한 정의와 공정에 위배되는 반칙이다. 우리사회의 공정을 병들게 하는 병폐이다.

그러나 오늘날 우리의 현실은 어떤가? 내가 너보다 조금 먼저 성공해야겠다가 아니라 내가 성공하기 위해선 네가 죽어줘야 한다가 더 정확한 표현일 것 같다. 또는 내가 이익을 거둘 만큼 네가 손해를 봐야겠다가 더 정확이 맞는 표현 같다. 그러다보니 손해 보지 않고, 죽지 않기 위해선 상대를 반드시 이겨야하는 숙명적 결투의 관계일 뿐이다. 이기는 것으로도 부족하여 다시 도전을 못하도록 완전히 죽여야 한다고 가르치고 정당화하는 것이 오늘날 이 찬란한 문명시대를 사는 지성인들의 현실적 자화상이다. 이와 같은 것이

데일 카네기의 인간관계론에서 간과하고 있는 성공학의 이론이다. 이 같은 자기계발서가 현대인들의 성공비결에 지침서가 되고 있다는 것은 우리의 인문정신을 더욱 피폐하게 만들고 우리의 미래 행복을 위협하는 약육강식의 이론이며 정글의 법칙에 따른 이론이 될 뿐이다.

조정래 선생의 소설「정글만리」에서도 보았듯이 앞으로 피 튀기는 약육강식의 세상에서 두렵게 살 것인가 아니면 인간스럽게 살 것인가에 대한 그 방향을 우린 이제 결정해야한다. 문론 소설의 전개와 내용은 중국을 배경으로 하고 있다. 하지만 이 소설의 내용을 압축시켜 결론을 내리면 이것은 현대문명사회어디에서나 상상을 초월하여 벌어질 수 있는 현실적 내용을 토대로 소설화 된 것이다. 결론은 살아남기 위해서는 문명의 정글 속에서 오로지 정글의 법칙으로 적응하며 살아야한다는 메시지이다. 이런 법칙에 두렵지 않은 사람들은 누구일까? 그것은 바로 정글의 법칙을 운용하고 이끄는 주체들로 그들은 슈퍼클래스(Superclass)[14] 나 플루토크라트(Plutocrat)[15] 들과 그 외 지구 전체인구 상위 5% 안에 들어 있는

---

14) 슈퍼클래스(super class)- 그들은 바로 인류가 창조해낸 이른바 문명의 신 '슈퍼클래스(super class)'이다. 그들은 지구상에 존재하는 최상위 계급으로서 60억 인구 중 6000명 정도의 글로벌 엘리트 집단을 일컫는 말이다. 우리는 6000명에 '슈퍼클래스'가 그 어떤 결정을 내리면 60억에 삶들은 좋든 싫든 그들의 결정에 따라 세상을 살아야 한다. 이 '슈퍼클래스'는 국내외의 권력들과 대중적 영향력을 기반으로 보이지 않는 곳에서 국경과 국적을 넘나들며 같은 부류의 사람들끼리 네트워크를 형성하고 세계적 규모로 자신들의 권력과 이익을 무차별적으로 확대해 나간다. 이러한 '슈퍼클래스'의 중심엔 국가권력을 능가하는 막강한 민간권력이 자리하고 있다.

15) 플루토크라트(Plutocrat)- 플루토크라토는 그리스어로 부를 뜻하는 플루토스(Plutos)와 권력을 뜻하는 크라토스(Kratos)의 합성어로 부와 권력을 함께 가진 부유층을 뜻한다. 따라서 어느 나라든 상위 0.1%에 해당하는 계층이다.

강자들뿐이다.

이런 사회의 시스템 속에서 민주주의와 자본주의를 전면에 표방하며 인간관계의 비현실적 삶을 마치 정당화하고 미화시키는 문명예찬론주의자들과 탐욕주의자들은 자신들의 모습을 바로 보려 하지 않고 있다. 물론 인류의 역사와 문명창달에 자본주의가 기여한 공로를 모르는 사람은 없다. 그러나 현대를 사는 이 시대의 문명인들은 절대 잊어서는 안 된다. 그러나 문명창달에 기여한 공로가 있다 해서 과도한 탐욕과 인문정신에 반하는 이론이 정당화 될 수는 없다. 그것은 문명창달 그 자체가 문제가 아니다. 그것을 이루는 과정에서 바로 위에 언급된 정글의 법칙을 운영하고 이끄는 주체들과 그 동조세력들이 문제이다. 그것은 그들만의 권력과 풍요, 행복추구로만 끝나지 않기 때문이다. 전체 인류의 행복을 걱정하지 않는 반도덕적사상과 이즘에 정신들은 그 어떤 이유로도 명분이 미화될 수 없다.

이런 관점에서 중용에서 중시하는 '인간관계'를 비추어보면 그 목적과 개념이 완전히 다르다. 유가에서 문명창달의 세계를 열어가고 건설하는데 바라는 필요한 조건 중 핵심은 인륜조직[16] 이다. 즉 다시 말해 이것은 인간관계의 모든 근본적 질서규범이다. 이것이 유가정치 윤리학의 기조를 이루고 있는 바탕이다.『논어』에 보면 공자가 말한 육언(六言), 육폐(六蔽)가 있다. 이때의 육언(六言)이 바로 육덕(六德)[17] 이다. 육덕은 성(聖), 지(智), 인(仁), 의(義), 충(忠), 신

---

16) 인륜조직- 김충열, 김충열 교수의 중용대학강의, 예문서원, 2007, p, 59 참고 인용.

17) 육덕(六德)- 성(聖)은 부덕(父德)이다. 태어난 생명을 기르고 가르쳐서 사람이 되게 하는 자를 부(父)라 한다. 지(智)는 부덕(夫德)이다. 할 수 있는 것을 알고,

(信)이다.

육직에는 사람을 거느리는 자와 따르는 자, 사람을 부리는 자와 부림을 받는 자, 사람을 가르치는 자와 가르침을 받는 자로 나누어져 균형과 조화를 이루고 있다. 결국 이것이 사람과 사람의 관계를 합리적으로 규정하고 있다. 이런 인간관계를 통해서 사회전체의 통합과 조화와 균형의 질서를 이루었던 것이다.

이렇게 해서 남편은 남편답게, 아내는 아내답게, 아버지는 아버지답게, 자식은 자식답게, 임금은 임금답게, 신하는 신하답게 각자의 위치에서 지켜가야 할 인간의 도리(職分)를 다하게 되면 큰 어려움이 일어나지 않는다. 즉 사람과 사람의 관계 속에서 질서의 균형과 조화의 가치가 중시되기 때문이다.

'군자소기위이행, 불원호기외(君子素其位而行, 不願乎其外)' [18] 이 말씀은 '중용' 원문 제14장 첫머리에 나오는 말씀이다. 이 뜻은 '현재 처한 상황, 주어진 여건과 형편에 따라 분수에 맞게 살아갈 뿐 그 어떤 염원도 하지 않는다.' 라는 뜻이다. 어떤 상황에서도 나의 중심(中心-가운데 마음)을 잃지 않기 때문에 군자는 적응치 못

할 수 없는 것을 알며, 행해야 하는 것을 알고, 행해서는 안 되는 것을 아는 이가 장부이다. 인(仁)은 자덕(子德)이다. 자식이 훌륭하게 자라서 윗사람을 섬기는 것을 인(仁)이라 한다. 의(義)는 군덕(君德)이다. 임금은 의(義)로써 많은 사람을 다스리고 모든 사람의 생사여탈권을 가진 사람이다. 충(忠)은 신덕(臣德)이다. 그 몸이 수고롭고 일하기를 꺼리지 않으며 만일 목숨과 바꿀 일이 생겨도 죽음을 두려워하지 않는다. 신하는 이런 정신으로 임금을 섬기는데 이것이 충(忠)이다. 신(信)은 부덕(婦德)이다. 부덕은 한 남편과 짝하여 평생 생사고락을 함께하고 남편이 죽어도 개가하지 않는 것이 부(婦)이다. 이렇게 해서 남편은 남편답게, 아내는 아내답게, 아버지는 아버지답게, 자식은 자식답게, 임금은 임금답게, 신하는 신하답게 각자의 위치에서 할 인간의 도리(職分)를 다하게 되면 어려움이 일어나지 않는다. 김충열, 김충열 교수의 중용대학강의, 예문서원, 2007, pp, 59~60 참고인용.
18) 김충열, 김충열 교수의 중용대학강의, 예문서원, 2007, pp, 192~193 참고인용.

하는 일이 없다는 말씀이다. 우리는 흔히 분수를 알라. 또는 분수를 지키라고 한다. 즉 자기 능력에 맞게 행동하라는 말이다.

사람과 사람의 관계에서 자신의 위치에서 자신의 그릇만큼 말을 하고 행동을 한다면 곧 그것이 분수를 알고 분수를 지키는 일이다. 자기가 가지고 있는 그릇의 크기에 맞추어 혹여 넘침이 없도록 함이다. 그러니 굳이 일등의 자리를 탐낼 필요가 없고, 일등이 되려고 다른 일등과 무리한 경쟁을 할 필요 또한 없다 . 그러나 21세기 현대인의 삶은 어떤가? 일등이 아니면서도 일등인 척 해야 하고 그 일등을 지키기 위해 다른 일등을 깎아내려야 한다. 그것이 자기의 성공을 위해서라고 굳게 믿기 때문이다.

이것은 진정한 사람과 사람의 관계가 아니다. 여기에는 자신의 분수도 알지 못할뿐더러 내가 아닌 다른 사람을 인정하고 배려함이 없다. 나의 성공이 중요하듯 타인의 성공도 중요함을 인정하려하지 않는 독선과 아집의 에고이즘 때문이다. 능력과는 아무런 상관없이 무조건 나만이 일등을 해야 한다고 하는 전재가 깔려 있기 때문이다.

'재상위불능하, 재하위불원상. 정기이불구어인즉무원. 상불원천, 하불우인(在上位不陵下,在下位不援上. 正己而不求於人則無怨. 上不怨天,下不尤人)'이다. '윗자리에 있다고 해서 아랫사람을 깔보고 업신여기지 않고, 아랫자리에 있으면서도 윗사람을 헐뜯지 않는다. 어떤 위치, 어떤 상황에서도 다만 자기 자신을 바르게 할 뿐 결코 남에게 자기변명이나 합리화를 하지 않으며 불평이나 원망도 하지 않는다. 위로는 하늘을 원망하지 않고, 아래로는 사람을 탓하지 않는다.'란 말씀이다. 이렇게만 사람과 사람의 관계를 맺어간다면 누구를 미워할 일도 누구에게 미움을 살 일도 없다. 그러니 인간적 관계가 매우 원만하고 우호적일 수밖에 없다. 이것은 중용 제14장의 말씀으로서 인간관계의 분수와 도리에 맞는 균형과 조화로움의 처세를 말함이다.

그러나 앞에서 말한 데일 카네기의 '인간관계론'은 인간의 본성과 본질적 가치를 간과하고 크게 훼손하고 있음으로써 우리의 작은 희망과 행복마저도 강자들로부터 수탈되어지게 하는 강자 독식의 철칙과 승리의 논리일 뿐이다. 이 세상의 모든 사람들이 모두 강자일 수는 없다. 그럼에도 너도 나도 강자가 될 수 있다고 부추기고 강자의 길로 들어가 피투성이 전사로 생사의 결투를 하도록 종용하고, 가르치고 있는 것이 현대문명사회의 보편화된 교육의 방식이다.

강자가 되는 길은 매우 위험하고 험난하다. 강자의 자격과 능력을 갖지 아니하고 강자의 자리에 있다는 것은 매우 위험천만하고 자신의 분수를 모르는 무모함이다. 또한 강자의 자리는 약자를 위협하고 조롱하는 자리가 아니다. 약자를 보호하고 힘을 갖추도록 돕고 협력을 이끌어내는 자리이다. 약자가 많은 세상에서는 약자가 더욱 행복할 수 있도록 하는 것이 중용에서 말하는 조화와 균형이다. 그리하여 약자가 더욱 행복해지면 강자는 더 더욱 행복하지 않을까?

이것이 진정한 인간관계의 법칙이 되어야 한다. 이런 것이 이 시대를 살아가는 사람들의 필수적 사회윤리의식이어야 한다. 이 윤리가 지켜지고 훼손되지 않게 하기 위해서는 약자들만의 노력으론 불가능하다. 강자들이 모범을 보여야 한다. 그 대표적 사례가 노블리스 오블리제[19] 이다. 이처럼 인간관계의 윤리의식과 사회질서에 그

---

19) 노블리스 오블리제(Noblesse oblige)란? 프랑스어로 "귀족성은 의무를 갖는다."를 의미한다. 보통 부와 권력, 명성은 사회에 대한 책임과 함께 해야 한다는 의미로써 사회적 신분에 상응하는 투철한 도덕의식과 솔선수범을 보여주는 공공

대표적 정신은 '충서(忠恕)'이다.[20] 이것은 진정어린 이해와 용서 그리고 화해이다. 그랬을 때에 진정한 인간관계의 균형과 조화인 이인치인(以人治人)도 가능하다.

중심(中心=均衡)을 잡는 것은 매우 어렵지만 결코 포기할 수 없다.

앞에서 언급한바와 같이 중심(中心=均衡)을 잡는 것은 그리 쉽지만은 않다. 또한 어려운 것만큼 가치가 있고 급변하는 세상의 소용돌이 속에서 우리들이 그 중심에서 바르게 서려면 그 중심이 어딘가를 바라볼 수 있어야하기 때문에 어렵지만 결코 포기해서는 안 된다는 것이다.

앞으로 대한민국이 흘러간 반세기 역사를 송두리째 날려버리지 않으려면 이제 지난날의 오류와 불균형을 바로 잡아야 한다. 그 불

정신을 말한다. 이처럼 노블리스 오블리제는 사회지도층에게 사회에 대한 책임이나 국민의 의무를 모범적으로 실천하는 높은 도덕성을 요구하는 단어이다. 그러나 이 말은 사회지도층들이 국민의 의무를 실천하지 않는 문제들을 비판하는 부정적인 의미로 쓰이기도 한다. 출처: 한국어 위키백과, 노블리스 오블리제 참고인용.

20) 충서(忠恕)- 유교의 도덕규범 중 하나이다. 수양에 힘써 자신을 속이지 않는 인격이고 그것을 미루어 다른 사람에게까지 영향을 준다는 뜻으로 곧 유가(儒家)의 최고 가치인 인(仁)을 행하는 자세이다. 〈중용 中庸〉에서도 "충서는 도리에서 어긋남이 멀지 않다"라고 했다. 〈대학 大學〉에서는 "자기가 하고 싶지 않은 것을 남에게 시키지 말라"는 뜻을 나타낸다. 송대의 정호(程顥)는 충은 천리(天理)이고 서는 인도(人道)이다. 충은 망령됨이 없는 것이고 서는 충을 행하는 소이(所以)이다. 또 주희(朱熹)는 충은 자기 자신의 할 바를 극진히 한다는 뜻으로서 충서는 자기를 미루어 남에게 미친다는 뜻으로 풀이했다. 스스로 사리사욕에 얽매이지 않으며 생각이 구차하지 않은 것이 충이고, 다른 사람을 자신과 같이 생각하고 자기의 이익 때문에 다른 사람을 침해하지 않는 것을 서라 할 때, 충서는 인을 이룩하기 위한 실천과정이다. 출처: 브리태니커, 충서 참고인용.

균형과 부조화의 시대를 살아왔던 삶들을 과감히 청산하고 단절의 결단을 내려야한다. 이제 미래사회의 비전과 나의 행복을 위해서는 먼저 나의 중심을 보고 그 중심을 지켜내는 일에 결코 소홀해서는 안 된다. 균형과 조화로움이 우리가 함께 지향해야할 가치고 희망과 행복 그리고 문명창달의 번영을 이룰 가치이다. 이제 지난날 절단된 행복의 끈을 시대적, 사회적 사명과 소명의식으로 균형과 조화를 이루고 새로운 문명창달을 위해 함께 잘 생긴 나무와 못 생긴 나무가 함께 이 팔도강산을 지키도록 해야 한다. 그것을 다시 이룰 수 있는 것은 중용의 인문정신을 바탕으로 한 균형과 조화의 가치이다.

이 다양한 환경과 사회질서 속에서 상충되는 우리의 가치관을 균형과 조화로서 중심 있는 공통분모를 만들고 그 위에 행복의 분자를 세워가는 것이다. 그렇게 하기 위해서는 우리의 균형 잡힌 역할이 매우 중요하다. 그러기 위해서는 우리의 흔들리지 않는 중심의 위치는 어딘지 그 중심의 위치를 찾아내는 것이다. 그것이 바로 나와 우리가 중화하고 중용으로 가는 시발이다.

이제 문명의 시대적 조류는 아주 빠른 속도로 변화하고 있다. 변화는 신도 거스를 수 없다. 미래의 문명창달이라고 하는 변화의 대장정이 노도처럼 현대인의 가슴 속에서 출렁인다. 또 끊임없이 세상은 그렇게 변화하고 적응하며 진화되어 가고 있다. 그러나 아무리 진화하고 변해가도 변화하지 않는 가치관이 세상에 있다면 그 또한 '인간의 사랑과 행복추구의 열망' 일 것이다. 우리는 3%만 행복한 사회나 국가가 아니라 국민 모두가 행복할 수 있는 이 나라의 국민이고 싶은 것이다.

그러기 위해서는 조화와 균형으로서 소통을 이루고 국민적 통합을 이루어내는 것이 이 시대의 지도자나 리더들이 해야 할 마땅한 의무이다. 이것은 어느 나라건 21세기 글로벌시대에 넘어야 할 사회적 트렌드이다. 이것에 실패하면 미래의 번영과 행복은 우리를 위해 담보되지 않는다는 것을 확실하게 인식해야 한다.

다시 찾아야 할 잃어버린 중심들

나의 중심(中心)

언제부터인가 우리는 나의 존재를 까마득하게 잊고 산다. 나는 있으나 진실로 나의 실체적 존재는 어디에 있었는지? 내가 나를 제대로 보고 제대로 인식할 수 없는 현실이다. 거울 앞에 선 나는 내가 아니다. 낯선 타인의 얼굴이다. 획일화 된 일등주의의 교육제도와 사회시스템 속에서 무능의 패거리로 밀려난 존재이거나, 운 좋게 일등주의 선봉에서 쾌재를 부르짖고 있거나 둘 중 하나이다. 좌우, 앞뒤 돌아볼 겨를 없이 앞만 보고 뛰어야했던 물질만능의 시대에 잘 개발된 휴보(로봇) 같은 조재이거나 아바타 같은 형상이다.

위의 나는 울고 싶어도 울 수가 없고, 웃고 싶어도 웃을 수가 없는 무감성의 인조인간을 닮아가는 것일까. 무엇이 정의고 무엇이 불의인지, 무엇이 선이고 무엇이 악인지 구분하지 못하는 문명시대의 일개미 미숙아일 뿐이다. 이런 것들이 모두 문명이 낳은 시대의 돌연변이가 아닐까? 이처럼 나의 존재와 나의 정체성이 불명확한 현실이 요즘 현대인들이 실감하는 공통된 현상이요, 공통된 상실의 시대에 존재하는 허상의 나이다.

나의 허상이 머물고 존재하는 곳은 많다. 그러나 진실로 '참나' [1] 의 존재가 있고 머무를 곳은 과연 어디일까? 동서고금 종교와 철학에 능통하신 대석학 다석 류영모 선생께서는 참나의 존재에 대해 이렇게 말했다. "하느님이 보낸 '얼나'가 참나이다."라고 하셨다. 하지만 참나가 되었든, 얼나가 되었든 우린 나의 존재와 정체성을 잃어버린 상실의 시대에 표류하고 있는 것만은 분명하다. 왜? 우린 노도와 같이 일렁이는 문명의 소용돌이에 휘말려있다. 이미 우린 그 문명의 향기와 달콤함에 취해 중심과 균형을 잡지 못하고 망망 대해의 한가운데서 표류하고 있다. 그것은 정체성과 자신의 중심을 잃고 자신의 참모습 보기를 망각하고 있었기 때문이다.

당신도 나의 말에 동의하고 있는가? 그렇다면 지금부터 잃어버린 '나의 존재와 중심(가운데 마음)'이 어떤 것이고 어디에 있는지? 그 의미를 함께 고찰해보자. 존재의 본질적 의미에 대해서 저술한 아리스토텔레스는 형이상학(形而上學)의 이론체계를 확립한 철학의 대가이다. 형이상학은 사물의 본질, 존재의 근본 원리를 사유나 직관에 의하여 탐구하는 학문적 이론체계이다. 아리스토텔레스가 이 존재의 탐구를 철학 본래의 고유 과제로 삼은 이후부터 인류의 긴

---

1) 어머니 뱃속에서 나온 나는 '참나'가 아니다. 하느님이 보낸 '얼나가 참나'이다. 어버이가 낳은 몸나는 죽으면 흙 한줌이요, 재 한줌이다. 얼나는 하느님의 생명인 얼로 아무도 헤아릴 수 없고 무엇에도 견줄 수 없다. 내가 얼숨을 쉰다는 것은 하느님의 생명인 얼(성령)을 숨 쉬어 얼나를 깨닫는 것이다. 류영모 · 박영호, 「공자가 사랑한 하느님」, 교양인, 2010, p.32 참고인용.

역사와 전통을 이어 왔다.

우리의 존재의식은 형이상학과 같은 말로 통용되거나 이해되는 경우도 많다. 하지만 근대에서는 인식론적인 문제와 설정의 그늘에 가려지는 경향도 있다. 특히 현대에 들어와서는 현상학이나 실존 철학과의 관련 때문에 다시 주제적(主題的)으로 다루어지는 경향이 크다. 나의 존재와 삶에 불확실성적의미의 현실적 부재는 독립적으로 확립되지 못한 가치관의 혼돈이 그 원인이 되고 있다. 이 가치관의 혼돈은 다원화 된 문화의 다양성과 개인주의 정체성에서 파생된 불완전연소의 정제되지 못한 무의식의 사고라고 해야 할 것 같다.

물질이든 관념이든 현존하는 모든 존재개념은 우리의 철학사에서 매우 큰 철학의 줄기였고 역할이다. 파르메니데스(고대 그리스 철학자)에 따르면 '존재는 유일하고, 불변하며, 영원하다' 라고 했다. 엘레아학파(기원전 6세기 후반 남부 이탈리아의 엘레아를 중심으로 활동한 학파)의 대표자로서 이들은 감각적으로 지각되는 현상이나 운동의 다양성을 부정하였고 존재하는 모든 것은 불생불멸·유일불가분(不生不滅·唯一不可分)[2] 의 실체로서 일체의 변화나 구별은 가상(假像)일 뿐이라고 주장하였다.

존재에 관한 파르메니데스의 이론에서의 존재는 '모든 것이 가진 속성일 수도 있고 물리세계의 그 너머에 또는 그 위나 뒤에 있는 대상이나 영역일 수도 있다' 고 했다. 때문에 플라톤은 속성과 이것을 지닌 대상을 엄밀히 구분하려고 했었다. 플라톤은 속성을 존재

---

2) 파르메니데스- 이탈리아 태생의 고대 그리스 철학자. 엘레아학파의 대표자로, 존재하는 것은 불생불멸·유일불가분(不生不滅·唯一不可分)의 실체이며 일체의 변화나 구별은 가상(假像)이라고 주장하였다. 브리태니커, 존재(철학), 참고인용.

의 영역 속에 놓고 대상을 일시적인 것의 영역 속에 묶어 놓으므로 플라톤의 생각은 존재는 불변하는 것으로 보았다. 또 물리적 대상이 '존재 한다'는 사실을 거부하고 이데아만이 참된 존재의 의식이며 물리적 대상은 이 이데아(Idea)의 허상일 뿐이라고 주장했다.

또 아리스토텔레스에 따르면 존재의 큰 의미는 모든 것의 밑바탕에 있는 본질의 형상이라 했다. 중세 때 스콜라(신학 중심의 철학) 철학자들은 존재 개념에 단일한 의미를 부여하려 무척이나 고심했다. 유명론자와 실재론자의 논쟁에서도 존재 개념은 중요한 역할을 했다. 유명론자에 따르면 실재하는 것은 개별 대상 또는 개체뿐이고 속성은 이 대상들의 집합적 이름일 뿐이다. 따라서 '존재'도 이름에 불과하다고 했다. 실재론자에 따르면 실재하는 것은 속성이고 개체는 우연한 것이며 '존재'의 영역은 속성들의 영역이라고 생각한 것 같다.

또한 '존재 개념'은 토마스 아퀴나스의 철학에서 핵심적 위치를 차지했다. 그에 따르면 "존재하는 것들의 위계질서 정점에 서 있는 것은 오직 신의 존재이며 신의 존재가 모든 것에 존재의 여부를 결정[3] 하였다."라고 했다. 고대와 중세의 철학자들이 존재에 관해 이토록 제기한 문제는 근세 이후의 철학자들에게도 큰 영향을 미쳤을 것이다. 그 중 가장 중요한 것은 개체의 존재 너머에 또는 그 위나 뒤에 존재 자체의 영역이 있는가하는 것이었고 또 있다면 그 특징

3) 토마스 아퀴나스- (라틴어: Thomas Aquinas, 1225년 봄 - 1274년 3월 7일)는 이 탈리아태생으로 중세 기독교의 대표적 신학자이자 스콜라 철학자이다. 그는 자연신학의 으뜸가는 선구자이며 가톨릭에서 오랫동안 주요한 철학적 접근이었던 토마스 학파의 아버지이다. 교회 박사 33명 중 하나이며, 가톨릭에서는 그를 교회의 위대한 신학자로 여긴다. 브리테니커, 서양철학, 참고인용.

은 무엇인가? 하는 문제였을 것이다. 이런 영역이 있다는 믿음은 형이상학의 역사 속에 깊이 뿌리박혀 있었으며 많은 철학자들이 존재의 특징에 관해 다양한 해답을 제시했다.

헤겔은 존재가 가장 기본적인 개념이라고 주장했다. 가장 기본적인 판단들은 항상 그 대상의 존재 여부에 관한 어떤 주장을 담고 있기 때문이다. 그러나 존재 개념 그 자체는 가장 '규정이 없는 개념' 이다. 어떤 대상이 있다고 말하는 것은 그 대상에 관해 아무것도 알려지지 않은 것이기 때문이다. 헤겔의 존재 개념에서 빼놓을 수 없는 것은 우리가 경험으로 만나는 것을 넘어서면 아무것도 없다는 주장이다. 헤겔의 절대자는 경험을 넘어 그 외부에 있는 어떤 힘이 아니라 경험의 절정이다. 따라서 존재도 일정한 수준에 있는 우리의 경험 판단 속에서 표현되는 개념이라고[4] 한 것이다.

한편 포이어바흐(독일의 철학자 1804~1872)는 물질과 관념을 구별하지 않은 존재 개념을 비판했다. 그는 모든 것이 존재한다는 점에서 일치한다는 이유로 물질적인 것이든, 관념적인 것이든 존재라는 개념으로 표현하게 되면 이 개념은 추상적인 개념이 되어버린다고 하였다. 포이어바흐는 존재가 존재하는 사물만큼 다양하다고 주장하고 그 존재를 물질적, 자연적, 객관적 실재로 보았다.[5]

---

4) 헤겔- 독일의 철학자(Hegel, Georg Wilhelm Friedrich 1770~1831). 독일 관념론 의 완성자로서 자연, 역사, 정신의 모든 세계는 끊임없이 변화하고 발전하여 가는 과정이며 이들은 정반(正反), 정반합(正反合)을 기본 운동으로 하는 관념의 변증법적 전개 원리로 설명될 수 있다고 주장하였다. 이 변증법적 원리는 이후의 마르크스주의에 비판적으로 계승되어 19세기 이후의 사상과 학문에 큰 영향을 끼쳤다. 브리테니커, 독일철학, 참고인용.

5) 포이어바흐- 헤겔 좌파에 속하는 유물론자로, 기독교를 비판하였고 마르크스와 엥겔스에게 많은 영향을 미쳤다. 브리테니커, 독일철학, 참고인용.

이처럼 사물과 인간의 존재적 의미는 다양하게 해석되어지고 있다. 그러나 이러한 존재적 가치의 의미 속에서도 그것을 확연하게 인식하게 하는 "중심(中心-가운데 마음)"이 우리의 정신세계에 자리 잡고 있는 것이다. 그럼에도 불구하고 이 "참나"의 존재가 부재할 수밖에 없는 현대사회의 현상을 우리는 바로보고 바로 인식하는 사고가 필요하다.

문화의 다양성 속에서 피어난 개인주의가 팽배한 물질만능주의 또는 황금만능주의, 자본주의 또는 신자본주의 등과 같은 개념론들이 가치관의 혼돈을 일으키고 그 혼돈의 가치관이 끝없이 변화하고, 진화하여 우리의 삶에 불확실성을 더욱 증폭시키고 있다. 그리고 증폭된 불확실성이 사회 전반적으로 확산됨으로써 그 '중심(中心)'의 불균형과 부조화의 현상이 접합하여 끝없이 불확실성을 재생산해 낸다. 이렇게 그 '중심(가운데 마음)' [6] 의 본질을 가리고 사물의 형상과 관념을 굴절시키는 결과의 오해를 만들게 되는 현상에 대하여 미래의 인문정신에 방향은 심각한 우려를 하지 않을 수 없다.

그러나 이런 현상들에 대해 문제의 의식과 해답을 가지고 있는 것

---

6) '중(中)'은 가운데, 한복판이라는 뜻이다. 하지만 가운데니, 한복판이니 하는 말에는 먼저 전체라든가 주위라는 그 바탕이 설정되어 있다. 이렇게 전제된 설정 속에 '중(中)'이라는 개념은 모든 것과 떨어져 자기만의 입장에서 단독으로 설정될 수는 없다. 따라서 결국 '중(中)'이란? 나와 남 그리고 안팎의 연관성에서 형성되거나, 판단되거나 설정되는 말이다. 「대대례기(大戴禮記)」에서도 '자아의 기본을 세우려면 반드시 그 중심(中心=가운데 마음)이 어딘지를 알아야한다. 그 중심이란? 나를 둘러싸고 있는 외변을 먼저 파악하고서야 찾아진다.(知忠必知中, 知中必知恕, 知恕必知外, 知外必知德……內思畢心曰知中, 中以應實曰知恕, 內恕外度曰知外, 外內參意曰知德)'라고 했다. 김충열, 「김충열교수의 중용대학강의」, 예문서원, 2007, p.103 참고인용.

또한 바로 '중용(中庸)[7]의 '중심이론(中心理論)'이다. 그것이 나의 잃어버린 '존재 찾기'의 중심이다. 그러기 위해서는 나의 중심을 바로보고 바로 세워야 한다. 그럴 때에 나의 무의식 존재와 가치관 의 혼돈에서 벗어나서 나의 허상이 아닌 '참나'의 존재가 머물 수 있는 곳, 그 행복의 공간이 우리의 의식 속에 발현 될 수 있는 것 이다. 즉, 다시 말해서 나의 '중심(가운데 마음)'[8]을 지키지 못한

7)「중용(中庸)」에서는 우선 치우치거나 기대지 않고, 지나치거나 못 미치지도 않 은 중심(中心)의 중(中)과 희로애락의 감정이 아직 나타나지 않은 미발상태의 중 을 중용의 중으로 정의한다. 중용의 중은 최고의 경지이다. 모든 것의 근본(根 本)·정도(正道)·정리(正理)이다. 이것을 얻었을 때는 사통팔달 어느 곳, 어느 방 향이든지 변화에 적응해 갈 수 있다. 중화(中和)의 중은 항상 자아의 표현이 모든 것과 잘 맞도록 노력하는 태도나 상태이다. 시중(時中)의 중은 나와 내가 아닌 것 이 조화를 이루는 모습이다. 중용하면 항상 막힘이 없이 통하는 것이요, 이치에 어긋남이 없이 딱 맞는 뜻을 지닌다. 즉 원리원칙이라거나 근본적인 경지를 말하 는 것으로서 이것이 성(誠) 자체이기도 하다. 이는 우주론에서 보면 고요해서 움 직이지 않는 적연부동(寂然不動)의 경지다. 인성론에서 보면 사람이 태어나면서 지니는 고요함으로서 인생이정(人生而靜)의 상태이다. 중용을 '적중하다'에서의 중으로 볼 때는 '정(正)' 자와 통한다. 정이란? 이것이나 그것 이상의 것이 있을 수 없는 '일(一)'에 그친 상태를 말한다. 세상만사의 변화는 이 '일(一)'에서 흩어 져 나갔다가 다시 그 '일(一)'로 돌아간다. 다시 말해 '일(一)은 안정의 상태이다. 마치 물(水)이 평(平)을 이루려는 본성과 같다. 거기서 떠나면 불안이 된다. 불안 (不安)이 안(安)으로 돌아가려는 노력은 자연의 섭리요, 생명이 있는 모든 사물에 본성이요, 본능이다. 그러면서 균형과 조화를 이룬다. 김충열,「김충열 교수의 중 용 대학강의」, 예문서원, 2007, pp.104~105 참고인용.

8) 중심(中心=가운데 마음)- 세상엔 때에 따라 변하지 않는 것이 없다. 인간의 세 태도 늘 다르게 변화해 간다. 그러므로 한 상황에서 취했던 '중(中)'이 그대로 어 디에서나 '중(中)'이 될 수는 없다. 그렇듯이 나의 모든 능력이 모든 것에 동일하 게 통할 수 있는 것도 아니다. 내 앞에 나타난 사물이 나에 대해 일정하게 작용 할리도 없다. 안팎의 변화 속에서 이 '중(中)'은 항상 옮겨져야 하는데 그 변화 와 상황 속에서 '중(中)'을 찾아내기란 여간 어려운 노릇이 아니다. 이에 대해 대 대례기(大戴禮記)에서는 '사람은 모든 것에서 초월한 공심(公心)으로 돌아갔을 때 솔직하게 자기를 평가할 수 있을 것이고, 이 철저하게 객관화 된 자기로 주위 상 황을 비출 때 자기가 취할 위치와 태세가 올바로 파악된다. 이렇게 솔직한 자기 평가와 올바른 상황파악이 있고서야 비로소 자기와 주위와의 화합점, 즉 중(中)을 찾게 된다(內思畢心曰知中, 中以應實曰知恕, 內恕外度曰知外, 外內參意曰知德)'라

상태에서 나의 존재여부는 아무런 의미가 없다는 것이다. 나의 중심이 없는 상태에서 나의 존재는 '참나'가 아닌 허상의 그림자 같은 존재이기 때문이다.

이 '가운데 마음(中心)'은 사물이나 관념의 바탕에 응집·응결된 본질이다. 의식이나 사고의 편중이 전혀 없고 상하, 좌우 기울어짐의 오차가 전혀 발생하지 않는 완전한 존재의 인식이다. 이와 같은 '균형 잡힌' 의식은 출렁이는 물결위에 비쳐지는 일그러진 허상이 아니다. 그 어떤 힘이나 작용에도 영향을 받지 않고 훼손되지 않은 실존적 본질의 존재이다.

가정의 중심(中心)

'가정'은 우리사회의 모든 관계와 관계, 조직과 조직의 구성 요건 중 가장 기본이 되는 구성요소이다. 이 최소 관계의 밀접한 관계에서 모든 관계의 시발이 이루어진다. 또 여기에서 관계의 모든 이론이 만들어지고 형성된다고 해도 과언이 아니 다. 혼인관계 및 혈연관계로 구성된 가족구성원들이 공동생활을 하는 장소 또는 조직체로서 좁은 의미의 가정은 주로 가족이 살아가는 공간적 장소를 가리키지만 넓은 의미의 가정은 인간관계[1]에 초점이 주어지는 가

고 하였다. 김충열, 「김충열 교수의 중용대학강의」, 예문서원, 2007, p.110 참고 인용.
1) 인간관계(人間關係)는 둘 이상이 빚어내는 개인적이고 정서적인 관계를 가르친다. 이러한 관계는 도취, 사랑, 연대, 일상적인 사업관계 등의 사회적 약속에 기반을 두는 것이다. 브리테니커, 가정(사회집단), 참고인용. 인간관계의 정의와 핵심요소에는 육위(六位)와 육직(六職)이 있다. 육위(六位)는 부부(부부), 부자(부자), 군신(군신)으로서 사람의 관계와 인륜관계의 기본이다. 이 중에서 부부와 부자처럼

족(family)이다. 생활과 거주 장소에 초점이 주어지는 집(house), 공동의 소득에 근거한 생산·소비 활동의 단위인 가계(house hold) 등이다. 이렇게 가정이란? 의식주를 비롯한 일련의 가족자원 관리 활동을 모두 포함하는 개념이다. 다시 말해서 가정은 가족이 안주할 수 있는 삶의 근본이 되는 장소를 가리킨다. 오직 물질적인 환경만을 의미하는 것이 아니라 가족구성원들이 건전하게 성장·발달할 수 있도록 기본적인 생존욕구를 충족시켜주고, 안식과 애정을 제공하는 안락의 장소가 보금자리이고 가정이다. 또한 한 가정의 핵심은 가족이며 가정의 목표는 가족구성원의 행복과 복지 향상이지만 이러한 목표를 달성하기 위해서는 다양한 환경과 가족 구성원 간의 기능이 균형과 조화를 잃지 않고 작용되어야 한다.

　가정의 기능[2]은 역사적, 문화적 배경에 따라 달라지지만 보편적으로 제기되는 기능은 크게 가족구성원을 위한 가정의 대내적 기능과 대외적인 사회적 기능으로 나눌 수 있다. 가정 내 기능으로는 성(性)과 생식, 자녀의 양육 및 교육·보호·휴식·생산과 소비·오락·종교와 같은 기능 등이 있으며, 대외적인 사회적 기능으로서는 합법적인 성적(性的) 통제, 생식을 통한 사회의 유지·존속, 노동력

4위는 가정의 중심에서 창출되는 인간관계의 핵심요소이다. 육직(六職)에는 사람을 거느리는 자, 사람의 따르는 자, 사람을 부리는 자, 사람에게 부림을 받는 자, 사람을 가르치는 자, 사람에게서 배우는 자로 구분되어 있다. 육직은 각기 육위에 속한다. 또한 가정의 중심을 세우는 데에는 가족구성원간의 화목으로서 우선시 되는 것이 가화만사성(가화만사성)이다. 중용 제15장 원문이다. 시왈, 처자호합, 여고슬금. 형제기흡, 화락차탐.(詩曰, 妻子好合, 如鼓瑟琴. 兄弟旣翕, 和樂且耽.)이라 했다. 이는 시경에 이르기를 "처자식의 화목함이 마치 거문고와 비파의 조화롭고 아름다운 소리 같네. 형제들이 의기투합하고 화기애애하고 또 즐겁기만 하네."이다. 김충열, 「김충열 교수의 중용대학강의」, 예문서원, 2007, pp, 60, 123 참고인용.
2) 브리테니커, 가정(사회집단), 참고인용.

제공과 같은 소비활동을 통한 경제적 기능과 자녀의 사회생활을 통한 사회의 구성원 제공 등과 같은 목적의 기능이 있다. 따라서 가정은 개개인이 생활하고 보호받는 터전인 동시에 한 사회를 유지 · 존속시키는 사회적 기능의 총체적 메커니즘(mechanism)의 기능이라고 정의할 수 있다.

그동안 역사의 변천과 과정에 따라서 가정의 기능은 여러 측면에서 변화되었다. 그 가정이 위치하고 있는 사회적 조건에 따라 달라지는 것이 가정의 형태이다. 과거 가정의 사회적 기능은 크게 발달하지 못했기 때문에 인간의 생활에 필요한 조건 전부를 자급자족하고 있었다고 해도 과언이 아니다. 점점 사회가 근대화 · 산업화를 거치면서 가족관계 기능집단이 발달했다. 따라서 그 이전에 가정이 가지고 있던 기능은 하나하나 기능집단으로 흡수되어 갔다. 또한 가정에 남겨진 기능도 사회의 발달과정에 따라 합리화 · 기계화 · 간편화 되었고 가정생활은 현 사회의 변화 조건에 따라서 끊임없이 변모하고 있다. 또 가정 내 전기제품의 보급에 따라서 가사 노동은 차츰 경감되기 시작했고 따라서 가정을 책임지고 꾸려가던 여성들에 인력이 대거 사회로 진출했다. 또한 텔레비전이나 오디오, 컴퓨터 등의 보급은 가정의 오락문화 혹은 교양적, 문화적 기능을 크게 변화시킨 계기가 되었다.

이렇게 가정이라고 하는 공동체는 부모 · 자식 · 부부 등의 가족관계로 맺어진 집단체(대가족)이다. 이렇게 가정은 지구상 인류의 발생과 거의 때를 같이하여 발생된 가장 오랜 집단체이며 어떤 사회, 어떤 시대이건 공동의 집단체로 존재했던 가장 근본적이고 기본이 되는 집단체구성의 단위이다. 가정이나 가족에 대한 정의는 학자마다 조금씩 견해를 달리하는데 그러한 여러 학설을 간추려 보면 다음과 같다.

성(姓)과 혈연의 공동체, 거주의 공동체, 운명의 공동체, 애정의 결합체, 가계의 공동체 등과 같은 내용으로 구분하여 정의할 수 있다. 현재 지구상에는 많은 야생동물들이 생식하고 종족을 번식하며 양육, 보호하는 등 군거하고 있지만 아무도 이들을 인간의 가족과 동일시하지는 않는다. 동물들의 군거는 자연생태학적, 생물학적인데 반하여, 인간의 가족은 생물학적인 차원을 뛰어넘는 과학적, 문화적 형태의 성격과 복잡한 기능을 갖고 있기 때문이다. 때문에 인간의 가족형태는 모든 사회에 공통된 현상이고 지역이나 시대에 따라 각양각색의 구조적 형태를 띠고 있다.

다음 가족관계의 기능은 어떠한가? 가족은 개인의 성장·발달과 사회의 유지·발전을 위해 여러 가지 기능을 수행하고 있다. 이러한 가족의 기능은 산업화의 발달과 도시화의 확대 영향으로 많은 변화의 과정과 문명적 진화를 겪게 되었다. 그것은 가족기능의 일부가 다른 사회기관이나 집단, 공동체에 의해 병행 수행됨으로써 그 가정과 가족의기능이 축소·약화 된 반면 자녀를 사회화시키는 기능이나 가족 구성원의 긴장과 피로를 회복시키기 위한 휴식기능과 사회 발전에 기여할 수 있는 기능 따위는 오히려 점진적 확대 강화되고 있다.

일반적 가족의 기능은 다음과 같다. 성적 욕구 충족의 기능, 자녀 출산의 기능, 자녀 양육과 사회화의 기능, 새로운 가족구성원에게 사회적 신분을 부여하는 기능, 가족원에 대한 보호와 안전을 위한 기능, 경제적 기능, 사랑과 애정을 공급하는 본능적 기능, 정서적 기능, 종교적 기능, 오락을 통한 사회적 기능 따위들이다. 또한 위에서 열거한 가족의 기능은 개인적 만족과 사회적 만족으로 나누어서 생각해 볼 수도 있다.

개인에 대해서는 의식주의 기본적 욕구에 충족과 정신적 안정 및 제2차적인 성취의 욕구를 충족시켜 준다. 또한 사회에 대해서는 정신적 가치의 새로운 재원을 보급하고 노동력을 재생산해내는 경제적 생활단위의 구실을 한다. 즉 가정은 사회구성원인 개개인의 생활 장소이며 가장 원초적이고도 기본적인 단위이다. 이처럼 오늘날의 가족기능은 과거와는 많이 뚜렷하게 달라졌다. 미래에도 더욱 더 변화될 것은 자명한 일이다. 그러나 가족이 사회의 기본단위로서 존재하는 것은 변함이 없을 것 같다.

가족의 유형은 가족을 구성하는 식구의 수나 혈연관계, 거주형태 그리고 가족 내에서의 가장권과 권위의 형태이다. 부부의 결합형태 등에 의해서 분류된다. 가족의 크기나 범위를 기준으로 하는 대가족 · 소가족 또는 핵가족 · 확대가족으로 나눌 수 있다. 또 핵가족은 개별 · 단순 · 부부가족 등이고, 확대가족은 총체 · 합성 · 복합 · 직계 가족들이다. 소가족 및 핵가족의 전형적 형태는 부부와 그들의 미혼 직계 자녀들로써 구성된다. 핵가족은 부부가 중심이 되는 가족이다. 이에 반해 대가족 및 확대가족은 혈연관계가 중심이 되는 형태의 가족이다.

지금까진 가정이 갖는 의미와 중요성, 변천과정과 기능 그리고 가족에 대한 구성 및 형태 등에 대해서 알아보았다. 그러나 이처럼 가정과 가족은 하나의 생활 집단의 공동체적 단순 기능으로만 이해되어서는 안 된다. 앞으로 미래의 현대사회 속에서 성공적인 가정

을 조성해 가는 것은 이런 이론만 가지고는 절대 그 소귀의 목적을
이룰 수 없다는 판단이다.

　현대사회에서 빈번하게 발생하고 있는 가정 파탄이나, 가족의 해
체 같은 문제와 그로인해서 발생되는 2차, 3차의 문제는 이론이 불
충분해서 발생하는 문제들이 아니다. 그것은 여러 가지 원인적 요
인과 문제가 있겠으나 가장 큰 문제는 시대를 따라가지 못하는 우
리사회의 잘못 된 인식과 오해 그리고 문제의 잘못 된 진단 때문이
다. 이 분야에 많은 학자들과 전문가들이 오늘날 우리가 직면하고
있는 가정의 문제들에 대하여 연구와 고심을 하고 있지만 그들만의
노력과 문제의식만으론 오늘날 중심(中心)을 잃고 흔들리는 이 '가
정(家庭)'을 바로 세우기엔 매우 역부족이다.

　물론 이 가정은 개개인이 생활하고 보호받는 터전인 동시에 한
사회를 유지 · 존속시키는 사회적 기능이고, 작용의 틀(frame)이다.
모든 관계의 기능이 작용케 하는 하나의 메커니즘(mechanism)이
다. 때문에 이 기본 이론에 충실해야 하는 것은 당연지사다. 그러나
이 '가정'에 대한 우리사회와 정부는 심각한 사회적 위기를 맞고
있는 현대가정의 불안전한 위상과 존립에 대하여 심각하게 고민하
고 있지 못하다. 이제 부터라도 한 가정, 한 가정의 중심이 흔들리
지 않는 우리사회의 중심이고, 한 나라의 튼실한 중심이 된다는 것
을 새롭게 인식해야 한다.

　그러나 현대사회의 다원화와 다양성의 기능이 고도로 진화하면서
우리사회의 모든 가치도 따라서 급변하고 있다. 그것은 우리의 삶
자체를 근본적으로 바꿔놓는 원인과 요인이 되고 있다. 그런 시대
적 환경과 배경은 이 시대를 살아가는 현대인으로서는 생존의 방편

으로서도 역행할 수 없는 시대적 조류이고 살아감의 순리이다. 그렇듯이 빠르게 진화되고 변모하는 가정의 기능과 행태에 대해 정부나 우리사회의 사회학적 관념과 의식은 그 색깔이 너무나 불투명하고 흐릿하다. 다시 말해서 이렇다 할 대안이나 비전과 철학이 전혀 준비되어있지 않은 것 같다. 우리의 삶에 근본인 가정의 문제가 아무런 고민 없이 정치적 상황에 묻혀버리거나 매몰되어지는 안타까운 일도 현실에서는 비일비재하다.

때문에 중요한 것은 1차적으로 정치가 바로 서야하는데 그럴 가능성과 기미가 전혀 보이질 않고 있다. 그렇다면 우리국민 한 사람, 한 사람이 바로 서고, 그 가정이 바로 서고, 그 사회가 바로 설 수밖에 없지 않을까? 그러면 그 사회를 책임지고 있는 사람들이 바로 서지 않을 수가 없다. 국가나 사회가 국민 한 사람, 한 사람을 책임지지 못한다면 이 나라의 주인인 우리 개개인이 스스로 책임지고 스스로 나와 나의 가정을 지켜갈 수밖에 없다. 그렇게 해서라도 우리의 삶과 행복을 지켜가야 될 것 같은 생각이 드는 것은 막연한 불안 아니면 지나친 기우일까? 전체 인구에서 10% 남짓 소위 상류층에서 대접께나 받는 로열패밀리(royal family)를 제외하곤 나머지 90%의 국민은 우리사회와 정부에 대해 지나친 불신과 우려를 갖지 않을 수 없는 데서 기인한 필자의 우치(愚癡)가 아니길 바란다.

핵가족은 부부가 중심이 되는 가족관계 형태이다. 이에 반해 대가족 및 확대가족은 혈연관계가 가족관계의 중심이 되는 가족의 형태이다. 그러나 혈연관계가 중심이 되는 대가족의 형태는 20세기 이후 21세기를 지향하는 현시점에서 이제 매우 드물게 되었다. 여기에서 자칫 오해가 있을 수 있겠다. 과거 일반적인 가정의 대가족제도가 차츰 핵가족화로 변모했다고 해서 핵가족이 좋은 것이고 과거의 대가족제도가 절대 나쁘다는 의미는 아니다. 대가족은 대가족대로 장점이 있고, 소가족이나 핵가족은 좋아서라기보다 우리사회의 변천에 따라 대가족제도에서 존속, 유지키 어려운 문제들로 인해 어쩔 수 없이 대안으로 생겨진 가정과 가족문화의 하나로 발전해 갈 뿐이다.

때문에 이제는 가정이나, 가족의 의미에서 그 가치추구의 기준 자체가 또 다른 경제의 지향점을 넘어섰다. 즉 삶의 본질과 그 가치 기준이 변했다고 해야 할 것이다. 그 본질에서 우리는 각자의 삶에 행복을 이룰 수 있었다. 그런데 그 본질이 변했으니 우리의 행복추구도 그 본질의 변화가 생기게 되었다. 그럼 우린 어떻게 잃어버린 가정의 중심에서 행복의 가치를 회복하고 구현해 갈 수 있을까?

무너진 가정의 중심을 바로 세우는 데는 가정을 꾸리고 경영하는 부부의 역할이 절대적이다. 가정의 중심과 부부의 역할이 얼마나 중요한지를 이르는 말이 있다. '중용'(제12장 원문 첫머리)에 보면 '군자지도, 비이은(君子之道, 費而隱)'[3] 이란 말이 있다. 이 말은 '군자의 도는 가깝게는 부부의 은밀한 거실로부터 멀리는 성인의 알기 어려운 세상의 영역까지를 포함한다는 뜻으로서 크기로는 밖이 없고, 작기로는 안이 없으니 이를 가히 비(費)라고 한다.'는 뜻이다. 즉, '비(費)'란? 쓰이는 영역이 무한하다는 뜻이고, '은(隱)'은

---

3) 중용 제12장 원문 첫머리에 보면 "군자지도, 비이은(君子之道, 費而隱)"이란 말 이 있다. 이 말은 '군자의 도는 가깝게는 부부의 은밀한 거실부터 멀리는 성인의 알기 어려운 세상의 영역까지를 포함한다는 뜻으로서 크기로는 밖이 없고, 작기로는 안이 없으니 이를 가히 비(費)라고 한다.' 이다.

그 쓰임이 정미(精微)함을 말한다.

부부의 사이가 가깝고 은밀한 관계이지만 군자의 도리도 부부사이로부터 시작이 되어 성인의 영역 혹은 세상의 영역까지 미치게 된다는 뜻이다. 그러므로 군자의 도리를 다하기 위해서는 먼저 부부의 도리에 충실하고 가정의 중심을 바로 세워야한다는 뜻이다.

다석 류영모 선생은 '비이은(費而隱)'을 이렇게 풀이했다. "얼은 숨어 있어 있음이 없다"고 했다. 얼(精神/靈性)[4] 이란? '전기에너지와 같아서 모든 사람에게 생명을 준다. 전기제품에 전기가 들어가서 전기제품이 움직이듯 사람에게는 얼(道)이 들어가서 정신활동이 이루어진다. 얼이 들어가지 않으면 살아 있으되 죽은 것이다. 전기가 눈에 보이지 않듯이 얼은 숨겨져 있어 보이지 않는다.'고 하였다. 다시 말해 그 작용(作用)은 무궁하고 그 본체의 모습은 은미하다는 뜻이다. 이처럼 가정의 역할은 작고 은밀하나 가족 구성원 모두에겐 삶의 에너지를 충전하는 장치이자 장소이다.

다음은 '부부지우, 가이여지언(夫婦之愚, 可以與知焉)'이라 했다. 이 말은 '남편과 아내가 부부생활을 하면서'란 뜻으로서 이는 부부가 되어 가정을 꾸리고 자식을 낳고 기르며 살아가게 되는데 이때 '더불어서 얻고 터득하는 지식과 행위가 천지의 생성과도 맞먹는 위대함이다.'라는 뜻이다. 때문에 부부가 중심이 되어 이루어진 가정을 소우주라 칭하기도 한다. 이처럼 가정이란? 부부를 중심으로

---

4) 얼(精神/靈性)이란? - 얼(道)이란 전기에너지와 같아서 모든 사람에게 생명을 준다. 얼은 정신의 줏대이다. 따라서 얼나는 나의 정신으로서 혼(魂)이다. "뚫린 줄(命)" - 하느님의 생명인 얼숨을 받아들이는 관(管)을 뜻하는 말. "바탈(性)" - '받아서 할'을 줄인 말로서 곧 삶의 목적이 되는 얼나(영원한 생명)로서 성명(性命)이나 천명(天命)을 말함. 류영모·박영호, 「공자가 사랑한 하느님」, 교양인, 2010, pp, 14, 43 참고인용.

하는 가족관계이지만 마치 그 작용에 있어서는 소우주와 같다는 의미이기도하다.

우리 인류가 과학으로 이룩한 문명과 문화의 창달은 천·지·인 (天·地·人)[5] 삼재를 중심축으로 이루어진 합작품으로 대단히 경이로운 걸작이다. 그러나 부부가 화합하여 생을 영위하고, 생명을 낳고, 양육하며 생업을 열어가는 최소 기본단위인 '가정'이 인(人)의 영역에서도 가장 중심의 중심인 인핵(人核)의 영향이라고 한다면 문명창달에 기여한 주역도 가정과 인핵(人核)이다. 이 때문에 '가정'을 말할 때도 그 큰 천하의 권위와 힘이라 할지라도 그것을 막거나 파괴할 수 없다고 정의한 것은 매우 인리가 있다. 이것은 생명을 이어가는 기본단위인 부부관계와 '가정'의 존재는 그 어떤 힘으로도 파괴할 수 없다는 역설이다. 이것은 그 '가정'이 갖는 의미와 중요성에 대한 본질을 일깨우는 말씀이다.

다음은 중용 제12장 원문 마지막 단락에 나오는 말씀이다. '군자지도, 조단호부부(君子之道, 造端乎夫婦)'[6]란 무엇인가? 이는 군자

---

5) 천지인(天地人)은 합일사상과 천부경(天符經)의 삼극(三極) 개념이다. 하늘과 땅과 인간은 하나이다. 해, 달, 별, 무수한 기운을 품고 있는 하늘은 우주 그 자체이다. 우리가 살고 있는 땅도 우주의 품 안에서 생성된 우주 그 자체이다. 이 하늘과 땅으로부터 생명을 받은 사람도 역시 우주 그 자체이다. 우리가 바라보는 하늘, 우리가 발을 딛고 살아가는 땅, 그리고 우리 자신까지도 모두 하나의 거대한 우주를 이루는 존재인 것이다. 하늘의 기운이 땅을 생하고 땅은 하늘의 기운을 받아 만물을 생하는 밭이 되었다. 이 밭에서 사람이 생하였으나 인간은 하늘과 땅의 이치로써 만물을 다스리는 힘을 얻었다. 인간은 하늘과 땅 가운데 함께 서는 지극한 존재이다. 하늘과 땅이 만물을 생성하고 다스리는 존재이듯 우주의 이치로써 노동을 통하여 만물을 생성하고 다스리는 인간도 하늘같은 존재이다. 이로써 천지자연을 대우주라 하고 인간을 소우주라 한다. 김충열, 「김충열 교수의 중용대학강의」, 예문서원, 2007, p.58 참고인용. 유환희, 「우리 하늘 우리 땅 우리의 조선철학」, 도서출판 장원, 1988, 오픈백과, 생활가정, 참고재인용.

6) 중용 제12장 원문 마지막 구절이다. 군자지도, 조단호부부, 급기지야, 찰호천

의 도는 평범한 부부로부터 시작되고 부부는 인륜의 중심을 이루는 도덕질서이고 유가의 모든 이론을 아우르는 것으로서 인간 중심 사상이 그 원천이 되는 것이다. 즉, 유가의 사상은 인본주의 사상과 철학이다. 유가에서는 우주의 중심이 곧 사람이다. 사람은 자연만물 중에 가장 뛰어난 존재로 천지의 대성자(大成者)라 정의 하고 있다. 사람들은 유한함에서 무한으로 이어주고 은미(隱微)한 원초 단위에서 우주 전체로 현현하게 하는 폭주(輻輳)의 핵이 바로 부부이다. 그리고 품성을 이루어 존재의 가치를 이루는 것이 '성성존존(成性存存)'[7] 이고 바른길로 들어가는 것이 '도의지문(道義之門)'[8] 이다. 이처럼 '성성존존, 도의지문'의 공능을 지닌 것이 바로 '가정' 말고 또 무엇이 있나. 때문에 '군자의 도는 가정이라는 문안에서 부부로부터 시작한다.' 라고 하는 것이 '조단호부부(造端乎夫婦)[9] 이다.

이렇게 부부로 구성되어지는 가정은 소우주의 공간에서 질서의 중심을 잡는 것이 부모이다. 부모의 질서를 통해서 아버지는 아버지답게, 어머니는 어머니답게, 자식은 자식답게, 형은 형답게, 아우

지!(君子之道, 造端乎夫婦, 及其至也, 察乎天地!) 이것은 '군자의 도는 평범한 사람들로부터 시작하여 더할 수 없이 높은 성인에 이르기까지 세상 안에 뚜렷이 드러나는 것이다.' 라는 말이다. 이는 부부가 가정의 중심이 되고 인륜의 도덕질서의 본이요, 중심이 된다는 말이다. 김충열, 「김충열 교수의 중용대학강의」, 예문서원, 2007, p.178 참고인용.

7) 품성을 이루어 존재의 가치를 이루는 것이 '성성존존(成性存存)'이다. 김충열, 「김충열 교수의 중용대학강의」, 예문서원, 2007, p.179 참고인용.

8) 바른길로 들어가는 것이 '도의지문(道義之門)'이다. 김충열, 「김충열 교수의 중용대학강의」, 예문서원, 2007, p.179 참고인용.

9) 조단호부부(造端乎夫婦)- 중용 제12장 원문의 말씀이다. 류영모 · 박영호, 「공자가 사랑한 하느님」, 교양인, 2010, p.140 참고인용. 배우(配偶)에서 배천(配天)에 이르는 슬기를 깨치라는 것이다. 하느님 속에 들어가 하느님과 하나 되는 것이 배천이다.

는 아우답게, 남편은 남편답게, 아내는 아내답게 행한다는 우리사회의 윤리질서(父父, 母母, 子子, 兄兄, 弟弟, 夫夫, 婦婦)[10] 가 자연스럽게 형성되어지고 이 가정을 단위로 한 인간의 윤리적 질서가 외부로 그대로 확장되어나가서 우리사회의 본이 되는 질서의 기틀이 될 것이다.

따라서 가정에서 시작되는 우리의 인간관계의 질서가 바로 세워져야하는 이유이다. 그렇게 되었을 때에 우리사회와 우리국가의 튼실한 윤리의식이 뿌리를 내리게 되는 단초가 된다. 이처럼 가정은 서로서로 협동하고 주고받는 인륜관계의 가장 중심(中心-가운데 마음)적 의미를 담고 있다. 이처럼 가정은 세상이라고 하는 광대한 조직체의 인본 생명을 키워내는 온상이라고 해야 할 것이다.

하늘과 땅으로 구성되는 우주의 공간에서 생명질서의 중심(가운데 마음)을 잡는 것이 물과, 바람과, 빛이라면 인간이 살아가는 세상이라고 하는 사회의 구성 공간에선 인륜관계의 중심과 질서는 곧 '가정'이고 가정의 중심인 핵이 부부(夫婦)이다. 이 '가정'은 인본의 생명을 키워내는 인큐베이터와도 같다. 가정에서 가족의 화합은 가정의 평화이자 삶이다. 행복에 근원은 '가정의 중심'에서 발현되는 중화적 현상이다.

사회의 중심(中心)

이제 '가정의 중심'에서 한 걸음 더 나가보자. 그럼 사회란 무엇이고 사회의 중심은 무엇인가? 또 현대사회가 갖는 사회적 의미와 역

---

10) 김충열, 「김충열 교수의 중용대학강의」, 예문서원, 2007, p,180 참고인용.

할 그 중심(中心-가운데 마음)은 어떤 것인지에 대해서 생각해보자.

먼저 사전적 의미를 보면, 사회란? 같은 무리끼리 모여 이루는 집단이나 공동생활을 영위하는 모든 형태의 인간집단을 말한다. 가족, 마을, 조합, 교회, 국가, 정당, 회사, 사회단체 따위 등으로 정의하고 있다. 좀 더 구체적 의미를 보면 이렇다. 사회(社會, Society)[1] 는 정치, 문화, 제도적으로 독자성을 지닌 공통의 관심과 신념, 이해의 집단이다. 이와 같은 일들에 기반을 둔 2인 이상의 개인적 집합체가 사회이다.

소규모의 가족에서부터 직장과 학교, 사회전체 또는 그 일부인 정치, 경제, 시민, 노동, 문화사회 등을 지칭한다. 또한 이 사회는 한국사회, 미국사회와 같이 국가에 따른 구분과 몽골족사회, 쿠르드족사회, 게르만족사회 등과 같이 민족에 따라 구분하기도 하고 동양사회, 서양사회처럼 문화나 지역에 따라 구분하기도 한다. 그러나 그 기준은 연구대상과 관점에 따라 다르다. 오늘날 우리 사회의 개념은 무한 확장의 시대다. 이른바 세계사회, 지구사회는 물론 동물사회라고 까지 사회상을 확대시킨 개념으로 일컬어지기도 한다.

사회에 대한 어원[2] 은 다음과 같다. 영어 society를 한자어로 번

---

1) 사회라는 말은 다양한 의미를 가지고 있다. 그 중요한 몇 가지의 의미만 살펴보면 다음과 같다. ①흔히 인간은 사회적 삶이라는 일반적 사실이다. 그리고 역사적으로 존재했던 모든 사회의 추상적이고 일반적인 상태를 가리키는 데 사용되었다. 그것은 인간의 삶이 항상 사회 속에서 창조되고 이루어진다는 주장이다. 또한 자연에 대비되는 개념으로 사용되기도 한다. ②사회라는 용어는 상황에 따라 사회관계의 특징을 이루는 특정한 상태를 가리키는 말이다. 예컨대 농업사회라든가, 산업사회라든가 하는 식의 예가 이에 해당한다. ③지역적 특성 면에서 제한 된 사회관계만을 한정하여 나타내기도 한다. 한국사회, 지식인사회와 같은 경우이다. 이처럼 사회는 그 구체적인 내용에 있어서 여러 가지 유형으로 구별되고 사용될 수 있다. 브리태니커, 사회, 참고인용.

2) 브리태니커, 사회, 참고인용.

역한 것이다. 영어의 'society'는 16세기 프랑스어 'socit'가 도입되어 변한 것이다. 그 어원은 라틴어 'societas'로서 동료, 공동, 연합, 동맹 등의 '결합하다'라는 의미의 합성어다. 중국 송(宋)나라 때의 유학자 정이천(程伊川 : 1033~1107)이 유저(遺著) 「이정회서(二程會書)」에 있는 '향민위사회(鄕民爲社會)'라는 말에서 전래되어 현재 까지 쓰게 되었다. 이것이 우리 사회의 어원으로 인용되었다고 보면 될 것 같다. 그리고 중국어에서 '社(모일 사)'는 '토지의 신을 제사한 곳'이라는 뜻을 의미하는 것이며 거기에 모인 사람들의 모임이라는 뜻인 '會(모일 회)'를 붙여서 '마을 사람들이 토지의 신을 모신 곳에 모인다.'는 뜻을 가지게 된 것에서 유래된 듯하다. 그러나 현대적 의미와는 사뭇 다르다.

어찌되었던 사회는 인간관계[3]가 조성되어지는 장이다. 그리고 같은 무리끼리 모여 이루는 집단이나 공동생활을 영위하는 모든 형태의 인간집단을 비롯해서 그 특성과 성질에 맞게 다양한 형태의 사회가 형성되고 있다. 그 뿐만이 아니다. 현대는 인간 세계와 사람이 아닌 동물사회까지 확대시킨 개념으로 널리 일컬어지는 현실이다. 그렇듯이 사회는 매우 복잡하다. 다시 말해서 이제 지구상에 존재하는 인류는 매우 복작한 사회 속에서 매우 복잡한 인간관계를 맺고 매우 치밀한 인간관계의 작용을 통해서 하나의 사회가 만들어

---

3) 인간관계- 사회는 인간관계의 질서규범과 이것을 전체적 차원의 조직으로 구조화시킨 사회 조직이다. 사람이 사는 세상에는 천 · 지 · 인(하늘 · 땅 · 사람) 삼재의 도가 필연적 도이다. 여기에는 만물이 생육되고 문명창조를 통해서 모두가 참여하는 광범위한 관계와 질서를 이루고 있다. 이것이 사회인데 무엇보다 덕성의 회통이 중요하다. 이 모든 것에 중심점을 확보하는 데는 무엇보다도 인간과 인관관계의 화목이 우선한다. 김충열, 「김충열 교수의 중용대학강의」, 예문서원, 2007, pp, 59,123 참고인용.

지고 그 사회가 발전하여 더 큰 사회가 만들어진다. 그 속에서 인간이 가정이라는 우리를 틀고 살아가고 있다. 과거 고대사회에서는 오늘날과 같이 이렇게 복잡한 사회구조가 아니었지만 인류에 의해서 인간의 사회는 끝없이 진화하고 변천하는 과정을 밟고 있다. 그럼 이런 변천의 과정과 사회 속에서 어떤 인간관계의 작용을 하고 그 사회가 무엇을 추구하고 있는 것인가에 대한 고민을 하지 않을 수 없다.

사회는 공통의 목적과 이해관계를 갖고 있는 개인들의 집합체로서 이러한 사회관계는 상호 협조적인 관계에 의해서 그 관계가 형성되고 유지 발전되어가고 있다. 뿐만이 아니라 경우에 따라서는 대립적인 관계도 포괄되어 있다. 이렇게 관점과 견해에 따라 협조적 관계를 강조하는 기능론적 사회관과 대립적 관계를 강조하는 갈등론적 사회관이 양립되기도 한다. 이러한 사회의 정의(定義)는 사회를 일시적인 사람들의 집합체인 군중사회와는 구별되는 것이다.

인류 사회의 변천은 분명 원시사회체제, 봉건사회체제, 근대자본주의사회체제의 계기적(繼起的) 과정을 거치면서 지속적으로 발생하고→발전하고→소멸되어지는 과정을 반복적으로 밟아왔다. 이러한 사회의 변천사에 흐름은 사회의 지배적 관계와 밀접한 관계가 있고 그 내용과 변화에서 원인을 엿볼 수 있다.

사회관계의 핵심[4]은 대체로 통치자와 피통치자의 관계이다. 예

---

4) 사회관계의 핵심- 인간관계의 정의와 핵심요소에는 육위(六位)와 육직(六職)이 있다. 육위(六位)는 부부(부부), 부자(부자), 군신(군신)으로서 사람의 관계와 인륜관계의 기본이다. 이 중에서 부부와 부자처럼 4위는 가정의 중심에서 창출되는 인간관계의 핵심요소이다. 육직(六職)에는 사람을 거느리는 자, 사람의 따르는 자, 사람을 부리는 자, 사람에게 부림을 받는 자, 사람을 가르치는 자, 사람에게서 배우는 자로 구분되어 있다. 육직은 각기 육위에 속한다. 김충열, 「김충열 교수의 중용대학강의」,예문서원, 2007, p,60 참고인용.

컨대 사람을 거느리는 자, 사람에 따르는 자, 사람을 부리는 자, 사람에게 부림을 받는 자, 사람을 가르치는 자, 사람에게서 배우는 자 등으로 구분되어 있다. 그것을 반영한 지배관계 안에서 모든 것이 실현되고 있다. 개개의 사회가 어떤 사회집단과 규범에 의해 운영되고 있었는가에 의해 사회적 성격의 틀이 규정되었고 가치의 경향이나 모든 시스템도 이러한 전체적 사물관계 안에서 이해하게 되었다.

원시적 사회체제는 사회의 기능 분화가 일어나지 않는 단순 사회로서 대체로 생산수단이 공유되는 경향을 보였다. 사회제도가 주로 친족제도의 원리 안에 통합되고 조정되는 특성을 가지고 있었다. 그러나 봉건사회는 정치제도, 경제제도, 종교제도, 가족제도 등이 좀 더 구체화 분화되면서 지배관계가 주로 토지를 중심으로 해서 이루어졌으며 이런 구조 속에서 영주와 평민이 중요한 사회계급을 이루게 되었다. 이들 사이에는 특수한 상하관계의 상호 의무 및 권리가 점점 확장되고 부여되었다.

근대 자본주의사회에 들어와서 사회성은 세속적이며 합리성을 추구하는 시민계급의 출현과 함께 사회성이 더욱 조밀하고 폭넓게 형성되고 진화되었다. 즉, 새로운 생산력을 획득한 이들은 그 사회의 경제와 정치에 영향력을 갖고 인간의 삶을 좌지우지하게 된다. 그러면서 세속적인 합리성과 상호간의 경쟁을 통한 공리를 지향했고 과학적인 계산이 더욱 요구되는 진통과 변화를 겪었다.

이상과 같은 사회체제의 변천은 모든 문화권에서 일률적으로 발생하고 동일한 과정을 밟아 전개된 것은 아니다. 서구사회에서 근대사회의 성립은 봉건사회의 해체와 연결되어 있었다. 다시 말해서 봉주(封主/Lehensherr)와 봉신(封臣/Vassalitat) 사이에 섬김 같은 주종관계를 원칙으로 하는 사회신분제도였다. 또한 토지은대(土地恩貸, Beneficium)를 원칙으로 하는 경제적 관계이다. 때문에 결국 이것은 봉건제 사회구조의 종말을 초래하는 결과가 되었다. 이것은 세속적인 합리성과 상호간의 경쟁을 통한 공리를 지향하고 과학적인 계산이 더욱 요구되는 변화 속에서 조화와 균형의 합리적 중심을 찾지 못한 부재와 상실에서 기인된 종말의 결과이다.

과거 봉건사회의 해체는 도시의 성장, 그에 따른 시민계급의 성장과 뗄 수 없는 연관성을 지녔으며 지리상의 발견, 프로테스탄티즘(Protestantism)[5]의 윤리가 뒷받침해주는 노동의 신성과 절제와 금욕, 무엇보다 합리성의 추구가 결정적 영향을 미쳤다. 이처럼 전근대적사회에서 근대적인 사회로의 이행은 사회의 통합방식과 개인의 행위양식의 중대한 변화를 초래했다.

독일 사회학자 퇴니에스는 사회가 공동사회에서 이익사회[6]로 이행하고 있다고 예견했다. 전자인 공동사회에서는 인간의 삶이 생존지향적이고 자연 및 타자와의 조화 및 통일을 중시하는 데 비해서 후자인 이익사회에서는 정복과 대립을 지향하고 이익추구를 위해 경

---

5) 개신교를 가리키는 프로테스탄티즘(Protestantism)은 1529년 슈파이어 의회에서 처음 사용되었다. 학자들은 교황이나 성직자의 권력남용을 비판하였고 특히 루터는 종교개혁의 불을 댕기는 계기가 되었다. 브리태니커, 개신교, 참고인용.

6) 사회체제들의 성격에 관한 퇴니에스의 개념은 그의 게마인샤프트(공동사회)와 게젤샤프트(이익사회)의 구별에 바탕을 두고 있다. 게마인샤프트의 전형인 시골의 농촌사회에서는 대인관계가 전통사회의 풍습에 따라 정해지고 규제된다. 게젤샤프트에서는 합리적인 이기주의와 타산적인 행동이 게마인샤프트의 구조에 편재하는 가족 · 친척 · 종교의 전통적 유대를 약화시키는 작용을 한다. 게젤샤프트에서는 인간관계가 능률이나 그 밖의 경제적 · 정치적 이익을 고려하여 합리적으로 구축되기 때문에 비인격적이고 간접적으로 되게 마련이다.〈게마인샤프트와 게젤샤프트 Geme- in schaft und Gesellschaft〉(1887)에서 체계화한 사회조직의 이념유형들. 브리태니커, 사회학, 참고인용.

쟁적 행위와 사고에 몰두하게 된다는 것을 주장했다. 이것은 점진적으로 인간사회의 가치가 변화하고 있음을 보여주는 사례의 과정이다. 타자와의 공생공존의 조화는 퇴보하고 대립과 이익추구의 가치를 더 중시하는 이익사회로의 전환이다. '기계적 유대' 란 주로 물리력에 의해 획일적 사회성원을 통합하는 방식이며 '유기적 유대' 는 노동의 다양한 분화과정에 따라 구성원이 자신들의 이익과 목적 실현을 위해 자발적 협조가 이루어짐으로써 사회통합[7] 을 이루어 나가는 방식이다.

오늘날 이처럼 이익사회의 통합과 사회의 분화가 이루어지면서 사회이론의 실재론과 명목론이 점차 대립하는 양상을 띠게 되었다. 또 사회가 무엇인지 사회와 인간은 어떤 관계에 놓여있는지에 대해서 사회실재론자들은 사회가 인간들의 지속적인 상호작용과 관계들로 얽혀있어 안정적인 구조를 이루며 개개인들의 외부 사고와 행동을 규정하는 개인으로 환원될 수 없는 고유한 성격을 지니고 있다고 보았다. 사회를 이루는 기관이나 조직, 개인들은 사람의 심장, 혈관, 세포 등과 같은 인체의 요소들처럼 사회유기체내에서 다양한 기능을 수행한다고 했다.

한편 실재론의 연원은 철학적으로 플라톤의 사회유기체론으로 소급될 수 있다. 이는 아리스토텔레스에 '인간의 사회적 존재론' 과 헤겔의 '국가 인륜논' 의 연장선상에 놓여있다. 사회명목론은 실재론과 반대로 사회는 개인들의 성질에서 유래한 것으로서 개인들의 속성으로 환원할 수 있다는 입장에서 사회보다 사회를 구성하는 개

---

7) 스펜서는 군사형 사회에서 산업형 사회에로 발전한다고 보았고 에밀 뒤르켐(프랑스 사회학자)은 사회통합방식이 '기계적 유대' 에서 '유기적 유대' 에로 진행한다고 주장했다. 위키 백과, 사회, 참고인용.

인들의 자율적 행위가 개인을 더 중시한다고 보았다. 명목론은 인간을 사회보다 개인에게 무게 중심을 두는 개인주의, 계몽주의 등 여러 사조에 기인했다.

이처럼 진정한 의미의 사회가 실제로 존재할 수 있는가, 없는가 하는 논쟁에 있어서 많은 고민이 따른다. 하지만 철학적으로 '인간이 무엇이냐' 하는 문제와 결부되어 있고 그 실체를 규명하기가 그리 쉽지 않다. 인간이 사회적 존재라는 입장과 개인적 존재라는 입장이 팽팽히 맞설 수밖에 없는 것이 현실이다. 그것은 어느 한쪽이 옳다 하더라도 풀리지 않는 문제는 여전히 남을 수밖에 없다.

때문에 칸트는 인간을 '사회적인 비사회적 존재'[8] 라고 정의를 할 수밖에 없었다고 한다. 다소 애매하다. 하지만 오늘날 철학과 과학의 대체적인 추론은 인간을 자유의지가 구비된 주체적 존재로 보지 않는다는 견해가 좀 지배적이기도 하다. 또한 계몽주의는 개인의 부각과 강조에서 시작했지만 사회혁명으로 나아갔고 그 후에 사회주의와 구조주의철학에 세계적 확산은 인간을 더 이상 주체적 존재로 규정할 수 없게 만들어버렸다.

이처럼 현대사회의 인간은 싫건 좋건, 요람에서 무덤까지라는 삶의 길(道)을 지향해간다. 21세기 현대사회가 인간의 삶과 행복의 질을 향상시키는 복지는 고사하고라도 사회로부터 자유와 인권을 저당 잡히고 그 정체성을 규정당하는 존재로 전락된 사회임에 틀림이 없어 보인다. 이것이 이 시대의 냉혹한 현실이고 인간관계의 한계이다. 따라서 문제는 사회실재론이냐, 사회명목론이냐 또는 개인이냐, 사회이냐가 아닌 듯싶다. 인간에 의해서 만들어진 사회로부터 봉쇄당한 개인의 자유와 평등을 어떻게 회복할 것이냐가 문제이다.

이것이 현대사회가 해결해야 할 고민이고 풀어내야 할 과제이다. 이에 대한 고민의 해결과 과제의 해법은 그리 쉽지 않아 보인다.

그러나 이런 사회적 갈등의 이면에 자기 '자신의 중심'을 바로 보지 못하는 문제와 '사회의 중심'과에 관계설정에서 어디가 합리적 관계의 중심(中心)이 있는 '균형점'인지를 찾아내 바로 보고 바른 실행을 통해서 현실화할 수 있다면 '잃어버린 사회의 중심'을 다시 세울 수 있다고 본다. 사회로부터 봉쇄당한 개인의 자유와 평등도 어느 정도 회복이 가능할 것 같다.

사회와 공동체는 어떻게 다른 것인가? 문화라는 말은 가장 어렵다고 할 정도로 동서고금을 통해 인간의 모든 것과 관련하여 복잡하게 쓰이고 있다. 원시문화, 고급문화, 저급문화, 예술문화, 정치문화, 농경문화, 세계문화, 음식문화, 놀이문화등과 같이 많은 문화가 우리사회에 혼재돼 있다. 그러나 생각하는 것처럼 꼭 그렇게 어렵지만은 않다. 정치사회, 시민사회, 노동사회, 동북아사회, 세계사회, 계약사회 등 많은 사회가 있다. 그러나 문화가 있는 곳에는 반드시 사회가 있다. 사회와 문화는 둘이 아니라 인간의 삶을 이끄는 두 수레바퀴처럼 하나이다. 한 묶음 안에서 상호작용의 관계가 이루어지고 있다. 사회는 문화를 낳고, 문화는 사회를 조직하고 미래사회를 재구성해 간다. 이처럼 불가분의 관계임이 틀림없다.

과거 인류사에서 17세기 후반 프랑스혁명은 사상 처음으로 세계를 완전히 새롭게 변모시킨 문화 천지창조 개벽을 이루어낸 자랑스러운 인류의 역사이다. 신이 아닌 인간주의를 통해 이룩해 낸 위

---

8) 마르크스주의의 역사유물론에 기본개념으로서 사회적의식과 짝이 되는 개념에 반하는 개념. 브리태니커, 사회적 존재, 참고인용.

대한 문화혁명[9]이다. 비로소 인간 자신이 우주의 지배자요, 세계의 주인이라고 하는 확신으로 마침내 세계사의 한 축을 재탄생시켰다. 신에게 기댄 귀족과 성직자가 지배하던 정치체제를 완전히 타파하고 해체시킨 새로운 사회의 이념으로 탈바꿈 시켰다. 그들이 장악했던 토지와 부를 박탈한 후 불평등한 신분제도를 부수고 새로운 세상을 열었다. 평등한 민중과 시민들이 역사상 최초로 스스로의 힘으로 주인의식을 가지고 신 사회, 신 국가를 건설해낸 혁명의 역사이다. 그것이 오늘날에 민주주의의 시작이다. 그것이 바로 진정한 이 사회의 탄생 시점이다. 따라서 인간의 삶을 이루는 사회는 반드시 민주적 방법이어야 하고, 공익적이어야 한다는 것이 이 사회개념의 핵심요체이다.

그러나 오늘날 국가나 사회도 매우 민주적이지 않고 대중들도 그렇게 이성적이지 않다. 그것은 어찌 보면 옛 공동체와 별반 크게 다를 게 없어서이기 때문이다. 때문에 무엇이 다른 것인지도 확연치도 않다. 그래서 그런지 일각에서 아무 구분 없이 공동체와 사회를 마구 뒤섞어 쓰는 것인지도 모를 일이다. 이렇게 개념의 문화적

9) 문화혁명- 1789년부터 1799년까지 프랑스에서 일어난 시민 혁명. 부르봉 왕조를 무너뜨리고 프랑스의 사회 구조를 크게 바꾸어 놓았다. 프랑스혁명(1789)의 동기는 다음과 같은 요인들을 들 수 있다. ①프랑스는 유럽에서 가장 인구가 많았으며 이 인구를 충분히 먹여 살릴 수 없었다. ②세력을 넓히고 있던 부유한 부르주아는 다른 어느 국가에서보다도 더욱 철저하게 제도적으로 정치권력에서 배제되어 있었다. ③농민들은 자신들의 상황을 심각하게 인식하고 있었으며 시대착오적이고 짐스러운 봉건제도를 지지하는 경향이 갈수록 줄어들었다. ④사회적·정치적 개혁을 주창하는 철학은 다른 어느 곳에서보다도 프랑스에서 더욱 광범위하게 유포 되었다. ⑤프랑스가 미국 독립전쟁에 참여했던 결과 국가의 재정은 완전히 파탄에 이르게 되었다. 청교도혁명, 미국 독립 전쟁과 함께 근대 민주주의의 3대 혁명 중 하나로 근대 시민사회 성립의 계기가 되었다. 브리태니커, 프랑스혁명, 참고인용.

맥락에 몽매하고 무시되어서 이 땅에서는 사회보다 공동체를 훨씬 더 선호하는 현상이 아닌지 우려된다. 그러나 일부 부분적으로 혼돈 내지 혼용할 수도 있겠다는 생각이다. 그러나 사회적 존재로서 사회의 역사적 본질적 의미는 결코 놓쳐선 안 될 일이다. 좋은 사회는 깨어있는 평등한 대중과 성숙한 시민이 만들고 사회가 재구성해 미래로 나간다. 이것이 선행되고 민주적일 때에 '참사회'이고 국민이 행복해 할 수 있는 미래 비전의 국가상이다.

인간의 삶에 형성되는 사회화[10]의 정의와 개념은 어떤가? 일반의 인식과는 달리 일시적 현상도 아니고 시간과 더불어 지속적으로 진화되어 형성되는 관계의 현상으로서 매우 복잡하다. 사회화의 방향성은 정치적으로도 매우 미묘한 문제적 개념이다. 사회화는 기본적으로 인간을 사회가 자연인에서 사회인화 하는 체계적 과정이다. 즉, 사회적 존재 또는 사회에 적합한 존재로 교육해서 사회인으로 '만들어 가는' 하나의 메커니즘이다. 그러나 이 사회가 인간들을 이 사회에 맞게 형성하는 데 있어서 이 사회자체가 문제가 되고 있다면 그 사회에 존속된 인간도 문제가 발생할 수밖에 없다. 이미 많은 철학자들이 주장했듯이 부도덕한 사회에서는 부도덕한 인간이 잉태되고 도덕적으로 생존하기는 어려운 법이라고 했다.

과거 인류의 사회는 동서양을 막론하고 수도 없이 다양한 형태로

---

10) 사회화- 사회화는 발달할 수 있는 가능성을 전제로 아동들이 사회의 한 성원으로 성장·발달하는 동안에 그 사회에서 공인된 언어·사고·감정·행동 따위 등을 포함하는 생활양식을 통하여 건전한 사회생활을 할 수 있게 되는 교육적 성장과정이다. 이 정의가 사회적인 측면에서 보면 사회화는 아동 및 청소년 등이 사회생활을 영위할 수 있는 성인으로 성장시켜가는 과정을 말하며, 개인적인 차원에서 보면 한 개인이 속해 있는 사회집단 구성원들이 기대하는 바에 따라 그의 행동을 발달시켜 인성·동기·가치관·태도·신념 등을 갖추어가는 과정이 사회화이다. 브리태니커, 사회화, 참고인용.

인위적사회가 생성되거나 소멸했었다. 원시사회·봉건사회, 근대사회·현대사회, 농경사회, 자본주의사회, 사회주의사회 또는 지구촌사회, 국가사회, 지방사회 등이 모두 그렇다.

그리고 현대인은 누구나 요람에서 무덤까지 크고 작은 수많은 사회집단에 소속되어 일생동안 영향을 받으면서 국가와 신문, 방송체제 등으로부터 자기 존재의식에 규정을 당하거나 영향 아래의 사회화에 묶여서 철저히 통제적으로 지배되고 있다. 그렇듯이 이 모든 집단은 국법이라는 원리·가치·질서와 그 형식의 범주에서만 작동한다. 국가의 사회적 성격이 곧 인간과 인간집단의 성격을 결정짓고 규정짓는다고 해야 할 것이다.

그러나 만일 한 국가의 사회가 공익을 강조하는 사회가 아니고 개별적 이익과 권리에 몰두하는 이기주의를 더 중시하는 사회라면 그 사회는 빈자와 약자를 보호하기보다 강자와 부자를 더 위하는 사회이다. 자유와 평등을 존중하는 민주주의보다 권력과 힘에 의한 소수만의 자유를 보장하고 계층 간 차별을 방치·조장하는 비민주적 사회로 전락할 수 있다.

언론에서 다원적 가치가 유통되지 못하고 유일적, 일방적 주장만 난무하는 사회라면 이것 또한 공정과 정의가 실종된 사회이다. 인간의 삶과 '사회의 중심(中心-가운데 마음)'인 허리가 중추신경 마비를 일으킨 불구의 몸이나 다름없다. 이런 현상은 조화와 균형을 잡지 못하고 허우적거리는 불완전한 사회의 현상이다.

그렇다면 이 사회의 빈자와 약자들은 이 험난한 세상을 어떻게 살아야하나? 엄연히 그들도 이 사회의 구성원이자 존엄한 주권자이다. 이 사회의 약자들이 선하고 인간답게 민주적인 방법으로 살 권리가 존중[11] 되어야 마땅하다. 그러나 과연 이에 대한 해법과 방도가 있는 것일까? 그렇다. 그것이 바로 '중심(中心-가운데 마음)'이고 '중심보기'를 통한 '중심 지키기'의 이론이다.

한 국가의 이념적 지향과 정책 방향은 다양한 기구와 매체수단을 통해서 그대로 모든 집단에게 일방적으로 전파되고 영향을 끼치게 된다. 그러나 우리가 살아가고 있는 이 사회는 절로 좋은 사회화가 이루어지는 것은 아니다. 좋은 사회화란 그 사회가 반드시 좋은 사회일 때 비로소 좋은 사회화가 조성되고 형성될 수 있다. 그렇게 되었을 때에 궁극의 목적인 삶의 가치와 행복추구가 구현되는 차원 높은 사회화가 될 수 있다. 자칫 사회화를 위한 '사회화'가 되지

11) 인권(人權- human rights)이란? 사람이 사람답게 살기 위해 필요한 것으로서 당 연히 인정된 기본적 권리이다. 인권에는 모든 개인에게 보편적으로 해당하는 광범위한 가치들이 포함되어 있다. 인권이 보편적인 사회적 요구와 현실로 받아들여진 것은 르네상스 때 부터에 17세기 이르는 기간이다. 토마스 아퀴나스, 그로티우스의 저술과 마그나 카르타, 권리청원(1628), 영국의 권리장전(1689) 등은 '모든 사람은 태어나면서부터 타인에게 양도할 수 없는 고유한 권리를 가지고 있다'는 천부인권(天賦人權)의 사상을 반영하고 있다. 인권의 개념은 18~19세기 절대주의의 투쟁에 의해서 더욱 발전되었다. 인권의 기초로서의 자연법사상은 18세기 버크, 흄 등과 공리주의의 창시자인 벤담에 의해 비판을 받았다. 그러나 인권사상은 노예제의 폐지, 노동법의 제정, 공공교육 실시, 노동조합의 인정, 보통선거권 등 이와 같이 다양한 형태로 표현되었다. 인권의 존재에 대해서는 이론의 여지가 없지만 21세기에 와서도 인권의 본질과 범위는 여전히 논란의 대상이 되고 있는 실정이다. 20세기에 이르러 모든 인간은 일정한 기본적인 권리를 부여받았다는 일반적인 합의에 기초해서 국제적인 인권선언들이 마련되었다. 국제연합(UN) 헌장에는 '인종·성·언어·종교에 상관없이 인간의 권리와 기본적인 권리를 존중하고 준수할 것'을 서약하고 있다. 1948년 UN 총회에서는 세계인권선언을 의결하고 이러한 내용을 다시 한 번 확인했다. 1980년대에는 각국의 사법기관에서 국제적 인권을 보장하는 것과 같은 인권 옹호를 위한 새로운 방법이 시도되었다. 국제기구 이외에 별도 민간조직에서도 인권 옹호를 위해 활동하고 있는데, 국제사면위원회(1961 설립) 같은 조직에서는 사상의 자유, 종교의 자유, 언론의 자유 등을 침해한 사례들을 수집해서 자료집으로 발간하고도 있다. 브리태니커, 인권(人權), 참고인용.

않기 위해서는 진정한 '인간화(人間化)'가 먼저 선행되어야하는 이유이다.

이 세상엔 수많은 이즘(Ism)과 이데올로기(Ideology)가 상존한다. 자연과 자연주의, 문화와 문화주의, 자유와 자유주의, 평등과 평등주의, 사회와 사회주의 등등 이다. 이렇게 다양한 종족과, 다양한 환경과, 다양한 사회의 발전경로를 거치면서 생겨난 이즘(Ism)과 이데올로기(Ideology)는 매우 자연스런 사회화의 현상이다. 예컨대 사회주의 사상은 고대 그리스로부터 유래하여 오늘날 십 수 종의 사회주의이론이 존재한다. 원시사회주의, 아프리카사회주의, 아랍사회주의, 불교사회주의, 기독교사회주의, 생태사회주의, 자유사회주의, 공산주의, 시장사회주의, 민주사회주의, 무정부사회주의 등등이 그렇다.

그러나 반면, 한국적 지형에서의 인식되는 사회주의는 딱 하나다. 그것은 바로 공산주의뿐이다. 또 공산주의는 민주주의의 상대적 주의이기도 하다. 과거 정치적 상황에서 독재정부에 의해 무려 반세기동안이나 모든 대중들을 세뇌시키고, 세뇌를 당해 왔던 굴절된 민주주의도 있었다. 물론 민주화이후 많이 개선되었고 나아지긴 했지만 아직도 이념교육은 수준미달이라 할 수 있다. 그러나 사회주의는 원래 민주주의의 시작이었다.[12] 민주주의가 아닌 사회주의는

---

12) 민주주의- 민주주의의 기원은 고대 그리스의 도시국가에까지 거슬러 올라간다. 이들 도시국가에서는 전체 시민이 직접 입법부를 구성했는데, 인구수가 1만 명을 넘지 않았고 여성과 노예들의 참정권이 인정되지 않았던 때였다. 모든 시민들에게는 각종 행정·사법기구에서 활동할 자격이 부여되었고 일부는 선출되고 일부는 추첨에 의하여 공직에 등용되었다. 권력분립이 제대로 이루어지지 않은 상태였고, 모든 공직자는 행정·사법·입법권을 총괄하는 민회에 대해 책임을 지고 있었다 한다. 고대 그리스의 민주주의가 민주주의의 시발이라고는 하나 역사적으

처음부터 존재할 수가 없다. 사회주의는 민주주의로부터 시작하여 발전되었고 앞으로도 민주주의와 함께 동반자처럼 운명을 같이할 것이다.

이처럼 사회는 일반의 통념과 달리 민주적일 때만 '참사회'가 된다. 사회가 자유롭고 평등하게 민주적으로 작동할 때 이를 일러 '사회의 원리'라 할 수 있고 이것이 바로 진정한 민주주의의 사회화가 될 수 있다. 사회는 민주주의이고 민주는 자연스럽게 사회주의와 직결되는 개념이다. 이로써 사회는 사회주의와 간단히 연결되고 본질적으로 둘은 같은 의미를 띤다는 것을 알 수 있다.

다만 우리 한국이 문제이다. 유럽 등의 선진적 민주주의는 정체되어있지 않고 무한 발전하여 '더' 나은 자유와 '더' 많은 복지·평등이 사회화를 향해 전진해가고 있다. 한국은 선진국을 호언하면서도 사회주의는커녕 최소한의 형식적 민주주의조차도 제대로 구현되지 못하고 있다. 그것이 우리 한국사회가 당면한 아이러니이다. 세계인권선언에는 누구나 사상의 자유가 있다고 했다. 그러나 이 땅에선 아직 진정한 '참사회주의'[13]의 실천은 아직 멀기만 하다.

로 볼 때 현대의 자유민주주의에 크게 영향을 끼치지는 못했다. 근대민주주의의 개념은 중세 유럽의 신법(神法)·자연법(自然法)·관습법 사상에 의해서 유래된 개념과 제도의 발전이다. 특히 천부인권사상과 정치적 평등사상으로 대표되었던 유럽의 민주사회발전은 근대적 입법기구의 성격으로 등장케 되었다. 자유선거·보통선거에 기반을 둔 대의제 의회는 19~20세기 민주 정부의 핵심적 기구로 부각되었으며 서유럽에 있어 민주주의는 기회균등, 언론·출판의 자유, 법치주의 이념 등을 포괄하는 개념이다. 브리태니커, 민주주의(民主主義), 참고인용.

13) 참사회는 '민주'적일 때만 참사회이다. 사회가 반민주적 독재체제라면 누구도 참사회라고 할 수 없다. 조폭이나 갱 집단과 다를 바 없을 것이다. 사회가 '자유롭고 평등'하게 민주적으로 작동할 때 이를 일러 사회의 원리라 한다. 이것이 바로 사회주의 이념이 되는 것이다. 사회는 민주주의고 민주주의는 자연스럽게 사회주의와 직결 되 하나가 되는 것이다. 오픈지식, 사회와 사회주의, 참고인용.

역사 유물론에 따르면 인간의 사회적 존재는 실천적인 사회적 삶의 과정이다. 이 과정은 인간이 자연에 대한 관계 및 인간 상호간의 관계를 포괄한다. 이를 반영하는 사회적 의식은 넓은 의미에서 사회적으로 인식되고 매개되는 모든 정신적 표현을 가리킨다. 이처럼 사회적 의식은 사회구성 자체 내에 다양한 구조를 지닌다. 사회적 의식의 형태로 분류될 수 있는 것에는 철학적 의식, 정치적·법률적 의식, 도덕적 의식, 예술적 의식, 종교적 의식 등이 있다. 마르크스주의에서는 사회적 의식이 사회적 존재에 의해 규정된다는 명제를 기반으로 삼으면서도 사회적 의식의 상대적 자립성을 주장했다. 즉 사회적 의식의 다양한 형태들이 상호작용을 통해 사회적 의식이 사회적 존재에 대해 능동적으로 반작용한다는 점도 일반적으로 인정해야 한다.

사회인격학(社會人格學)은 새로운 심리학의 이론이다. 이 이론에 따르면 사람들 사이의 관계는 유전학적으로 그들이 타고난 심리적 유형에 따른다는 것이다. 사회 인격학은 스위스 심리학자 카를 융이 만든 유형체계[14]에 바탕을 두고 있다. 이렇게 사회인격학이 동일형태의 유전학에 따른 개인의 심리분석 이론이라면 사회의 중심은 개인이 아닌 어떤 사회를 이루고 있는 집단의 합리적 이해와 작용에 대한 분석이론으로서 진정한 사회의식이란 개인의 영역 범주를 떠나 한 차원 더 진보된 전체사회의 인격화개념으로 확대되어야 한다고 보는 것이다. 그것은 나만을 위한 것이 아니라 우리사회 전

---

14) 사회인격학(社會人格學)은 새로운 심리학 이론이다. 이 이론에 따르면, 사람들 사이의 관계는 유전학적으로 그들이 타고난 심리적 유형에 따른다는 것이다. 사회인격학은 스위스 심리학자 카를 융이 만든 유형체계에 바탕을 두고 있다. 위키백과, 사회인격화, 참고인용.

체를 아우르는 공동체의 인격화가 더욱 바람직하다고 동의하기 때문이다.

19세기 유럽사회는 산업혁명의 영향을 받아 농촌중심의 사회에서 도시중심의 사회로 변모하여 갔다. 따라서 갑자기 커진 도시는 실업자의 증가와 주택의 부족 등으로 수많은 사회적 문제를 가져왔다. 정치적으로는 시민혁명을 거치면서 국민의식이 발달하여 도시 시민 층이 사회를 이끌어 나가는 시민사회가 그 중심이 되었다. 그러나 현대사회의 도시는 21세기를 맞이하면서 도시집중화의 따른 스트레스가 몹시 가중화되고 있는 상황이다.

우리나라에서도 산업사회를 거치면서 도시로, 도시로만 도시 중심화 사회로 집중한 현대사회가 이젠 초중량급으로 비대해진 체중의 무게를 더 이상 감당하기 어려운 상황을 맞았다. 그래서 생겨난 것이 지방의 공동화 현상을 막고 국토의 균형발전이라는 백년대계를 국가사업으로서 국토와 사회의 그 중심잡기 정책이 나오게 된 배경과 명분이다.

현재 정부에서 대거 진행되고 있는 신행정수도건설 사업이 바로 이것이다. 2003년 12월 29일 이 신행정수도특별조치법(안)이 국회 본회의에서 여·야합의(찬성167, 반대13, 기권14)로 가결되었다. 신행정도시특별법 주요 골자는 다음과 같다. ①연기·공주지역에 행정기능을 이전하여 자족형의 친환경, 인간중심, 문화정보도시를 건설한다. ②공공건물의 건축과 행정도시 광역교통시설의 건설을 위해 국가예산에서 지출하는 금액의 상한선을 8조 5000억 원으로 한다. ③대통령 소속으로 총리와 민간인을 공동위원장으로 하는 30명 이내의 추진위원회를 구성하고 그 실무조직으로 추진단을 둔다. ④

효율적인 사업추진을 위해 차관급을 청장으로 하는 건 설청을 설치하는 것 등이다.

지난 2004년 10월 신행정수도건설특별법에 대해 헌법재판소가 위헌 결정을 내리자 이에 대한 후속대책으로 정부가 마련한 것으로 2005년 3월 국회를 통과한 데 이어 같은 해 11월 헌법재판소의 합헌 결정에 따라 2012~2014년까지 행정수도 이전을 마무리하기로 되어 있다. 신행정수도의 새 이름은 세종특별시가 되었다. 그러나 이 세종특별시법이 MB정부 이후 정치적, 사회적으로 많은 이해관계 속에서 엄청난 갈등을 빚어냈고 많은 논란과 사회적 갈등을 겪어야 했다.

그러나 막강한 힘과 권력을 움켜쥐고 있는 사람들이 어떤 사회적 합의를 이루고 본래의 취지대로 이끌어가게 될지는 국민들이 두고 지켜볼 일이고 그 중심(中心)을 바라보는 국민의 눈이 흔들리지 않게 되기를 바란다. 이런 문제들을 관찰하고 살펴보는 의식들이 우리 '사회의 중심'이다. 이런 중심적가치가 우리 '사회의 중심'을 지켜가게 될 것이다.

중용은 진정한 '인간 관계론'의 법칙

21세기 현대사회는 하이테크(High Tech) 과학문명시대이다. 고도의 첨단과학문명의 기술에 의해 물질이 풍요로워지고 살기가 편해졌다. 그러나 물질이 풍요롭고 삶이 윤택해졌어도 이 시대를 사는 현대인들에게는 또 다른 고민이 있다. 그것은 바로 어떻게 살아남느냐에 대한 절박한 고민이다. 때문에 이 시대를 사는 현대인들은 자고나면 치열한 생존경쟁의 전쟁터에 들어가서 실력 대 실력으로 우열에 심판을 가리고 서열을 받아 끝없는 생존에 투쟁을 벌이게 된다. 그렇게 해서 줄서기가 이루어지고 등수 내지는 등급이 정해진다. 그것이 바로 현재 하이테크 문명시대를 살아가는 현대인들이 직면한 실제의 모습이고 상황이다.

따라서 이 시대를 사는 사람들의 삶에 방식이 매우 복잡해지고 사람과 사람들의 관계도 매우 복잡 미묘한 관계이다. 국가를 운영하는 체제와 시스템도 복잡하고 그것을 관리하고 감독하는 방법도 매우 복잡하다. 그래서 이렇게 복잡한 사회에서 잘 살아남으려면 남보다 똑똑하고 영리해야한다. 그러기 위해서는 그에 대한 자질과 능력을 키워야 했고 모두가 엘리트가 되어야 했다.

이렇게 이 문명시대를 사는 사람들은 실력이 있든, 없든 무조건 대학은 나와야 하고 그런 자격을 내세워 어떤 분야에서든지 일등이 되어야만 한다고 믿고 그 목표와 목적을 위해 끝없이 치열한 경쟁을 해야 하는 상황이다. 그렇게 맹목적인 목적을 위해 전진에 전진을 계속할 수밖에 없는 상황이다. 그러나 그렇다고 모든 사람들이 다 일등이 될 수는 없다. 그래서 정정당당하게 일등이 될 수 없는 사람들은 온갖 편법을 동원하게 된다. 그 편법은 편법에 또 다른 편법으로 생존경쟁의 위기를 국면전환하기 위한 몸부림이다.

즉 일등이 되고 성공이란 목적을 달성하기 위해서는 인격이나 양심에 수반하는 행동에 수단과 방법이 따로 없는 사회가 되어버렸다. 때문에 현대인들에게 더욱 더 성공하는 비결은 정석이 따로 없다. 오로지 수단과 방법을 가리지 않고 살아남는 것이 능력이다. 때문에 성공에 비결로 유명한 멘토(mentor) 데일 카네기의 인간관계론이 살아남기 위한 경쟁에서 좋은 무기(지침서)가 되고 있다. 성공을 꿈꾸는 많은 욕망의 소유자들에게 이 같은 지침서가 절실하게 필요하고 관심에 대상이 될 수밖에 없는 것은 매우 당연한 것이 아닐까.

데일 카네기의 인간관계론(How to Win Friends and Influence People)을 보면 성공적인 인간관계를 위하여 인간경영 노하우를 체계적으로 연구하고 알려 준다. 데일 카네기는 성공적인 인간관계와 인간경영 리더십을 주창한 선구자이고 문명시대의 현대인들에겐 진정한 멘토(Mentor)로서 나름 그 방향성을 제시하고 있다고 할 수 있다.

일예로 그 내용을 요약해보면 다음과 같다.

'첫째는 우호적인 사람이 되라. 둘째는 열렬한 협력을 얻어내라. 셋째는 리더가 되라. 넷째는 감동(탁월한 커뮤니케이션)을 주어라.' [1] 와 같은 등등의 것들이다. 그렇듯 위에 내용들은 성공을 위해서는 모두가 필요한 조건이고 필수적 원칙이다. 그러나 이것들은 모두가 성공을 위해 전제 된 조건들이고 원칙이다. 자신의 성공을 위해서 성공적인 인간관계의 조성이 필요하고 성공적인 조건과 분위기가 조성되면 그 때에 그 관계의 중심적 리더가 되어 자신이 설정한 그 목표를 이루어 나갈 수 있다. 라고 하는 것이 카네기 '인간관계론' 의 주된 핵심내용이다.

그렇다. 그런 인간관계의 배경 속에서 성공이 만들어지고 행복이 만들어진다. 이렇게 성공적인 인간관계를 위해 사람들은 끝없는 생존경쟁을 해야 하고 최후의 승리를 쟁취해야 한다. 그렇게 하면 부와 명예가 절로 만들어진다는 것의 근거한 성공비결의 이론이다.

그러나 이런 인간관계론의 전체를 보면 개인의 성공과 승리만을 말할 뿐 모두의 성공과 승리를 위한 목적은 간과하고 있다. 그것은 내 자신의 성공을 위해선 내가 '어떻게, 어떤 방법으로, 어떻게 처신하라' 라고 하는 것에 대한 일방적 조언이고 방향제시일 뿐이다. 개인의 성공과 행복만을 강조한 목적이고 방법일 뿐 우리 모두의 성공과 행복에 대해선 전혀 언급되지 않고 간과하고 있다.

이 세상은 나만 성공하면 되는 세상은 절대 아니다. 익히 우리 모두가 잘 알고 있듯이 우리는 함께 더불어 행복해야 한다. 그리고

---

1) 데일 카네기,「카네기 인간관계론」, 씨앗을 뿌리는 사람, 2004, p, 6 참고인용.

그런 세상과 그런 미래의 비전을 만들어가는 것이 미래의 궁극적 목표이다. 물론 내가 먼저 성공하고 행복해야겠다는 그 당위성에 대해서도 그 누구도 이론이나 그 자체를 부정할 사람은 없을 것이다. 그러나 내가 성공하려는 과정에서 내가 아닌 그 누군가의 성공을 방해하고 지장을 준다고 하는 것은 결코 옳지 않다. 그것이 고의성이거나 악의적 의도에서 어떤 힘이 작용했다면 그것 또한 정의에 반하는 불공정이고 반칙이다. 그것은 우리사회에서 공정을 병들게 하는 병폐이다.

그러나 오늘날 우리의 현실은 어떤가? 내가 너보다 조금 먼저 성공해야겠다가 아니라 내가 성공하기 위해선 네가 죽어줘야 한다가 더 정확한 표현일 것이다. 또는 내가 이익을 거둘 만큼 네가 손해를 봐야겠다가 더 정확이 맞는 표현이다. 그렇다보니 손해 보지 않고 죽지 않기 위해선 상대를 반드시 이겨야만 하는 것이고 이기는 것으로도 부족하여 또 다시 도전을 못하도록 완전히 죽여야 하는 것이 오늘날 이 찬란한 문명시대에 우리의 자화상이다.

그런데 어찌 이 현실에서 공정한 게임의 룰과 원칙이 지켜지는 합리적인 경쟁을 기대할 수 있을까? 그래서 현시대를 일컬어 약육강식이 판치는 '21세기 춘추전국시대' [2] 이니, '정글의 법칙' [3] 이니

---

2) 제자백가(諸子百家)는 중국 춘추전국시대(기원전 770~221)의 여러 사상가들과 그 학파들을 말한다. 주나라가 동으로 천도한 후의 동주(東周: 기원전 771~256) 시대에서는 종주권이 쇠약해짐에 따라 제후들이 세력을 구축함에 거리낌이 없어져서 약육강식이 잇달아 일어나자 중국 천하는 매우 소란하게 되었다. 이 시기를 춘추전국시대라고 한다. 이 시대는 중국사상의 개화결실의 시기였다. 이 시대의 사상가들을 제자(諸子)라하며 그 학파들을 백가(百家)라 부른다. 출처: 위키백과, 제자백가 참고인용.

3) 공중파는 물론 케이블 등의 전파가 마치 '정글의 법칙' 처럼 극한 생존경쟁 게임에 도구로 전락하여 몰입하고 있다. 이런 서바이벌 게임형식의 프로그램은 어찌

하는 것이 아닐까. 그러나 사자나 호랑이 같은 약육강식의 맹수 세계에서도 인간같이 무차별적은 아니라고 한다. 그들은 결투에서 진 패배자에겐 더 이상의 폭력을 쓰지 않는다. 그들은 꼭 필요한 부분만큼만 사냥을 한다. 그들은 인간처럼 절대 탐욕을 부리지 않는다. 지극히 자연적이며 자연의 법칙과 순리를 거스르지 않는다. 때문에 그들은 자연의 조화로움에 하나가 되고 지속적으로 그 영속성을 유지시켜나간다.

어찌되었든 우린 그 줄 세우기 문화와 사회의 시스템 속에서 우열이 정해지고 강자와 약자로 나눠진다. 그리고 그것을 지극히 당연시하고 무감각하게 받아드리는 것에 길들여지고 익숙해질 뿐이다. 그들이 있어서 내가 운 좋게 일등이 되었다는 생각은 하지 않는다. 내가 일등이 된 것은 그들과는 아무런 관계가 없다고 생각한다. 오로지 내가 그들보다 능력이 뛰어나고 실력이 있었기 때문이라고 믿기 때문이다. 때문에 난 그들의 위에서 당연히 군림할 수 있다. 이것이 요즘 우리사회의 보편적 통념이고 사회적 인식이다.

그러나 이제는 그런 인식과 의식에서 벗어나야 한다. 그들이 있었기에 내가 일등이 되었다는 생각부터 해야 한다. 진정한 일등이란? 자신을 위한 일등이 아니라 그들을 위한 일등이어야 한다. 그것이 진정한 일등의 덕목이고, 그것이 진정한 우리사회 표본이고 미래 인류사회의 기여하는 롤 모델(Role Model)일 것이다. 그것이 진

면 적자생존이라는 '정글의 법칙'에서 절대로 벗어날 수 없는 현실의 극치를 과도하게 일깨우면서 어떻게든 살아남아야 하는 법만을 지나치게 주입하는 것은 아닌지. 그리고 '나가수'의 열창이 원형으로서의 해당 노래가 가수의 가창력과 기교만으로 포장되면서 진정성 없이 공허하게만 울려 퍼지는 것은 아닌지 한 번쯤 따져봐야 할 일이다. 출처: 충청타임즈, 오피니언, 충청논단, '나는 가수다'와 정글의 법칙, 참고인용.

정한 '인간관계론'의 근본적 이론이 되어야한다고 필자는 생각한다.

그럼 카네기 인간관계론에서 말하는 '우호적인 사람이 되라'[4]는 과연 무엇을 의미하는 것일까? 이것은 '카네기 인간관계론'에서 제시된 성공적인 인간관계를 인간경영 리더십으로 정리한 1단계이다. 그 구체적 원칙을 보면 비난이나 비평, 불평을 하지 말라는 것이고, 솔직하고 진지하게 칭찬하라는 것이고, 다른 사람들의 열렬한 욕구를 불러일으켜라. 라는 내용이다.

얼핏 보면 다 맞는 말처럼 들린다. 그리고 그 말처럼 행동하고 실천에 옮기기만 한다면 이 말은 참으로 값진 말이다. 그러나 세상은 그렇지가 않다. 자기가 싫은 사람에게는 사실과 무관하게 비난이나 비평을 하기도 한다. 누구든 비평이나 비난 받을 일이 생기고 그런 행동을 했다면 그 어떤 비난이나 비평을 각오해야한다. 그것은 지극히 당연한 논리다. 그럼에도 불구하고 이 말은 왠지 뒷맛이 개운치가 않다. 약간 틀어서 생각해보면 비난이나, 비평, 불평을 살만한 일이 있음에도 그가 가지고 있는 돈과 권력, 배경이 있으니 눈치를 보라는 말처럼 들리기도 하고 그에게서 밥을 먹거나, 도움을 받으려면 절대 비위를 건드려서는 안 된다는 말처럼 들리는 것은 나만의 생각이고 착각인가. 어쨌든 목적을 위해선 진심이나 도덕, 윤리 따위는 상관없다는 말 같기도 하다. 이것이 현대사회의 조직문화의 정서이다.

다음은 솔직하고 진지하게 칭찬하라고 하지만 이 또한 얼마나 구호적이고 비현실적인가. 우리 격언에 '칭찬도 세 번 이상이면 듣기 싫다.'는 말이 있다. 또 '칭찬이면 무쇠도 녹이고, 고래도 춤을 추

---

4) 데일 카네기,「카네기 인간관계론」, 씨앗을 뿌리는 사람, 2004, p, 6 참고인용.

게 한다.'는 말도 있다. 그러나 칭찬을 해야 할 것과 칭찬을 할 수 없는 것과 구별 없이 무조건 칭찬만 할 수는 없는 일이다. 그럼에도 칭찬을 하라는 것은 가식을 요구하는 것이다. 그리고 이 세상엔 칭찬할 수 있는 일과 칭찬 받을만한 일이 그리 많지도 않다. 얼마나 세상이 살벌하게 돌아가고 있는가. 칭찬을 받는 것도 싫고 칭찬을 하기도 싫은 세상이다. 더군다나 내가 아닌 다른 사람이 칭찬받는 것은 더욱 화가 나고 참지 못하는 세상이다. 그러니 솔직하고 진지하게 칭찬할 사람과 대상도 흔치않은 것이 현대사회이다.

대인관계에서 오가는 칭찬이란 것은 매우 상투적이거나 별로 진정성이 없는 내용들이다. 그럼에도 칭찬을 해야 하는 것은 그 역시도 비난이나, 비평을 하지도, 할 수도 없다는 말과 같은 연장선상에 내용이다. 그러나 본래 칭찬의 참 뜻은 진심어린 충고나 타이름에서 오갈 수 있는 말이기 때문이다. 진심으로 꾸짖고 충고할 수 없다면 진정한 칭찬도 없는 것이다.

이렇듯 카네기의 인간관계는 인문정신이 얄팍하고 사람과 사람의 관계에 진중한 바탕과 뿌리가 약하다. 만약에 비바람이라도 몰아치면 그만 쉽게 무너질 수밖에 없고 모래위에 세워진 사상누각 같기만 하다. 이런 인간관계론에서는 별로 행복할 일이 없을 듯하다.

하지만 인문정신의 바이블이라 할 수 있는 '중용'에서는 인간관계를 비추어보면 그 목적과 개념이 완전히 다르다. 유가에서 문명세계를 열어가고 건설하는데 바라는 필요한 조건 중 핵심은 인륜조직[5] 이다. 즉 다시 말해 이것은 인간관계의 모든 근본적 질서규범이다. 이것이 유가정치 윤리학의 기조를 이루고 있는 인문적 바탕이

---

5) 김충열, 「김충열 교수의 중용대학강의」, 예문서원, 2007, p, 59 참고인용.

다. 『논어』에 보면 공자가 말한 육언(六言), 육폐(六蔽)가 있다. 이때의 육언(六言)이 바로 육덕(六德)[6]이다. 육덕은 성(聖), 지(智), 인(仁), 의(義), 충(忠), 신(信)이다. 유가정치에서는 성·지로써 예악과 형법을 제정해서 백성을 교화했다. 인·의는 부자(父子)가 친애하고 군신이 화합하고 사린(四隣)을 하나로 뭉치게 했다. 충·신은 백성을 규합하고, 땅을 개간하고, 풍족하게 먹고 살 수 있도록 하는데 그 목적을 둔다고 했다.

또한 사람의 관계에는 인륜의 기본이라 할 수 있는 육위(六位)가 있고 육위는 각기 육직(六職)을 갖게 했다. 육위는 부부(夫婦), 부자(父子), 군신(君臣)이다. 또한 육직에는 사람을 거느리는 자와 따르는 자, 사람을 부리는 자와 부림을 받는 자, 사람을 가르치는 자와 가르침을 받는 자로 나누어져 있다. 결국 이것이 사람과 사람의 관계를 규정하고 있는 것이고 이런 인간관계를 통해서 사회전체의 통합과 조화와 균형의 질서를 이루었던 것이다. 이미 육위가 정해지면 그 위치에 걸맞게 육직을 맡기고 육직에 나누어 임하게 되면 그것이 바로 육덕의 실현이다.

성(聖)은 부덕(父德)이다. 태어난 생명을 기르고 가르쳐서 사람이 되게 하는 자를 부(父)라 한다. 지(智)는 부덕(夫德)이다. 할 수 있는 것을 알고, 할 수 없는 것을 알며, 행해야 하는 것을 알고, 행해서는 안 되는 것을 아는 이가 장부이다. 장부는 지혜로써 사람들을 따르게 한다. 인(仁)은 자덕(子德)이다. 자식이 훌륭하게 자라서 윗

---

6) 출처: 국어사전, 천지인(天地人)의 도리. 군(君), 신(臣), 부(父), 자(子), 부(夫), 부(婦)의 도를 이른다. 천도(天道)는 곧 음(陰)과 양(陽), 지도(地道)는 곧 유(柔)와 강(剛), 인도(人道)는 곧 인(仁)과 의(義)를 상징하는 역괘(易卦)의 효(爻). 김충열, 「김충열 교수의 중용대학강의」, 예문서원, 2007, p, 59~60 참고인용.

사람을 섬기는 것을 인(仁)이라 한다. 인은 부모를 봉양함은 물론 남의 부모를 내 부모처럼 섬기기도 한다. 의(義)는 군덕(君德)이다. 임금은 의(義)로써 많은 사람을 다스리고 모든 사람의 생사여탈권을 가진 사람이다. 충(忠)은 신덕(臣德)이다. 남의 어려운 것을 도와주는 것이 선행이다. 그 몸이 수고롭고 일하기를 두려워하지 않으며 만일 목숨과 바꿀 일이 생겨도 죽음을 두려워하지 않는다. 신하는 이런 정신으로 임금을 섬기는데 이것이 충(忠)이다. 신(信)은 부덕(婦德)이다. 부덕은 한 남편과 짝하여 평생 생사고락을 함께하고 남편이 죽어도 개가하지 않는 것이 부(婦)이다. 믿음으로 남편을 섬긴다.

이렇게 해서 남편은 남편답게, 아내는 아내답게, 아버지는 아버지답게, 자식은 자식답게, 임금은 임금답게, 신하는 신하답게 각자의 위치에서 할 인간의 도리(道理-職分)를 다하게 되면 어려움이 일어나지 않는다. 인(仁)은 안이요, 의(義)는 밖이다. 예악(禮樂)은 함께 어우러짐이다. 즉 사람과 사람의 관계 속에서 질서의 균형과 조화를 이룸이다.

'군자소기위이행, 불원호기외(君子素其位而行, 不願乎其外)'[7] 이 말씀은 '중용' 원문 제13장 첫머리에 나오는 말씀이다. 이 뜻은 '현재 처한 상황에서 주어진 여건과 형편에 따라 분수에 맞게 살아갈 뿐 그 어떤 염원도 하지 않는다.' 라는 뜻이다. '소부귀, 행호부귀. 소빈천, 행호빈천. 소이적, 행호이적. 소환란, 행호환란. 군자무입이불자득언 (素富貴, 行乎富貴. 素貧賤, 行乎貧賤. 素夷狄, 行乎夷

---

7) 김충열, 「김충열 교수의 중용대학강의」, 예문서원, 2007, p, 192~193 참고인용.

狄. 素患難, 行乎患難. 君子無入而不自得焉)'이다. 이는 '부귀하면 부귀한 대로, 빈천하면 빈천한 대로, 이적의 나라에 있으면 이적의 풍속에 맞추고, 환난에 처했을 때는 환난에 적응하며 세상을 살아간다.'이다. 즉 어떤 상황에서도 나의 중심(中心-가운데 마음)을 잃지 않기 때문에 군자는 적응치 못하는 일이 없다는 말이다.

우리는 흔히 분수를 알라. 또는 분수를 지키라고 한다. 즉 자기 능력에 맞게 행동하라는 말이다. 사람과 사람의 관계에서 자신의 위치에서 자신의 그릇만큼 말을 하고 행동을 한다면 곧 그것이 분수를 알고 분수를 지키는 것이다. 자기가 가지고 있는 그릇의 크기에 자신을 맞추는 것이다. 그러니 굳이 일등의 자리를 탐낼 필요가 없고, 일등이 되려고 다른 일등과 무리한 경쟁을 할 필요가 없다.

그러나 21세기 현대인의 삶은 어떤가? 일등이 아니면서도 일등인 척 해야 하고 그 일등을 지키기 위해 다른 일등을 깎아내려야 한다. 그것이 자기의 성공을 위해서라고 믿기 때문이다. 이것은 진정한 사람과 사람의 관계가 아니다. 여기에는 자신의 분수도 알지 못할뿐더러 내가 아닌 다른 사람을 인정하고 배려함이 없다. 나의 성공이 중요하듯 타인의 성공도 중요함을 인정하려 하지 않는 독선과 아집을 부리기 때문이다. 이렇게 능력과는 아무런 상관없이 무조건 나만이 일등을 해야 한다고 하는 전제가 깔려 있다.

'재상위불능하, 재하위불원상. 정기이불구어인즉무원. 상불원천, 하불우인(在上位不陵下, 在下位不援上. 正己而不求於人則無怨. 上不怨天, 下不尤人)'이다. 윗자리에 있다고 해서 아랫사람을 깔보고 업신여기지 않고, 아랫자리에 있으면서도 윗사람을 헐뜯지 않는다. 어떤 위치, 어떤 상황에서도 다만 자기 자신을 바르게 할 뿐 결코 남에게 자기변명이나 합리화를 하지 않으며 원망도 하지 않는다. 위로는 하늘을 원망하지 않고, 아래로는 사람을 탓하지 않는다. 이렇게만 사람과 사람의 관계를 맺어간다면 누구를 미워할 일도 누구에게 미움을 살 일도 없으니 인간적 관계가 매우 원만하고 우호적일 수밖에 없다.

그러나 우리의 교육과 현실은 어떠한가. 반문하지 않을 수 없다. 좋은 사람을 나쁘게 만들고, 어렵고 힘든 사람을 더욱 힘들게 하고, 나쁜 사람을 더욱 나쁘게 만든다. 위태위태 벼랑 끝에 있는 사람을 등 밀어 떨어뜨린다. 큰 믿음을 작게 만들고, 작은 믿음을 더욱 작게 만들어서 불신만 더욱 크게 키워가게 만든다. 이것이 너도 나도 일등주의와 물질만능주의의 문명에 흠뻑 젖은 사고방식으로 점철된 부도(不道)에 도리 때문이며 참의식의 부재함 때문이다.

이런 인간관계에선 아무리 문명이 찬란한 꽃을 피우고 향기를 뿜어내도 세상은 향기롭지 못하다. 오히려 인간의 영혼을 망각시키는 환각일 뿐이다. 앞에서 말한 데일 카네기의 '인간관계론'은 인간의 본성과 본질적 가치를 간과하고 크게 훼손하고 있음으로써 우리의 작은 희망과 행복마저도 강자들로부터 수탈되어지게 하는 강자 철칙의 승리와 논리일 뿐이다. 이 세상의 모든 사람들이 모두 강자일 수는 없다. 그럼에도 너도 나도 강자가 될 수 있다고 부추기고 강자의 길로 들어가 피투성이 전사로 생사의 결투를 하도록 종용하고 있다고는 생각하지 않는가?

강자가 되는 길은 위험하고 험난하다. 강자의 자격과 능력을 갖지 아니하고 강자의 자리에 있는 다는 것은 매우 위험천만한 분수를 모르는 무모함이다. 강자의 자리는 약자를 위협하고 조롱하는 자리가 아니라 약자를 보호하고 힘을 갖추도록 돕는 자리이다. 약자가 많은 세상에서는 약자가 더욱 행복할 수 있도록 하는 것이 조화와 균형이다. 그리하여 약자가 더욱 행복해지면 강자는 더 더욱 행복하지 않을까? 이런 것이 진정한 인간관계의 법칙이 되어야 한다.

이처럼 인간관계는 이 시대를 살아가는 현대사회에서의 필수적 사회윤리(질서)의식이다. 이 윤리가 지켜지고 훼손되지 않게 하기 위해서는 약자들만의 노력으론 불가능하다. 강자들이 모범을 보여야 한다. 그 대표적 사례가 프랑스 사회지도층의 도덕적 관념인 노블리스 오블리주[8] 이다. 인간과 인간관계의 윤리질서에 그 대표적 정신은 '충서(忠恕)'이다.[9] 이것은 진정어린 이해와 용서 그리고

---

8) 노블리스 오블리제(프랑스어: Noblesse oblige 란 프랑스어로 "귀족성은 의무를 갖는다."를 의미한다. 보통 부와 권력, 명성은 사회에 대한 책임과 함께 해야 한다는 의미로 쓰인다. 즉, 노블리스 오블리제는 사회의 지도층에게 사회에 대한 책임이나 국민의 의무를 모범적으로 실천하는 높은 도덕성을 요구하는 단어이다. 하지만 이 말은 사회지도층들이 국민의 의무를 실천하지 않는 문제를 비판하는 부정적인 의미로 쓰이기도 한다. 출처: 한국어 위키백과, 노블리스 오블리제 참고인용.

9) 충서(忠恕)는 유교의 도덕규범 중 하나이다. 수양에 힘써 자신을 속이지 않는 인격을 쌓고 그것을 미루어 다른 사람에게까지 영향을 준다는 뜻으로 곧 유가(儒家)의 최고 가치인 인(仁)을 행하는 자세를 가리킨다. 일찍이 공자(孔子)는 "나의 도(道)는 하나로 꿰뚫어 말할 수 있다"라고 했는데, 증삼(曾參)은 이를 "스승의 도는 충서일 따름이다"라고 풀이했다.〈중용 中庸〉에서도 "충서는 도에서 어긋남이 멀지 않다"라고 했다.〈대학 大學〉의 "자기가 하고 싶지 않은 것을 남에게 시키지 말라"는 것도 충서의 뜻을 나타낸 것이다. 송대의 정호(程顥)는 충은 천리(天理)이고 서는 인도(人道)이다. 충은 망령됨이 없는 것이고 서는 충을 행하는 소이(所以)이다. 충은 체(體)이고 서는 용(用)이며 대본달도(大本達道)이다"라고 했다. 또 주희(朱熹)는 충은 자기 자신의 할 바를 극 진히 한다는 뜻이며, 충서는 자기를 미루어 남에게 미친다는 뜻이라고 풀이했다. 충서는 인을 2가지 측면에서 표현한 것이다. 스스로 사리사욕에 얽매이지 않으며 생각이 구차하지 않은 것이 충이고, 다른 사람을 자신과 같이 생각하고 자기의 이익 때문에 다른 사람을 침해하지 않는 것을 서라 할 때, 충서는 인을 이룩하기 위한 실천과정이다. 즉 충은 수기(修己)이며, 서는 치인(治人)이 된다. 출처: 브리태니커, 충서 참고인용.

화해이다. 그랬을 때에 진정한 이인치인(以人治人)이 가능하다.

고사성어 중에 과유불급(過猶不及)[10] 이란 말이 있다. 우리의 일상 생활에서 가장 많이 인용되고 쓰이는 말 중에 하나이다. 하지만 이 것을 실생활에서 적용하고 실천하기란 그리 쉽지만 않은 것도 사실 이다. 우선 재물이나 권력 또는 명예 따위를 생각해보자. '과유불 급'이라 해서 권력이나 재물을 적당히 가지려는 사람이 과연 있을 까? 모르면 몰라도 짊어지고 가다 쓰러지는 한이 있어도 아마 내 앞에 재물을 포기하거나 양심적으로 꼭 필요한 만큼만 가져가는 사 람은 없으리라.

아마 그것을 우리들은 당연한 것이라고 생각한다. 그러나 아무리 탐욕을 부려도 사람은 각기 자기에게 맞는 그릇이 있다. 아무리 주 어 담으려 해도 자기가 가지고 있는 자신의 그릇만큼만 담을 수 있 다. 그것을 무시하고 아무리 담고 담아보았자 그것은 우리의 격언 처럼 "밑 빠진 독에 물 붓기"이고 아무리 애써도 헛수고일 뿐이다. 또 사람이 입는 옷은 어떤가? 제아무리 곱고 아름다운 비단옷이라 도 자기 몸에 맞지 않으며 왠지 어색하고 불편하다. 결국 그런 옷 은 폼 나게 입고 싶어도 입을 수 없고 편안하고 잘 맞는 무명천만 못하리라.

그리고 누구나 자동차를 가지고 있는 사람은 엔진오일을 넣어 보 았으리라. 그리고 반드시 이것을 지켜야한다. 오일게이지를 찍어보 면 위쪽에는 'MAX'(Maximum), 아래쪽에는 'MIN'(Minimum)란 표시와 그 중간표시가 있다. 즉 오일의 적정 양을 넣기 위한 기준 선이다. 그 중간 위치 눈금에 꼭 맞춰 넣어야한다. 그것은 적게(MIN)

10) 김충열, 「김충열 교수의 중용대학강의」, 예문서원, 2007, p, 102 참고인용.

넣으면 자칫 오일이 부족해서 엔진에 심각한 문제가 생길 수 있고, 위 최대(MAX)에 넘치도록 넣으면 그것도 엔진의 기능과 작용에 심대한 무리가 생겨서 오히려 부족한 것만 못하기 때문에 효과적인 최대의 출력을 낼 수가 없다. 오히려 출력을 떨어트리게 되기 때문이다. 그래서 적정의 위치인 중간에 맞추어 넣는 것이다. 또 자동차 타이어의 공기압은 얼마나 중요한가. 앞뒤, 좌우 바퀴 모두가 적정에 공기압을 유지해야 자동차가 무리 없이 도로를 주행할 수 있는 것이다.

현대인들은 지혜와 열정, 사랑과 돈이란 네 바퀴수레에 몸을 실고 각자 행복의 도로를 달려가는 것이다. 그런데 이 앞뒤, 좌우에 네 바퀴 공기압이 서로 맞지 않으면 차가 삐걱삐걱 잡음과 소음이 심하고 바퀴마다 주행의 길이가 달라져서 엇박자가 생겨 제대로 주행을 할 수가 없다. 차체의 흔들림과 떨림이 심해서 그 중심을 잡기가 매우 어렵다.

우리가 한시도 입을 벙끗하지 않고는 살 수 없는 말(言語)이 그렇다. 칭찬이나, 비난도 마찬가지다. 우리가 즐겨먹는 음식이나 술 또한 그렇다. 무엇이든지 적정을 유지하는 것이 중요하다. 그 적정은 무엇인가? 즉 그것은 좌와 우의 경계(중간부문)요, 위와 아래의 중간(경계부문)이다. 플러스(+)와 마이너스(-)의 경계요, 중간이다.

즉 경계나 중간은 '0'의[11] 자리이다. 즐거움이나 쾌락은 감정의 +(더하기)이고, 슬픔이나 고통은 감정의 -(빼기)이다. 쾌락도, 고통도 아닌 중간부문은 감정의 제로 무감정으로 즉 '0'의 자리다. 즐거움이나 슬픔이 아닌 날은 '공평무사'한 '0'의 일상이다. 일상이

11) 이규황, 「0의 행복」, 글누림, 2010, p, 41,44 참고인용.

란? 별탈이나, 별일이 없이 그날이 그날 같은 날들이다. 물로 말하면 아무 맛이 느껴지지 않는 맹물 같은 것이다.

음식이 맛있다하여 과식하면 체하기 쉽고, 술이 좋다하여 술독을 비우면 나중엔 술이 술을 먹게 되어 며칠 동안은 과음의 고통을 겪어야 한다. 또한 칭찬이나 비난도 적당해야 한다. 칭찬이나 비판도 과하게 지나치면 상대에게 결례가 된다. 그런 것들은 우리의 인간관계나 삶속에서 언밸런스(Unbalance)로 작용하게 된다. 그토록 갈망하고 추구하는 행복의 중심을 잡아가는데 장애적요소일 뿐이다.

우리의 삶에서 그 중심을 잘 잡아내면 나도 살고, 남도 살고 또 나도 행복하고, 남도 행복할 수 있는 상생의 관계를 통해서 조화와 균형을 이루는 인간관계만이 미래사회의 문명창달을 이루고 인류를 행복하게 할 수 있으리라는 생각이다. 이것이 진정한 '인간관계론의 법칙'이요, 중용의 인문정신이요, 인간관계론의 법칙이 될 수 있음을 새롭게 인식해야하지 않을까.

中庸

원문 제1장~제33장

중용을 '명사'라고 하지만

중용은 이제 더 이상의 명사가 아닌 '동사'여야 한다.

이제부터 중용은 더 이상의 학문을 위한 명사적 고전

이 아니다.

중용은 한시도 인간의 삶을 떠나 있었던 적이 없는 생

활 속에 밀접한 생활실천실용사상이다.

'중용'이라는 고유명사에서 하루빨리 벗어나 현대

인들의 일상 속으로 들어와 실천되어질 때 인간의 삶

과 문명창조가 활발하게 이루어질 수 있다.

사물과 사물, 인간과 인간, 자연과 과학의 관계에서

중화를 이루고 불균형과 부조화의 현상을 새롭게 승

화, 변화 발전시키는 '동사적' 인문정신이 미래사회

를 담보할 수 있는 새로운 트렌드이다.

그것은 우리 인간이 추구하는 궁극의 목표인 쾌락이

나 행복도 명사가 아닌 구체적 '동사'에서 만들어지고

있기 때문이다.

중용 제1장

天命之謂性, 率性之謂道, 修道之謂教
道也者, 不可須臾離也, 可離非道也.
是故, 君子戒愼乎其所不睹, 恐懼乎其所不聞.
莫見乎隱, 莫顯乎微, 故君子愼其獨也.
喜怒哀樂之未發, 謂之中, 發而皆中節, 謂之和.
中也者, 天下之大本也, 和也者, 天下之達道也.
致中和, 天地位焉, 萬物育焉!

천명지위성, 솔성지위도, 수도지위교
도야자, 불가수유리야, 가리비도야.
시고, 군자계신호기소불도, 공구호기소불문.
막현호은, 막현호미, 고군자신기독야.
희노애락지미발, 위지중, 발이개중절, 위지화.
중야자, 천하지대본야, 화야자, 천하지달도야.
치중화, 천지위언, 만물육언!

☞ 要約 內容

하늘로부터 받은 생명이 성(性)이고, 그 성(性)에 따라 살아가는 것이
사람의 길(道)이고, 그 길(道)에 부합하도록 가르치는 것을
교(敎)라 한다.
삶에 길에는 잠시라도 그 길에서 떨어질 수가 없고
그 길에서 벗어난 삶은 길이 아니다.
따라서 군자는 삶에 대하여 더욱 경계하고 신중하여야 하며
들리지 않는 것들에 대해서도 두려워해야한다.

은밀한 것처럼 잘 보이는 것은 없고, 미세한 것처럼 잘 나타나는 것은
없다.

따라서 군자는 혼자 있을 때도 삼가 행하게 된다.

기쁨과, 성냄과, 슬픔과, 즐거움이 발현되지 않은 상태를 중(中)이라
하고, 발현되어 모두 절도(節度)에 알맞게 된 현상을 화(和)라 한다.

중(中)은 세상에서 으뜸가는 근본이고, 화(和)는 세상에서 통용되는
일상의 도리(道理)이다.

중화(中和)에 이르는 것은 천지음양이 수수작용을 하여 만물을 길러내
는 것이다.

【난자 참고】

命:부여된 생명.
謂:이르다. 일컫다. 가리키다.
性:타고 난 본연(本然)의 성질, 천성, 천리(天理).
率:따르는 것.
道:본연에서 나온 바른 원리(법칙).
須臾:잠시잠간에 사이. 睹:보다. 莫:없다는 의미로서 '無·亡·沒'자와
　　　동의어로 쓰임.
乎:……보다. 동사 뒤에 쓰이면서 '於'자처럼 비교를 나타냄.
隱:어두운 곳.
微:작은 일.
獨:혼자인 것.
皆:모두 다.
中:미발의 상태.
節:정도에 알맞게 하는 일이나 행동. 조화와 안정을 중시한 정신.
和:희로애락이 발현되었지만 항상 평정심을 이루는 상태.
中和:다른 성질이 섞이어 또 다른 중간의 성질이나 특성을 이루는 것.
　　　감정이나 성격 등이 평정을 이루는 상태.

중용 제2장

仲尼曰, 君子中庸, 小人反中庸.
君子之中庸也, 君子而時中, 小人之(反)中庸也,
小人而無忌憚也.

중니왈, 군자중용, 소인반중용.
군자지중용야, 군자이시중, 소인지(반)중용야,
소인이무기탄야.

☞ **要約한 內容**

중니는 말씀하시길, 군자는 중용을 하고, 소인은 중용을 못 지킨다.
군자가 중용을 지킴은 군자는 알맞은 때를 가려 일을 하기 때문이다.
소인이 중용을 지키지 못함은 소인은 일을 함에 거리낌 없이 생각대로
일을 하기 때문이다.

【난자 참고】

君子:품행이 바르고 학문과 덕을 갖춘 사람.
中:가운데를 이루는 중심.
庸:평상적으로 특별한 일이 없는 때.
中庸:과하거나 부족함이 없이 떳떳하며 한쪽으로 치우침이 없는 상태
나 정도. 동양 철학의 기본개념으로서 《중용》에서 말하는 도덕론. 지
나치거나 모자람이 없이 도리에 맞는 것. 아리스토텔레스의 덕론에 중
심개념. 이성으로 욕망을 통제하고 지견에 의하여 과대와 과소의 중간
을 정립시키는 중심론.
時中:알맞은 때, 알맞은 말이나 행동.
忌憚:어떤 행동이나 일에 꺼림이 있는 것.
也:…하지요. …이다. …이오. 다른 글자의 보조로만 쓰이는 토.

중용 제3장

子曰, 中庸其至矣乎, 民鮮能久矣.

자왈, 중용기지의호, 민선능구의.

☞ 要約한 內容

공자께서 말씀하시길, 그 중용은 참으로 최고의 도리이다.
그런데 백성들이 이를 알지 못하고 오래 지속하기가 어렵다.

【난자 참고】

至:지극히 높고 위대함에 이르는 것(至高至善).
鮮:드물다. 적다의 뜻.
矣:어조사. 단정·결정·의문·반어의 뜻을 나타냄. 구 끝에서 다음
말을 일으키는 말.
能:알고 있음.
久:오래됨.
矣:단정, 결정, 한정, 의문, 반어의 뜻을 나타냄. 다른 조사 위에 쓰이
어 연관의 뜻을 나타나냄.

중용 제4장

子曰, 道之不行也, 我知之矣, 知者過之, 愚者不及也.
　　道之不明也, 我知之矣, 賢者過之, 不肖者不及也.
　　人莫不飮食也, 鮮能知味也.

자왈, 도지불행야, 아지지의, 지자과지, 우자불급야.
도지불명야, 아지지의, 현자과지, 불초자부급야.
인막불음식야, 선능지미야.

☞ 要約한 內容

공자께서 말씀하시길, 중용의 도리가 행해지지 못함을 나는 알고 있다.
안다는 사람들은 욕심이 지나쳐서 그냥 지나쳐버리고 어리석은 사람들
은 그 도리에 미치지 못함 때문이다.
그 도리가 분명하게 드러나지 못함을 나는 알겠다. 뛰어난 사람은 지
나치고 그렇지 않은 사람은 그것에 미칠 수가 없어서다. 사람은 먹고
마시지 않을 수 없지만 그 음식의 참맛을 아는 이는 드물다.

【난자 참고】

道:중용의 학문적 이치. 인륜관계에서 마땅히 지켜야 할 규범과 이치.
종교상의 근본이 되는 이치. 또는 종교적 수양. 만물을 만드는 원리 또
는 법칙.
賢者:선량하고 재능이 뛰어난 사람.
不肖子:어리석고 재능이 모자라는 사람.
肖子: 재능이 있고 착한 자식.
莫:없다는 의미로서 '無 · 亡 · 沒'자와 동의어로 쓰임.

중용 제5장

子曰, 道其不行矣夫.

자왈, 도기불행의부.

☞ 要約한 內容

공자께서 말씀하시길, 그 도리가 잘 행해지지 못할까 걱정이구나!

【난자 참고】

其:…의(관형격 조사), 추측이나 짐작의 의미.
矣夫: 문장의 끝에서 감탄을 뜻하는 조사 '~하구나'이다.

중용 제6장

子曰, 舜其大知也與, 舜好問而好察邇言, 隱惡而揚善,
　　執其兩端, 用其中於民, 其斯以爲舜乎.

자왈, 순기대지야여, 순호문이호찰이언, 은악이양선,
　　집기양단, 용기중어민, 기사이위순호.

☞ 要約한 內容

공자께서 말씀하시길, 순(舜)은 참으로 지혜로운 분이시다.
순은 묻기를 좋아하셨고 대수롭지 않은 말에도 관심으로 살피시고
나쁜 것은 밝히지 않고 좋은 것은 밝혀서 알게 하셨지요.
양단에 상충은 그 양쪽의 말을 다 듣고 절충하여 백성들이 중도(中道)
를 가도록 하셨지요.(배려와 포용이 포함 된 의미)
이것이 바로 순의 도리라 하는 것이지요.

【난자 참고】

舜: 요(堯)임금으로부터 왕위를 계승 받아 우(虞)나라의 임금이 되었
고 중국 유가 역사의 전설적인 성군(聖君)으로 모셔짐.
與:감탄사로서 어기조사이다.
邇言:대수롭지 않은 말. 수준이 낮은 것.
邇:상대하다.
隱惡:나쁜 것은 들추지 않고.
揚善:좋은 것은 알리고.
兩端:양 끝. 대립적 관계.
中:배려와 포용으로 합리적(中道的) 절충.
斯:이런 것이.
以:…써, …까닭에.　　爲:…하다. 인정하다.

중용 제7장

子曰, 人皆曰予知, 驅而納諸罟擭陷阱之中, 而莫之知辟也.
　　人皆曰予知, 擇乎中庸, 而不能期月守也.

자왈, 인개왈여지, 구이납제고획함정지중, 이막지지피야.
　　인개왈여지, 택호중용, 이불능기월수야.

☞ **要約한 內容**

공자께서 말씀하시길, 사람들은 다 '나는 다 알고 있어'라고 말하지만 막상 그물이나 덫 함정 같은 것에 몰아넣으면 그것을 피하는 방법을 모른다.
사람들은 모두 '나는 지혜롭게 알고 있다'고 말하지만 막상 중용을 택해서는 이를 한 달도 지켜내지 못한다.

【난자 참고】

皆:모두
予: 나와 같은 동의어.
驅而納:몰아넣으면.
諸:이 같은 것들.
罟擭陷阱: 그물, 덫, 잡히다. 함정에 빠지다.
辟:방법
擇:실천에 드는 것.
而:이를.
不能:행을 이루지 못한다.

중용 제8장

子曰, 回之爲人也, 擇乎中庸, 得一善, 則拳拳服膺,
　　而弗失之矣.

자왈, 회지위인야, 택호중용, 득일선, 즉권권복응,
　　이불실지의.

☞ **要約한 內容**

공자께서 말씀하시길, 안회(顔回)는 중용을 실천함에 있어서 옳다는
확신을 얻으면 바로 그것을 꼭 움켜쥐고 가슴에 품고서 혹여 잃지나
않을까 걱정하며 지켰다.

【난자 참고】

顔回: 중국 춘추시대의 유학자(B.C.521~B.C.490)이다. 자는 자연
(子淵). 공자의 수제자로 학덕이 매우 뛰어났으며 공자의 총애를 받았
다.
善:옳은 것.
拳拳: 잃어버리지 않기 위해 손에 꼭 움켜쥐는 것.
服膺:가슴에 품다.
弗:않다. '不'자와 동의.

중용 제9장

子曰, 天下國家可均也, 爵祿可辭也, 白刃可蹈也,
　　中庸不可能也.

자왈, 천하국가가균야, 작녹가사야, 백인가도야,
　　중용불가능야.

☞ **要約한 內容**

공자께서 말씀하시길, 세상이나 국가도 고루 다스릴 수도 있고, 벼슬
과 녹봉도 사양할 수 있으며, 시퍼렇게 날선 칼날도 밟을 수 있다. 그
러나 중용의 길은 능히(마땅히) 가지 않으면 안 된다.

【난자 참고】

天下:사람 사는 사회. 세상.
可均:다스리는 것. 조화롭게 하는 것.
爵祿: 벼슬에는 공(公), 후(侯), 백(伯), 자(子), 남(男)으로 5등급이
있고, 봉록은 관리에게 지급되는 봉급이다.
辭:청을 거절하거나 사직하는 것.
白刃: 번쩍번쩍 빛나는 예리한 도검.

중용 제10장

子路問強.
子曰, 南方之强與, 北方之强與, 抑而强與.
寬柔以教, 不報無道, 南方之强也, 君子居之.
衽金革, 死而不厭, 北方之强也, 而强者居之.
故君子和而不流, 强哉矯, 中立而不倚, 强哉矯.
國有道, 不變塞焉, 强哉矯, 國無道, 至死不變, 强哉矯!

자로문강.
자왈, 남방지강여, 북방지강여, 억이강여.
관유이교, 불보무도, 남방지강야, 군자거지.
임금혁, 사이불염, 북방지강야, 이강자거지.
고군자화이불류, 강재교, 중립이불의, 강재교.
국유도, 불변색언, 강재교, 국무도, 지사불변, 강재교!

☞ 要約한 內容

자로가 '강(强)한 것이 어떤 것인지'에 대해서 질문하니
공자께서 말씀하시길, 남방의 강함이냐, 북방의 강함이냐, 아니면 네
자신의 강함이더냐?
너그러움과 부드러움으로 일깨우고, 옳지 않은 행위에 대해서도 보복
하지 않는 것이 남방의 강함인데 바로 군자는 그런 곳에 머문다.
병기와 갑옷을 지닌 채 잠을 자도 죽을 때까지 싫증내지 않는 것이 북
방의 강함이다. 그러므로 강자는 그런 곳에 머문다.
따라서 군자는 너그러움과 강함과도 잘 어울리나 속된 것에 휩쓸리지
않으니 이것이 강함을 바로잡아 세우는 것이요, 중용의 도리에 따라

어느 한쪽으로도 기울지 않으니 이것이야말로 진정한 강이니라.

나라에 도리가 확립될 때에도 이를 극복하려는 의지가 불변한 것도 강이요, 나라에 도리가 무너져 죽음에 이르러서도 불변하면 이 또한 진정한 강이니라.

【난자 참고】

子路: 중국 춘추 시대 노나라의 유학자(B.C.543~B.C.480). 성은 중(仲). 이름은 유(由). 자로는 자. 공자의 제자로 십철(十哲)의 한 사람으로 정사(政事)에 뛰어났으며 공자를 제일 잘 섬겼다고 한다.
與:의문 조사.
抑:누를 수 없는, 그렇지 않으면.
而:너(爾), 자와 같은 동의어.
敎:일깨운다. 가르친다.
不報:보복하지 않는 것.
衽:몸에 지니다.
金革:병기와 갑옷.
和:관유(寬柔에 강함과 강강(剛强)의 강함.
流:상황에 휩쓸림.
强哉矯:강함에 진정성을 바로 세우는 것. 中立:중용의 도리를 세우는 것.
倚:치우침, 편향, 의지하는 것.
塞焉:극복하려는 의지.
焉:어기조사

중용 제11장

子曰, 素隱行怪, 後世有述焉, 吾弗爲之矣!
君子, 遵道而行, 半塗而廢, 吾弗能已矣!
君子, 依乎中庸, 遯世不見知, 而不悔, 唯聖者能之!

자왈, 소은행괴, 후세유술언, 오불위지의!
군자, 준도이행, 반도이폐, 오불능이의!
군자, 의호중용, 둔세불견지, 이불회, 유성자능지!

☞ **要約한 內容**

공자께서 말씀하시길, 외딴 곳(을 찾아서)에서 은거하면서 괴이한 이론과 행동으로 뒷날 자신의 이름을 전하려 기술하는 이가 있으나, 나는 그런 짓은 하지 않는다.

어떤 군자가 중용의 도리를 따라 실행하다가 중도에 포기하기도 하지만 나는 잘할 수 있는 것을 절대 그만 두지 않는다.

참된 군자는 중용의 도리에 따라 삶을 사는 것이고, 설령 세상 사람들이 알아주지 않아 속세에 은거하게 될지라도 후회하지 않는다. 이는 오직 성자만이 할 수 있는 것이다.

【난자 참고】

素隱:인간세상과 동떨어진 곳(외딴 곳).
*素:학자들 사이에는 '素'를 '索'자의 오류로 보는 견해가 있다.
爲之:그런 짓.
遵道: 중용의 도리.
半塗: 중간에.
廢:그만둠.

能:잘할 수 있는 것.

已: 그만두다. 중간에 그치다.

君子: 춘추 말년 이후 군자는 점차 도덕수양을 갖춘 사람을 두루 가리 키는 말이 되었다. 예기 禮記〉곡례(曲禮)편에는 "많은 지식을 갖고 있으면서도 겸손하고, 선한 행동에 힘쓰면서 게으르지 않은 사람을 군 자라 한다."라고 되어 있다.

依:따라 행함. 의지하여 행함.

遯:속세에 은거.

見知:알아 봄. 인정함.

能之:…할 수 있는 일.

중용 제12장

君子之道, 費而隱.
夫婦之愚, 可以與知焉, 及其至也, 雖聖人, 亦有所不知焉.
  夫婦之不肖, 可以能行焉, 及其至也, 雖聖人, 亦有所不能
  焉.
  天地之大也, 人猶有所憾. 故君子語大, 天下莫能載焉,
  語小, 天下莫能破焉.
詩云, 鳶飛戾天, 魚躍于淵, 言其上下察也.
君子之道, 造端乎夫婦, 及其至也, 察乎天地!

군자지도, 비이은.
부부지우, 가이여지언, 급기지야, 수성인, 역유소불지언.
  부부지불초, 가이능행언, 급기지야, 수성인, 역유소불능
  언.
  천지지대야, 인유유소감. 고군자어대, 천하막능재언,
  어소, 천하막능파언.
시운, 연비려천, 어약우연, 언기상하찰야.
군자지도, 조단호부부, 급기지야, 찰호천지.

☞ 要約한 內容

군자의 도리는 널리 쓰이고 작용(作用)은 무궁하나 그 실체의 모습은
매우 은미하다.
그것은 평범한 사람들도 충분히 알 수 있는 일이지만 그것이 지극함에
이르면 비록 성인일지라도 어떤 부분들에 대해서는 할 수 없는 것이
있다.

재능이 없는 평범한 사람들도 조금은 실천할 수 있는 일이지만 그것이 지극함에 이르면 비록 성인이라 해도 어떤 부분은 행할 수가 없다.

천지는 넓고 크지만 사람들은 오히려 어떤 부분에 있어서는 불안해한다. 하여 군자가 그 광대함에 대하여 말하되 세상엔 능히 실을 수 있는 것이 없고, 적게 말하면 세상엔 능히 깨트릴 수 있는 것이 없다.

시경에 '솔개는 날아올라 하늘에 이르거늘, 고기는 연못에서 뛰어올랐다가 다시 못으로 돌아간다. 이 말은 높은 것에서부터 낮은 곳까지 선명하게 드러난다는 뜻이다.

군자의 도는 평범한 사람들로부터 시작하여 그 지극함에 이르기까지 세상 안에 뚜렷하게 드러나고 있다.

【난자 참고】

費：쓰이는 영역이나 작용이 무한함.
隱：대본(大本)의 정미(精微)함.
夫婦：평범한 사람.
與：충분히 及：이르다.
所：어떤 부분.
肖：재능을 닮다.
猶：오히려.
能：어렵지 않게.
莫：없다.
鳶：솔개.
戾：어그러지다.
造端：시작의 뜻.
夫婦：평범한 남자, 여자. 필부필부(匹夫匹婦)의 의미.
至：지극함.
察：뚜렷하게 드러남.

중용 제13장

子曰, 道不遠人, 人之爲道而遠人, 不可以爲道.
詩云 伐柯伐柯, 其則不遠, 執柯以伐柯, 睨而視之,
　　猶而爲遠.
　　故君子以人治人, 改而止.
忠恕違道不遠, 施諸己而不願, 亦勿施於人.
君子之道四, 丘未能一焉, 所求乎子, 以事父未能也.
　　所求乎臣, 以事君未能也, 所求乎弟, 以事兄未能也.
　　所求乎朋友, 先施之未能也.
　　庸德之行, 庸言之謹. 有所不足, 不敢不勉, 有餘不敢盡.
　　言顧行, 行顧言.
　　君子胡不慥慥爾!

자왈, 도불원인, 인지위도이원인, 불가이위도.
시운 벌가벌가, 기칙불원, 집가이벌가, 예이시지,
　　유이위원.
　　고군자이인치인, 개이지.
충서위도불원, 시제기이불원, 역물시어인.
군자지도사, 구미능일언, 소구호자, 이사부미능야.
　　소구호신, 이사군미능야, 소구호제, 이사형미능야.
　　소구호붕우, 선시지미능야.
　　용덕지행, 용언지근. 유소부족, 불감불면, 유여불감진.
　　언고행, 행고언.
　　군자호불조조이!

공자께서 말씀하시길, 도는 사람에게서 멀리 떨어져 있는 것이 아니다.
사람들은 도가 사람에게서 멀리 있다고 생각하지만 그렇다면 그것은
도라고 말할 수 없다.

시경에 이르기를 '도끼자루를 베네 도끼자루를 베네 그 법칙이 멀지 않
네'라 하니

도끼자루를 쥐고 도끼자루 감을 자를 때 힐끔힐끔 흘겨보는데

그럼에도 불구하고 멀리 있다고만 생각한다.

그렇기 때문에 군자는 사람으로 사람을 다스리고 깨우치도록 할 뿐이다.

충서의 도리는 멀리 있는 것이 아니며 먼저 자신에게 베풀어서 자신이
싫어하는 것이면 남들에게도 행하지 않아야 한다.

군자의 도에는 네 가지가 있는데, 정작 나는 하나도 실천한 것이 없다.
자식에게 바라는 것처럼 부모를 모셔야 하는데 그렇게 하지 못했고,
신하에게 바라는 것처럼 임금을 섬겨야하는데 그렇게 하지 못했고, 아
우에게 바라는 것처럼 형님을 존중해야 하는데 그렇게 하지 못했고,
친구에게 바라는 것처럼 친구에게 베풀어야 하는데 그렇게 하지 못하
였다.

일상의 평범한 덕도 먼저 베풀고, 일상의 하찮은 말이라도 삼가고 또
삼가야하며 남에게 베푸는 일에 부족함이 있고 힘써 노력하지 않으면
안 되며, 할 일이 남아 있다면 끝까지 마무리를 하는데 마땅히 최선을
다하지 않으면 안 된다.

말을 할 때는 그 말을 실천할 수 있는가를 되돌아보고, 행동을 할 때는
그것이 나의 말과 일치하는가를 되돌아봐야 한다.

군자라면 어찌 이를 독실하게 행하지 않겠는가.

【난자 참고】

以爲:그렇다고 인정함의 뜻.
伐:자르다.
柯:도끼자루
睨:곁눈질, 흘겨봄.
猶:하물며, 그럼에도, 그래도
止:~할 뿐이다.
忠: 가운데 마음. 즉 가슴 깊이 우러나오는 성심.
恕:상대의 입장을 이해하는 마음이나 인애의 마음.
諸:에게.
勿:말아야한다.
人:다른 사람.
施: 행하지.
丘:공자의 이름. 자신을 낮추어 쓸 때 사용.
未: 없다.
能:실천한 것.
所求:바램.
乎:~에게.
庸:평상시, 일상.
德:사람과 사람 사이에 베풀어지는 품성. 사물이 지니고 있는 고유의
품성. 각종 사물에 내재되어 있는 원리원칙의 바탕.
敢:마땅히, 감히.
餘:할 일.
胡:어찌, 왜.
慥慥:성실한 모습, 착실한 행동.

중용 제14장

君子素其位而行, 不願乎其外.
素富貴, 行乎富貴. 素貧賤, 行乎貧賤. 素夷狄, 行乎夷狄.
素患難, 行乎患難.
　君子無入而不自得焉.
在上位不陵下, 在下位不援上. 正己而不求於人則無怨.
　上不怨天, 下不尤人.
故君子居易以俟命. 小人行險以徼幸.
子曰, 射有似乎君子, 失諸正鵠, 反求諸其身.

군자소기위이행, 불원호기외.
소부귀, 행호부귀. 소빈천, 행호빈천. 소이적, 행호이적.
소환난, 행호환난.
　군자무입이불자득언.
재상위불릉하, 재하위불원상. 정기이불구어인즉무원.
상불원천, 하불우인.
고군자거이이사명. 소인행험이요행.
자왈, 사유사호군자, 실제정곡, 반구제기신.

☞ 要約한 內容

군자는 그가 처한 상황에 따라 위치에 맞게 처신하며, 그 밖의 일에 대해서는 바라지 않는다.
부귀하면 부귀한대로 살고, 빈천하면 빈천한대로 살고, 이적의 나라에선 이적의 풍속에 적응하고, 환난에 처하면 환난에 적응하며 살아간다.
군자는 이렇게 어떤 상황에 처해서도 스스로 깨닫지 못하는바가 없다.

(군자는 어떤 상황에 처해서도 그 중심을 잃지 않기 때문에 적응하지 못하는 일이 없다.)

윗자리에 있으면서도 아랫사람을 업신여기지 않으며, 아랫자리에 있으면서도 윗사람에게 빌붙지 않는다. 어떤 상황에서도 자신을 바르게 할 뿐, 곧 어떤 변명이나 원망도 하지 않는 것을 원칙으로 여긴다.

위로는 하느님을 원망하지 않으며, 아래로는 남을 탓하지 않는다.

그러므로 군자는 마음의 평정심으로 도리(천명:하늘의 이치)를 기다려 자연스럽게 현실에 임함과 같고, 소인은 현실을 거역하고 모험을 하면서 요행을 기다림과 같다.

공자께서 말씀하시길, "활 쏘는 법도 군자의 도와 비슷하다. 즉 자신이 쏜 화살이 과녁에 맞지 않으면 돌이켜보고 그 원인을 자신 속에서 찾는다."라고 하였다.

【난자 참고】

素:처한 상황.
位:자리, 위치, 처지.
乎:~대해서는, ~대로.
行:산다.
入:~에 들다.
自得: 흔들리지 않는 마음의 상태. 중심을 잃지 않는 것.
陵:업신여김. '凌'자와 동의어.
援: 아첨하다, 아부하여 이롭게 한다. 빌붙다.
尤: 탓하다.
易:자연스레
俟:기다림.
命:자연의 이치. 하늘의 도리.
失:빗나가다.
諸:…에서.

正鵠: 과녁의 중심.
反:돌이켜서.
求:원인을 찾는다.

중용 제15장

君子之道, 辟如行遠, 必自邇. 辟如登高, 必自卑.
詩曰, 妻子好合, 如鼓瑟琴. 兄弟旣翕, 和樂且耽.
　　宜爾室家, 樂爾妻帑!
子曰, 父母其順矣乎!

군자지도, 피여행원, 필자이. 피여등고, 필자비.
시왈, 처자호합, 여고슬금. 형제기흡, 화락차탐.
　　의이실가, 낙이처노!
자왈, 부모기순의호!

☞ 要約한 內容

군자의 도(道)란? 먼 길을 가기 전에 알아야할 것은 반드시 가까운 데
서부터 시작해야하고, 높은 곳에 오르기 전에 알아야할 것은 반드시
낮은 곳에서부터 올라가야 한다.
시경에 이르기를 "처자식의 화목함이 마치 거문고와 비파의 조화롭고
아름다운 소리 같네. 형제들이 이미 의기투합하고 또 즐겁기만 하네.
마땅히 집안이 모여 한 가족을 이루니 늘 처자식이 즐겁네."라는 말이
다.
공자께서 말씀하시길, "부모님의 뜻대로 되어가니 참으로 기쁘다."라
고 했다.

【난자 참고】

辟如:사전에 알아야 할 것, 깨달아야 할 것. '譬'자와 동의어.
自:…로부터.

邇:가까운데.
卑:낮은데.
好合:화기애애함.
旣:이미, 벌써.
翕:한데 모이다.
耽:즐겁다.
帑:처자를 뜻하는 '孥'자와 동의어.
順:뜻대로 되는 기쁨.
矣乎: …로구나.…로다.

중용 제16장

子曰, 鬼神之爲德, 其盛矣乎
視之而弗見, 聽之而弗聞, 體物而不可遺.
使天下之人, 齊明盛服, 以承祭祀.
洋洋乎如在其上, 如在其左右.
詩云, 神之格思, 不可度思, 矧可射思!

자왈, 귀신지위덕, 기성의호
시지이불견, 청지이불문, 체물이불가유.
사천하지인, 제명성복, 이승제사.
양양호여재기상, 여재기좌우.
시운, 신지격사, 불가탁사, 신가역사

☞ 要約한 內容

공자께서 말씀하시길, 신명(神明)의 품성이야말로 참으로 대단하시다.
보려 해도 보이지 않고, 들으려 해도 들을 수 없지만 형체가 있는 만물
에는 모두 그 영향을 끼친다.
하여 세상 사람들로 하여금 심신을 바르게 하여 새 옷을 입고서 제사
를 받들게 하였다.
신명은 늘 충만함에 위에 있는 것 같기도 하고, 좌우에 있는 것 같기도
하다.
시경에 이르기를 '신명(神明)은 다다르지 않는 곳이 없고, 헤아릴 수도
없거늘 이를 어찌 소홀히 하거나 싫어할 수 있겠는가!'라고 하였다.

【난자 참고】

鬼神:혼, 영혼, 신명.
神明: 하늘에 영과 땅의 영.
德:사람과 사람 사이에 베풀어지는 품성. 사물이 지니고 있는 고유의
품성. 각종 사물에 내재되어 있는 원리원칙의 바탕.
盛:덕의 품성이 가득 채워지다. 위대함, 대단함.
弗:않고, 없고, 아니다.
遺:기치다. 영향을 받다.
使:하여금, 시키다.
齊明:심신을 바르게 함.
承:공경하여 받들다.
洋洋:낟알이 잘 여물어 있는 모양. 많고 넉넉한 모양.
格思:미침, 다다름, 오다.
度思:헤아림, 추측함.
矧:더군다나 또는 하물며.
射思:싫어하거나 소홀함.

중용 제17장

子曰, 舜其大孝也與
德爲聖人, 尊爲天子, 富有四海之內.
宗廟饗之, 子孫保之.
故大德必得其位, 必得其祿, 必得其名, 必得其壽.
故天之生物, 必因其材而篤焉.
故栽者培之, 傾者覆之.
詩曰, 嘉樂君子, 憲憲令德.
宜民宜人, 受祿于天.
保佑命之, 自天申之.
故大德者必受命.

자왈, 순기대효야여
덕위성인, 존위천자, 부유사해지내.
종묘향지, 자손보지.
고대덕필득기위, 필득기록, 필득기명, 필득기수.
고천지생물, 필인기재이독언.
고재자배지, 경자복지.
시왈, 가락군자, 헌헌영덕.
의민의인, 수록우천.
보우명지, 자천신지.
고대덕자필수명.

☞ 要約한 內容

공자께서 말씀하시길, 순임금의 효성은 그야말로 대단하셨다.

덕성은 성인이시고, 존귀함은 천자이시고, 부유함은 사해에 가득했다.

종묘에서 제사를 드렸으며, 자손대대로 이와 같이 이어졌다.

그러므로 대덕에는 반드시 그 지위가 따르고, 반드시 그 녹봉이 따를 것이며, 반드시 그 명성을 얻고, 반드시 장수하게 되는 것이다.

그러므로 하늘은 만물을 낳고 기르며, 반드시 그 재능에 따라서 더욱 도탑게 된다.

그런고로 잘 심어진 것은 잘 가꾸어 주고, 잘못 된 것은 쓰러지게 그냥 둔다.

시경에 이르기를 '아름답고 즐거우신 군자님 그 큰 덕성이 널리 알려지시네.

마땅히 백성들을 잘 보살피고, 마땅히 현인을 잘 등용하시며, 하늘로부터 복을 받으시네. 백성들을 보살피고 도와주니 스스로 하늘이 살펴주시네.'라고 하였다.

그러므로 대덕을 지닌 자는 반드시 천명을 받게 된다.

【난자 참고】

與 : 대단하다, 좋아하다, 따르다, 베풀다.
四海 : 온 세상.
饗 : 연회나 잔치를 하다. 제를 올리고 주음을 대접하다.
保 : 보존되어 이어지다.
故 : 그러므로, 어떤 원인에 따른 결과. 得 : 따르게 됨, 얻게 됨.
因 : 따라서, 의해서.
材 : 재능과 덕성.
篤焉 : 더욱 도타워진다.
培 : 잘 가꾸다.
覆 : 뒤집히다, 쓰러지다.
嘉 : 뛰어나다, 훌륭하다.
樂 : 유쾌함.

憲憲: 널리 알려지다.
쑘:큰, 우두머리.
宜:마땅히 于: …에, …로부터.
保佑:돕다.
申:살핌.

중용 제18장

子曰, 無憂者, 其惟文王乎
以王季爲父, 以武王爲子. 父作之, 子述之.
武王纘大王 · 王季 · 文王之緒, 壹戎衣而有天下,
　身不失天下之顯名,
尊爲天子, 富有四海之內, 宗廟饗之, 子孫保之.
武王末受命, 周公成文武之德, 追王大王 · 王季,
　上祀先公以天子之禮.
斯禮也, 達乎諸侯大夫, 及士庶人.
父爲大夫, 子爲士, 葬以大夫, 祭以士 · 父爲士, 子爲大夫,
　葬以士, 祭以大夫.
期之喪, 達乎大夫, 三年之喪, 達乎天子, 父母之喪,
　無貴賤, 一也.

자왈, 무우자, 기유문왕호
이왕계위부, 이무왕위자. 부작지, 자술지.
무왕찬대왕 · 왕계 · 문왕지서, 일융의이유천하,
　신불실천하지현명,
존위천자, 부유사해지내, 종묘향지, 자손보지.
무왕말수명, 주공성문무지덕, 추왕대왕 · 왕계,
　상사선공이천자지례.
사례야, 달호제후대부, 급사서인.
부위대부, 자위사, 장이대부, 제이사 · 부위사, 자위대부,
　장이사, 제이대부.
기지상, 달호대부, 삼년지상, 달호천자, 부모지상,

무귀천, 일야.

☞ **要約한 內容**

공자께서 말씀하시길, 근심걱정이 없는 사람은 문왕뿐이다.

이로써 왕계는 아버지가 되시고, 이로써 무왕은 아들이 되신다.

아버지가 왕업의 토대를 이루었고, 아들이 이를 계승하였다.

무왕이 태왕과 왕계 그리고 문왕의 왕업을 승계하여 한 번 무기와 갑옷을 갖추어 입고서 세상가운데 있었는데 자신은 그 명성을 잃지 않았다. 존귀함은 천자였고, 부유함은 온 세상 안에 가득했고, 종묘에서 제사를 지냈으며, 자손들은 이것을 지키고 보존하였다.

무왕은 노년에 천명을 받고 천자가 되었으며, 주공에 이르러서야 문왕과 무왕의 덕업을 이루었다. 제왕으로 태왕과 왕계의 시호를 추가 부여받고, 선조의 제사 명단에 올려 천자로서의 예를 갖추었다.

이런 예절은 제후, 대부, 사인 및 모든 사람에 이르기까지 통용되었다. 아버지가 대부이고, 아들이 사인(士人)이면 대부의 예로써 장례를 치루고, 제사는 사인의 예로서 지냈으며, 아버지가 사인이고, 아들이 대부라면, 장례는 사인의 예로써 치르고, 제사는 대부의 예로써 지낸다.

방계친속에 대한 1년 상은 대부까지만 통용이 되고, 직계친속에 대한 3년 상은 천자에게만 통용되었으나, 부모상의 경우는 귀천의 구별 없이 모두 같다.

【난자 참고】

惟:오직, 생각.

武王 : BC12세기 주나라(周)의 창건자이며 제1대 황제.

文王 : 중국 주나라 무왕의 아버지이다. 이름은 창(昌). BC12세기경 은나라 말기에 태공망 등 어진 선비들을 모아 국정을 바로잡고 융적

(戎狄)을 토벌하여 아들 무왕이 주나라를 세울 수 있도록 기반을 닦아 주었다. 고대의 이상적인 성인군주의 전형으로 꼽힌다.

以:이로써, 이 같이.

太王(大王):문왕의 조부.

作:기반, 토대.

述:잇다, 계승하다.

纘:잇다.

緒:왕업(王業)의 승계.

戎衣:무기와 갑옷.

天下:세상가운데, 전쟁터.

四海:온 세상.

饗之:제사를 지냄. 耄:노년, 나이 들어.

周公:무왕의 아들 성왕이 어려 주공(무왕의 동생)이 섭정을 하면서 예 악과 문물제도를 만들었다.

上:올리다.

先公:선조.

斯:이것

期:1년.

達:통용되다.

一也:하나 처럼 똑 같다. 모두 같다.

중용 제19장

子曰, 武王 · 周公其達孝矣乎
夫孝者, 善繼人之志, 善述人之事者也.
春秋修其祖廟, 陳其宗器, 設其裳衣, 薦其時食.
宗廟之禮, 所以序昭穆也, 序爵, 所以辯貴賤也, 序事,
　所以辯賢也,
旅酬下爲上, 所以逮賤也, 燕毛, 所以序齒也.
踐其位, 行其禮, 奏其樂, 敬其所尊, 愛其所親,
　事死如事生,
事亡如事存, 孝之至也.
郊社之禮, 所以事上帝也, 宗廟之禮, 所以祀乎其先也.
明乎郊社之禮, 禘嘗之義, 治國其如示諸掌乎

자왈, 무왕 · 주공기달효의호
부효자, 선계인지지, 선술인지사자야.
춘추수기조묘, 진기종기, 설기상의, 천기시식.
종묘지례, 소이서소목야, 서작, 소이변귀천야, 서사,
　소이변현야,
여수하위상, 소이체천야, 연모, 소이서치야.
천기위, 행기례, 주기락, 경기소존, 애기소친,
　사사여사생,
사망여사존, 효지지야.
교사지례, 소이사상제야, 종묘지례, 소이사호기선야.
명호교사지례, 체상지의, 치국기여시제장호

공자께서 말씀하시길, 무왕과 주공은 효성이 매우 지극한 분이시다.

생각건대 효라는 것은 선인의 뜻을 잘 계승하고, 선인의 사업을 잘 펼치는 것.

봄, 가을 제사 때에 조묘를 수리하고, 종기(宗器)를 꺼내어 진설하며, 상의(裳衣)를 꺼내어 진열하고, 제철의 음식을 바치는 것이다.

종묘에 예절이 있는 것은, 바로 소목(昭穆)의 순서를 정하기 위함이요. 헌작에 순서가 있는 것은, 바로 관직의 높고 낮음을 분별하기 위함이요. 제사 일에 순서가 있는 것은, 자손들의 재능을 분별하기 위함이요. 아랫사람이 윗사람에게 술 잔을 올리는 것은, 윗사람의 권위가 아래까지 미치게 하기 위함이요. 연회(宴會)때 에 머리빛깔에 따라 자리를 정하는 것은, 나이에 따라 장유유서(長幼有序)의 분별을 하기 위함 이다.

순위에 따라 마땅히 서야할 위치에 서서, 제사의 예절에 따라 행하고, 제례악을 연주하며, 마땅히 존중해야 할 분을 공경하고, 마땅히 친근해야 할 사람을 사랑 하고, 돌아가셨을 때에 시신모시기를 살아계신 것처럼 모시며, 제사 때엔 돌아가신 분 섬기기를 살아계신 분처럼 하시니, 이것이 바로 효도의 지극함이 되는 것이다.

교외에서 천지신명께 드리는 제례는 곧 상제를 섬기는 것이요. 종묘에서 드리는 제례는, 곧 자기 조상에게 올리는 제사이다.

교외에서 천지신명께 올리는 제례와 종묘에서 여름과 가을에 조상에게 올리는 제사 의 뜻에 밝으면 나라를 다스리는 일은 손바닥을 보듯 쉬운 일이다.

【난자 참고】

達:여러 갈래로 통하는 길, 뛰어난 것에 의미.
夫:무릇, 생각하건대.

善:옳게, 잘, 긍정적으로.
人:선인.
述:펼침.
祖廟:조상의 신위를 모시는 사당(祠堂).
陳:손질 하다.
宗器:종묘 제사 때 쓰는 제기.
裳衣:선조들이 남겨 놓은 의복.
薦:올리다.
時食:제철에 나는 음식.
所以: 그런 까닭에, 곧.
昭穆:신주를 모시는 순서.
辨:분별하다.
旅酬:여러 사람에게 술을 잔에 부어 돌리거나 술잔을 주고받는 것.
逮:미치다.
賤:아랫사람.
齒:나이
其:⋯해야 한다.
郊:성 밖. 교외
禘嘗:여름과 가을 종묘에서 지내는 제사.

중용 제20장

哀公問政.
子曰, 文武之政, 布在方策, 其人存則其政擧,
　其人亡則其政息.
人道敏政, 地道敏樹. 夫政也者, 蒲盧也.
故爲政在人, 取人以身, 脩身以道, 脩道以仁.
仁者人也, 親親爲大, 義者宜也, 尊賢爲大. 親親之殺,
　尊賢之等, 禮所生也.
在下位不獲乎上, 民不可得而治矣.(※20장 17절에 나오는 오류)
故君子, 不可以不脩身. 思脩身, 不可以不事親. 思事親,
　不可以不知人.
　思知人, 不可以不知天!

애공문정.
자왈, 문무지정, 포재방책, 기인존즉기정거,
　기인망즉기정식.
인도민정, 지도민수. 부정야자, 포로야.
고위정재인, 취인이신, 수신이도, 수도이인.
인자인야, 친친위대, 의자의야, 존현위대. 친친지살,
　존현지등, 예소생야.
재하위불획호상, 민불가득이치의.(※20장 17절에 나오는 오류)
고군자, 불가이불수신. 사수신, 불가이불사친. 사사친,
　불가이불지인.
　사지인, 불가이불지천!

☞ **要約한 內容**

애공이 정치에 대하여 물으니, 공자께서 말씀하셨다.

문왕과 무왕의 정치는 방책으로 문헌에 잘 기록되어 있고 뒷날에 그것을 실천할 인재가 나오면, 곧 그 정치가 실현될 것이고, 그런 인재가 없으면, 곧 그 정치는 사라지고 말 것이다.

사람의 도는 정치에 빠르게 나타나고, 땅의 성질은 나무에 빠르게 나타난다. 이처럼 정치란 것은 창포와 갈대 같은 것이다.

그러므로 정치란 것은 인재에 달려 있고, 인재를 취하는 것은 자신의 수양에 달려 으며, 자신을 수양하는 것이 이 도리에 있고, 도리를 실천하는 것은 인(仁)에 있으며, 인이라 함은 사람다운 것이며, 가장 가까운 일가친척을 사랑하는 것이 가장 중요하다. 의(義)라는 것은 마땅한 것이며, 어진 사람을 존경하는 것이 중요하다.

일가친척을 사랑함에 있어 원근(遠近)을 두고, 어진 이를 구분하는 것은 여기에서 예절을 생기게 하기 위함이다.

하위에 있으면서 윗사람의 신임을 받지 못하면, 백성을 다스리기가 불가능한 것이 다. 따라서 군자는 수신하지 않을 수가 없는 것이고, 수신을 하려면 부모부터 잘 섬기지 않을 수가 없고, 부모를 잘 섬기려한다면, 인륜(人倫)을 알지 않을 수가 없고, 인륜을 알려면, 천륜(天倫)을 모르면 안 되는 것이다.

【난자 참고】

哀公 : 공자시대 때의 노(魯)의 임금.
布 : 기록되어 있음.
方 : 종이가 아닌 목판에다 글을 쓴 것.
策 : 대나무에 글을 쓴 것.
擧 : 실행되다.
息 : 소멸되어 없어지는 것.

殺: 친척의 촌수에 구별을 뜻함.

事: 섬기다. 모시다.

親親:가족이나 가까운 친척을 사랑함.

大:중요하다.

等:구분함.

獲乎:신임을 얻다. 인정을 받다.

思:…하려면. 知人:인륜을 아는 것. 사람의 도리를 아는 것.

以:그렇기 때문에.

知天:천륜을 아는 것. 하늘의 이치를 아는 것.

天下之達道伍, 所以行之者三. 曰 君臣也, 父子也,
　夫婦也, 昆弟也, 朋友之交也, 伍者天下之達道也.
　知仁勇三者, 天下之達德也.
　所以行之者一也.

천하지달도오, 소이행지자삼. 왈 군신야, 부자야,
　부부야, 곤제야, 붕우지교야, 오자천하지달도야.
　지인용삼자, 천하지달덕야.
　소이행지자일야.

☞ 要約한 內容

세상에 통용되는 도리는 다섯이고, 이것을 행하는 방법은 세 가지이다.
이른바, 군신 · 부자 · 부부 · 형제 · 붕우 사이의 관계이다. 이 다섯 가지
가 세상에 통용되는 도리이다. 지 · 인 · 용(知 · 仁 · 勇) 삼자는 세상에
서 사람이 마땅히 지녀야 할 품성이며 달덕(達德)이니, 이것을 행하는
도리는 모두 같은 것이다.

殺: 친척의 촌수에 구별을 뜻함.

事: 섬기다. 모시다.

親親:가족이나 가까운 친척을 사랑함.

大:중요하다.

等:구분함.

獲乎:신임을 얻다. 인정을 받다.

思:…하려면. 知人:인륜을 아는 것. 사람의 도리를 아는 것.

以:그렇기 때문에.

知天:천륜을 아는 것. 하늘의 이치를 아는 것.

天下之達道伍, 所以行之者三. 曰 君臣也, 父子也,
　夫婦也, 昆弟也, 朋友之交也, 伍者天下之達道也.
　知仁勇三者, 天下之達德也.
　所以行之者一也.

천하지달도오, 소이행지자삼. 왈 군신야, 부자야,
　부부야, 곤제야, 붕우지교야, 오자천하지달도야.
　지인용삼자, 천하지달덕야.
　소이행지자일야.

☞ 要約한 內容

세상에 통용되는 도리는 다섯이고, 이것을 행하는 방법은 세 가지이다.
이른바, 군신 · 부자 · 부부 · 형제 · 붕우 사이의 관계이다. 이 다섯 가지
가 세상에 통용되는 도리이다. 지 · 인 · 용(知 · 仁 · 勇) 삼자는 세상에
서 사람이 마땅히 지녀야 할 품성이며 달덕(達德)이니, 이것을 행하는
도리는 모두 같은 것이다.

무엇인지 알면 참된 용기(勇氣)에 가까워질 수 있다.'라고 말씀 하셨다. 이 세 가지를 아는 자는, 곧 수신(修身)하는 바를 알고, 이렇게 수신하는 방법을 알면, 곧 사람을 다스리는 방법을 알게 되는 것이고, 사람을 다스리는 방법을 알게 되면, 곧 세상에서 국가를 다스리는 방법을 알게 된다.

【난자 참고】

或:어떤 경우, 어떤 사람.
困:어렵게, 어려움.
及:~에 이르러.
勉强:마지못해, 억지로 함.
知:'智'이다.
恥:부끄러운 것.
斯:이것.

凡爲天下國家有九經. 曰 脩身也, 尊賢也, 親親也,
　敬大臣也, 體群臣也, 子庶民也, 來百工也, 柔遠人也,
　懷諸侯也.
脩身則道立, 尊賢則不惑, 親親則諸父昆弟不怨,
　敬大臣則不眩.
　體群臣則士之報禮重, 子庶民則百姓勸, 來百工則財用足,
　柔遠人則四方歸之, 懷諸侯則天下畏之.

범위천하국가유구경. 왈 수신야, 존현야, 친친야,
　경대신야, 체군신야, 자서민야, 내백공야, 유원인야,
　회제후야.
수신즉도립, 존현즉불혹, 친친즉제부곤제불원,

경대신즉불현.

체군신즉사지보예중, 자서민즉백성권, 내백공즉재용족,
유원인즉사방귀지, 회제후즉천하외지.

☞ **要約한 內容**

무릇 천하국가를 다스림에는 아홉 가지 원칙이 있다. 이것은 곧 자신
을 수양하는 수신과, 현인을 존중하는 것과, 친족들이 화목한 것과, 대
신들을 공경하는 것과, 군신을 내 몸처럼 돌보아주는 것과, 백성을 자
식처럼 사랑하는 것과, 기공을 위로하는 것과, 멀리 있는 사람을 잘 대
해주는 것과, 제후들을 따뜻하게 품어주는 것들이다.

수신을 함으로써 곧 도리를 세울 수 있고, 어진 사람을 존경함으로써
곧 미혹함에 빠지지 않는다. 친척을 가까이 사랑함으로써 곧 백부 · 숙
부 · 형제들로부터 원망을 듣지 않는다. 대신을 공경함으로써 곧 현혹
되지 않고, 모든 신하를 내 몸처럼 돌봄으로써 곧 선비들이 예를 갖추
어 보답하는 것이며, 백성들을 사랑함으로써 곧 백성들은 더욱 힘써
일하며, 기공들을 많이 옴으로써 곧 쓸 재물들이 풍족해진다. 멀리서
오는 사람을 환대함으로써 곧 사방에서 사람들이 다시 돌아올 것이며,
제후들을 품고 달래줌으로써 곧 천하의 경외(敬畏)스런 마음이 퍼지게
된다.

【난자 참고】

爲:다스림. 통치하다.
經:원칙. 불변하는 것의 의미. 베를 짤 때 날줄을 말함.
脩:수양함.
體:내 몸처럼 여김.
來:위로함.
柔:부드럽게 잘 대해줌.

懷:위로하고 달래줌.
立:바로 세움.
惑:미혹함.
眩:침침하여 현혹됨.
報:신하의 보답.
重:갖춤.
子:사랑함.
勸:힘써 일하다. 부지런함.
來:오게 하다.
百:많이.
工:공업에서 일하는 종사자.
足:재물이 풍족함.
柔:부드럽고 환대함.
諸侯:일정한 영토를 가지고 그 영내의 백성을 다스리던 사람.
畏:경외한 마음.

齊明盛服, 非禮不動, 所以脩身也. 去讒遠色, 賤貨而貴德,
　所以勸賢也.
尊其位, 重其祿, 同其好惡, 所以勸親親也. 官盛任使,
　所以勸大臣也.
忠信重祿, 所以勸士也, 時使薄斂, 所以勸百姓也.
　日省月試, 旣稟稱事, 所以勸百工也.
送往迎來, 嘉善而矜不能, 所以柔遠人也. 繼絶世, 擧廢國,
　治亂持危, 朝聘以時, 厚往而薄來, 所以懷諸侯也.

제명성복, 비예부동, 소이수신야. 거참원색, 천화이귀덕,
　소이권현야.
존기위. 중기록, 동기호악, 소이권친친야. 관성임사,
　소이권대신야.

충신중록, 소이권사야, 시사박렴, 소이권백성야.

　일성월시, 기품칭사, 소이권백공야.

송왕영래, 가선이긍불능, 소이유원인야. 계절세, 거폐국,

　치란지위, 조빙이시, 후왕이박래, 소이회제후야.

☞ **要約한 內容**

몸과 마음을 정결하게 하고 예복을 갖추며 예절에 어긋남에 경거망동
하지 않으면 이 같은 것이 수신하는 방법이다. 남을 헐뜯지 않으며 여
색을 멀리하고, 재물을 탐하지 않고 덕을 귀하게 여기면 바로 이 같은
것이 현인을 따르는 방법이 된다.

지위를 높여 주고, 녹봉을 후하게 주며, 고락을 함께하는 것 바로 이
같은 것이 부모, 형제 가족을 사랑하는 방법이 된다. 관리를 많이 임용
하여 부리는 것 바로 이 같은 것이 대신을 따르는 방법이 된다.

신의가 있고 충성하는 사람에게 봉록을 많이 주는 것 바로 이 같은 것
이 중신들을 따르게 하는 방법이 된다. 알맞은 때에 알맞게 사역(使役)
하고, 세금을 감해주는 것 바로 이 같은 것이 백성을 사랑하는 방법이
된다. 매일 살피고 매월 시험하여, 그 성과에 상응하는 보수를 주는 것
바로 이 같은 것이 기공들을 격려하는 방법이 된다.

기쁨으로 오가는 사람을 맞고 보내며, 잘 한 것은 격려해주고 능력이
부족하여 모르고 잘 못한 것은 불쌍히 여겨 도와주면 바로 이 같은 것
이 먼 곳에 있는 사람을 다시 모이게 하는 방법이 된다. 대가 끊어졌으
면 후사를 잇게 하고, 망하는 나라를 일으켜 세우고, 혼란을 막아 위기
를 돕고, 때 맞추어 방문할 때에 갈 때는 후하게 하고 올 때는 가볍게
하는 것 바로 이 같은 것이 제후들을 격려하고 달래는 방법이 되는 것
이다.

齊明:마음을 가다듬고 정결하게 함.

盛腹:예복을 갖춤. 非:아니면.

動:움직임, 경거망동함.

以:이 같은 것.

去讒:헐뜯지 않음. 비방하지 않음.

色:여색.

勸:따르는 방법, 권하다.

重:후하게.

好惡:고락, 즐거운 일과 슬픈 일.

同:함께 하다.

親親:가족, 부모형제.

盛:많이.

時:알맞은 때에 알맞게.

使:사역하다. 부리다.

薄斂:세금을 적게 거둠.

旣稟:매월 주는 관봉.

稱事:성과에 보답.

嘉:칭송하다.

矜:가엽게 여기다.

世:대, 혈통.

擧:일으켜 세움.

聘:방문하여 안부를 묻다.

凡爲天下國家有九經, 所以行之者一也.

凡事豫則立, 不豫則廢. 言前定則不跲, 事前定則不困,
　行前定則不疚, 道前定則不窮.

在下位不獲乎上, 民不可得而治矣. 獲乎上有道,
　不信乎朋友, 不獲乎上矣.

信乎朋友有道, 不順乎親, 不信乎朋友矣. 順乎親有道,

反諸身不誠, 不順乎親矣.
誠身有道, 不明乎善, 不誠乎身矣!
誠者天之道也, 誠之者人之道也. 誠者不勉而中, 不思而得,
  從容中道, 聖人也.
誠之者, 擇善而固執之者也.

범위천하국가유구경, 소이행지자일야.
범사예즉립, 불예즉폐. 언전정즉불겁, 사전정즉불곤,
  행전정즉불구, 도전정즉불궁.
재하위불획호상, 민불가득이치의. 획호상유도,
  불신호붕우, 불획호상의.
신호붕우유도, 불순호친, 불신호붕우의. 순호친유도,
  반제신불성, 불순호친의.
성신유도, 불명호선, 부성호신의!
성자천지도야, 성지자인지도야. 성자불면이중, 불사이득,
  종용중도, 성인야.
성지자, 택선이고집지자야.

☞ **要約한 內容**

무릇 천하국가를 다스리는 데는 아홉 가지 준칙이 있고 그것을 실행하는 방법은 모두가 같은 방법이다.
모든 일은 미리 준비가 되어 있으면 성공할 수 있고, 미리 준비 되어 있지 않으면 곧 실패하게 된다. 말도 사전에 준비되어 있으면 실언하지 않고, 일도 사전에 계획되어 있으면 난관에 부딪치지 않으며, 행위를 함에 있어서도 미리 순서와 안배가 이루어져 있으면 병폐가 없게 되며, 해야 할 도리에도 사전에 준비되어 있으면 곤궁에 처하지 않게 된다.

아랫자리에 있으면서도 상부에 신임을 얻지 못하면, 백성을 옳게 다스릴 수 없다. 윗사람의 신임을 얻는 방법에 있어서는, 먼저 친구의 신뢰를 받지 않으면, 윗사람의 신임도 받을 수가 없다.

친구의 신뢰를 얻는 방법이 있는데, 부모를 잘 섬기지 않으면, 친구로부터의 신뢰도 얻을 수 없다. 부모에게 효도하는 방법이 있는데, 자신을 돌아보아서 만일 지극정성이 부족했다면, 부모에게 효를 다했다고 볼 수가 없는 것이다.

자신의 마음가짐에 지성을 간직하는 방법이 있는데, 분명하게 선에 이르지 못하면, 자신의 마음속에 지극정성이 있다고 볼 수가 없다.

성(誠)은 하늘의 도리이고, 성(誠)을 이루는 것은 사람의 도리이다. 성(誠)한 자는 힘쓰지 않아도 마음속에 있고, 생각하지 않아도 얻어지며, 자연스럽게 중용의 삶을 사는 사람을 성인이라 한다.

성(誠)을 행하려는 사람은 선으로 가는 가장 좋은 길을 선택하여 그것을 굳게 밀고 나가는 자이다.

【난자 참고】

凡事:모든 일.
豫:미리 준비하고 갖춤.
則立:성공하다.
跲:오류를 범하다.
疚:마음 괴롭다. 부끄럽다.
道:도리, 방법.
親:부모.
順:유순하여 효도하다.
善:하늘의 본성. 더할 수 없이 선한 것. 지고지선(至高至善).
誠:하늘의 본성. 꾸밈없이 진실 된 사람의 품성.
從容:유연하고 여유롭다. 자연스럽다.
中道:중용의 도리.
固執:굳은 의지.

博學之, 審問之, 愼思之, 明辯之, 篤行之.

有弗學學之, 弗能弗措也. 有弗問問之, 弗知弗措也.

有弗思思之, 弗得弗措也.

有弗辨辨之, 弗明弗措也. 有弗行行之, 弗篤弗措也.

人一能之, 己百之.

人十能之, 己千之.

果能此道矣, 雖愚必明, 雖柔必强.

박학지, 심문지, 신사지, 명변지, 독행지.

유불학학지, 불능불조야. 유불문문지, 불지불조야.

유불사사지, 불득불조야.

유불변변지, 불명불조야. 유불행행지, 불독불조야.

인일능지, 기백지.

인십능지, 기천지.

과능차도의, 수우필명, 수유필강

☞ **要約한 內容**

널리 배우고, 자세히 물으며, 깊이 생각하고, 사리분별에 밝으며, 돈독
하게 행한다.

배우지 않은 것이 있으나 배우려한다면, 능하지 않고서는 멈추지 말아
야한다. 묻지 않은 것이 있어 물으려한다면, 알지 않고서는 멈추지 말
아야한다.

생각지 않은 것이 있어 생각하려한다면, 얻지 않고서는 멈추지 말아야
한다. 분별치 않은 것이 있어 분별하려한다면, 분별치 않고서는 멈추
지 말아야한다. 실행치 않은 것이 있어 실행하려한다면, 독실치 않고
서는 멈추지 말아야한다.

다른 사람이 하나를 할 수 있을 때, 나는 백을 하고, 다른 사람이 열을 할 수 있을 때, 나는 천 번이라도 해야 한다.

과연 이런 방법으로 학문을 실천한다면, 비록 어리석은 재질이더라도 반드시 총명해질 것이며, 비록 연약한 기질이라도 반드시 강해질 수 있다.

【난자 참고】

之:앞에 것을 가리키는 타동사의 목적어.
辨:분별, 사리 판다.
弗:'不'자와 동의어.
措: 멈추다. 그만두다.
一能:한 번에 하는 일.
果能:실천, 행함.
道矣:방법, 학문의 길.
雖:비록, 그러나, ~하더라도.
愚:뛰어나지 못함.
柔:여리다. 보잘 것 없는 재능.

중용 제21장

自誠明, 謂之性. 自明誠, 謂之敎.
誠則明矣, 明則誠矣.

자성명, 위지성. 자명성, 위지교.
성즉명의, 명즉성의

☞ **要約한 內容**

스스로 빛나 정성스러움으로 밝아지는 것을 성의 작용이라 하고
밝음으로 말미암아 정성스러워지는 것을 교화라 한다.
정성스러움은 곧 밝아지고 밝아지면 곧 지극한 정성스러움이 된다.

【난자 참고】

自 : ～로 말미암아.
誠 : 지극한 정성. 말을 이룸(마음을 돌아 나오는 말).
性 : 타고난 본성, 받은 성품.

중용 제22장

唯天下至誠, 爲能盡其性. 能盡其性, 則能盡人之性.
　能盡人之性, 則能盡物之性.
　能盡物之性, 則可以贊天地之化育.
　可以贊天地之化育, 則可以與天地參矣.

유천하지성, 위능진기성. 능진기성, 즉능진인지성.
　능진인지성, 즉능진물지성.
　능진물지성, 즉가이찬천지지화육.
　가이찬천지지화육, 즉가이여천지참의

☞ **要約한 內容**

오직 세상에서 지극한 정성스러움만이, 타고난 그 성덕(性德)을 완전히 다할 수 있다. 자기의 성덕을 다할 수 있어야만, 곧 남의 성덕도 다할 수 있다.
남의 성덕을 다할 수 있어야만, 곧 만물의 화육도 다할 수 있다.
만물의 성덕을 다할 수 있어야만, 곧 천지간 만물의 화육을 도울 수 있다.
이렇게 천지간 만물의 화육을 도울 수 있어야만, 곧 천지와 함께 문명 창달이 나란히 공존할 수 있다.

【난자 참고】

盡:완전히, 충분히 발휘하다.
化育:낳고 기르는 것.
贊:돕다.
參:나란히 섬.'공존함', '함께 섬'

중용 제23장

其次致曲, 曲能有誠.
誠則形, 形則著, 著則明, 明則動, 動則變, 變則化.
唯天下至誠爲能化.

기차치곡, 곡능유성.
성즉형, 형즉저, 저즉명, 명즉동, 동즉변, 변즉화.
유천하지성위능화.

☞ 要約한 內容

그 다음은 은미함에 한 부분을 이루게 되고, 은미함을 거듭하다가 마침내 지성을 이루게 된다.
지성은 곧 형상이 생겨나고, 형상은 곧 현저해지고, 현저함은 곧 밝아지고, 밝아짐은 곧 움직이고, 움직임이 일면 곧 변화하게 되고, 변화하면 곧 화육하게 된다.
그러므로 오직 세상에는 지성(至誠)만이 만물을 화육할 수 있다.

【난자 참고】

其次:그 다음. 아직 성(誠)이 지극함에 이르지 못한 자.
致:애쓰다. 달성하다.
曲:미세하게, 아주 작게.
形:밖으로 나타냄.
著:밖으로 나타나서 크게 드러냄.
動:살아남.
變:양적 변화.
化:질적 변화.
化育:자연이 만물을 생성시켜 기름.

중용 제24장

至誠之道, 可以前知.
國家將興, 必有禎祥.
國家將亡, 必有妖孼.
見乎蓍龜, 動乎四體. 禍福將至, 善 必先知之,
　不善 必先知之.
故至誠如神.

지성지도, 가이전지.
국가장흥, 필유정상.
국가장망, 필유요얼.
현호시귀, 동호사체. 화복장지, 선 필선지지,
불선 필선지지.
고지성여신.

☞ **要約한 內容**

지성(至誠)에 이르면 도리를 터득하고, 앞일을 먼저 알 수 있다.
국가가 장래에 흥하려 할 때에는, 반드시 상서로움이 있다.
국가가 장래에 망하려 할 때에는, 반드시 흉조의 조짐이 있다.
이런 것은 시귀(蓍龜) 점괘로 알아 볼 수 있고, 사람들의 움직임으로
알 수 있다. 화복이 장차 생기려 할 때에는 선(福)이 반드시 먼저 알
고, 선(福)이 아닌 것도 반드시 먼저 알게 된다.
그러므로 지성은 이 처럼 신명(神明) 스럽다.

【난자 참고】

可:가히.
禎祥:상서로움, 길한 징조.
孽:첩의 소생. 화근.
蓍:점을 치는 풀대.
龜:거북 껍질.
妖孽:흉조.
四體:두 팔과 두 다리로서 사람의 몸을 말한다.

중용 제25장

誠者自成也, 而道自道也.
誠者物之終始, 不誠無物. 是故君子誠之爲貴.
誠者, 非自成己而已也, 所以成物也. 成己仁也, 成物之也,
性之德也,
　合內外之道也. 故時措之宜也.

성자자성야, 이도자도야.
성자물지종시, 불성무물. 시고군자성지위귀.
성자, 비자성기이기야, 소이성물야. 성기인야, 성물지야,
성지덕야,
　합내외지도야. 고시조지의야

☞ 要約한 內容

성(誠)은 스스로 이루는 것이고, 도(道)는 스스로 인도하는 것이다.
성은 만물의 시작과 끝이며, 성이 아니면 만물도 없다.
이런 까닭에 군자는 성을 아주 귀하게 여긴다.
성은 스스로 나의 품성만을 이루고 그치는 것이 아니라, 만물의 품성
도 이룬다. 나를 완성시키는 것이 인(仁)이라 하고, 남을 완성시키는
것은 지(知)라 한다. 성으로부터 덕성(德性)은, 안(仁愛)과 밖(知慧)
을 합한 도리이고, 그러므로 어떤 때에 시행되어도 알맞은 것이다.

【난자 참고】

誠:지극한 정성. 말을 이룸(참된 마음에서 나오는 말).
成:성기(成己)와 성물(成物)을 가리킴.

物:자기를 제외한 모든 것.
仁:사랑과 자애로움.
知:지혜, 알고 깨우침. 內:인애.
外:지혜.
時:수시, 언제 어느 때.
措:시행하다. 조치하다.
宜:알맞다. 적합하다.

중용 제26장

故至誠無息, 不息則久, 久則徵, 徵則悠遠, 悠遠則博厚,
　博厚則高明.
博厚所以載物也, 高明所以覆物也, 悠久所以成物也.
　博厚配地, 高明配天, 悠久無疆.
如此者不見而章, 不動而變, 無爲而成,
　天地之道, 可一言而盡也.
　其爲物不貳, 則其生物不測.
　天地之道, 博也, 厚也, 高也, 明也, 悠也, 久也.

今夫天, 斯昭昭之多, 及其無窮也, 日月星辰繫焉, 萬物覆焉.
今夫地, 一撮土之多, 及其廣厚, 載華嶽而不重,
　振河海而不洩, 萬物載焉.
今夫山, 一卷石之多, 及其廣大, 草木生之, 禽獸居之,
　寶藏興焉.
今夫水, 一勺之多, 及其不測, 黿鼉蛟龍魚鼈生焉,
　貨財殖焉.

詩云 維天之命, 於穆不已.
　蓋曰, 天之所以爲天也. 於乎不顯, 文王之德之純.
　蓋曰 文王之所以爲文也, 純亦不已.

고지성무식, 불식즉구, 구즉징, 징즉유원, 유원즉박후,
　박후즉고명.
박후소이재물야, 고명소이복물야, 유구소이성물야.

박후배지, 고명배천, 유구무강.
여차자불현이장, 부동이변, 무위이성.
　천지지도, 가일언이진야.
　기위물불이, 즉기생물불측.
　천지지도, 박야, 후야, 고야, 명야, 유야, 구야.

금부천, 사소소지다, 급기무궁야, 일월성신계언, 만물복언.
금부지, 일촬토지다, 급기광후, 재화악이부중,
　진하해이불설, 만물재언.
금부산, 일권석지다, 급기광대, 초목생지, 금수거지,
　보장흥언.
금부수, 일작지다, 급기불측, 원타교룡어별생언,
　화재식언.

시운 유천지명, 어목불이.
　개왈, 천지소이위천야. 어호불현, 문왕지덕지순.
　개왈 문왕지소이위문야, 순역불이.

☞ **要約한 內容**

그런 까닭에 지성(至誠)은 쉼이 없고, 쉼이 없으므로 곧 오래 지속되고, 오래 지속됨은 곧 징험으로 나타나고, 징험은 곧 멀리 계속되고, 멀리 계속됨은 곧 넓게 도타워지고, 넓게 두터워지니 곧 높고 밝다.
넓고 두터우므로 만물을 실을 수 있고, 높고 밝음으로 만물을 덮을 수 있고, 영원하므로 그런 까닭에 만물을 이룬다.
넓고 두터움은 땅이고, 높고 밝음은 하늘이며, 유구함은 무한한 시간이다.

이와 같음은 드러내려 하지 않아도 저절로 밝게 보임이고, 움직이지 않아도 절로 변화되며, 하려함이 없어도 절로 이루어짐이다.

천지의 도(道)는, 한 마디로 말한다면, 그 물(物)이 둘이 아니며, 곧 그 만유생성은 측량이 안 된다.

천지의 도(道)는 넓고, 두텁고, 높고, 밝고, 멀고, 오랜 것이다.

이제 저 하늘을 보면, 빛들이 얼마나 많이 빛나고 있나, 그 무한대에 이르러서는 해, 달, 별, 은하수들이 주렁주렁 매달려 있고, 그 성체들로 이루어진 공간으로 만물을 덮고 있다.

이제 저 대지를 보면, 한 줌의 흙이 모여 한 없이 넓고 두텁게 형성되었고, 오악(伍嶽)을 싣고도 무겁다 하지 않고, 하해와 같은 강이 흘러가도 새어나감이 없으며, 만물은 대지가 편안키만 하다. 이제 저 산을 보면, 한주먹만한 돌들이 많이 모여서, 그 광대함에 이르고 있는데, 초목이 자라고, 금수들이 살며, 금은보화가 매장되어 있다. 이제 저 물을 보면, 한 움큼의 물이 많이 모여 그 헤아 릴 수 없게 되었고, 거기에는 거북, 교룡, 어별들이 살아가고 있는데, 풍부한 먹을 거리와 번식을 한다.

시경에 이르기를 "하늘의 운행이 영원하고, 만물에게 주는 명(命)도 그침이 없네."

이것이 하늘이 하늘 된 바이다.

"오호라, 저리도 밝고 빛나고 있는데, 문왕의 성덕 (聖德)과 순수함이다. 이것이 문왕을 문(文)이라 칭송하는 까닭이니, 하늘의 명(命)이 영원하듯이 이 또한 하염없다.

【난자 참고】

故:그런 까닭에.
徵:징험, 징조.
博:넓다. 풍부하다.
所以:원인, 까닭.
高明:하늘, 무한한 우주.
載:싣다. 충만하다. 覆:덮다. 뒤집다.
配:맞추다. 짝을 이루다.
疆:끝, 한계, 경계.
無疆:무한한 시간.
見:나타내다.
章:'彰'과 동의어. 밝다, 빛나다.
爲:하려함.
測:헤아리다.
昭昭:밝고 밝음.
繫:주렁주렁 매달려 있음.
焉:(하늘)장소를 나타내는 뜻.
一撮:한 줌.
多:모여.
華嶽:중국 오악의 하나인 화산의 설이 있으나 화산과 악산 둘을 모두 이르는 말.
伍嶽:중국의 이름난 다섯 산. 타이산 산(泰山山), 화산(華山), 형산 산(衡山山), 항산 산(恒山山), 쑹산 산(嵩山山)을 이른다.
振:흘러가다.
卷:한 줌, 한 주먹.
黿鼉蛟鰲:큰 자라, 악어, 교룡, 자라.
於:'오!'하는 감탄사.
穆:화목, 찬란히 빛남.

중용 제27장

大哉聖人之道. 洋洋乎發育萬物, 峻極于天.
　　優優大哉 禮儀三百, 威儀三千.
待其人而後行, 故曰苟不至德, 至道不凝焉.
故君子尊德性而道問學. 致廣大而盡精微. 極高明而道中庸.
　　溫故而知新, 敦厚以崇禮.
是故, 居上不驕, 爲下不倍. 國有道, 其言足以興.
　　國無道, 其黙足以容.
詩曰 旣明宜哲, 以保其身, 其此之謂與.

대재성인지도, 양양호발육만물, 준극우천.
　　우우대재 예의삼백, 위의삼천.
대기인이후행, 고왈구부지덕, 지도불응언.
고군자존덕성이도문학. 치광대이진정미. 극고명이도중용.
　　온고이지신, 돈후이숭례.
시고, 거상불교, 위하불배. 국유도, 기언족이흥.
　　국무도, 기묵족이용.
시왈 기명의철, 이보기신, 기차지위여

☞ **要約한 內容**

위대하도다. 성인(聖人)의 도여. 천지 가득 만물이 발육되어 도처에 두
루 충만하니, 이 또한 하늘처럼 높고 숭고하다. 넉넉하고 풍족함이 정
말 대단하고, 예(禮)의 항목이 삼백 가지에 이르고, 예의 세목이 삼천
종이네.
그와 같은 사람을 기다려 뒷날 행해질 것인데 그러나 만일 덕성이 지

고한 사람이 나오지 않으면, 그 위대한 도는 응결되어서 더 이상 실행되지 않는다.

그러므로 군자는 덕성을 존중하고 학문에 정진해서, 광대함과 정미함에 모두 이르고, 고명한 경지에 도달하여 중용(中庸)의 도리를 잘 지켜야한다. 옛것을 배우고 익혀 새로운 것을 알고, 소박한 심성을 두텁게 하고 예절을 숭상해야한다.

이런 까닭에 위에 있어도 교만하지 않고, 아래에도 배반하지 않아야 한다. 나라에 도리가 있을 때에는, 그 옳은 말과 행동으로 벼슬을 할 수도 있다. 나라에 도리가 없어진 때에는 그 침묵하는 자세로 어쩔 수 없음을 받아들여야한다.

시경에 이르기를 "세상 이치에 밝아야 자신을 잘 보호할 수 있다"라는 말이 있는데 그런 것이 바로 이를 말함이다

【난자 참고】

哉:어조사.
洋洋:도처에 충만한 상태, 많음을 이르는 말.
峻:매우 크고 높다.
優優:넉넉하고 모양.
禮儀:존경의 뜻을 표하기 위한 예절.
威儀:몸가짐 따위에 대한 세세한 예절.
苟:진실로, 만일.
凝:엉기다.
倍:배반하다.'背'자와 같은 동의어.
足:행동, 실천하다, 가치를 두다.
興:입신양명, 벼슬을 하다.
容:받아들임, 수용함.
謂:가리키다, 설명하다, 일컫다.
與:감탄의 어기조사.

중용 제28장

子曰 愚而好自用, 賤而好自專. 生乎今之世, 反古之道.
　如此者, 災(烖)及其身者也.
非天子, 不議禮, 不制度, 不考文.
今天下車(不)同軌, 書(不)同文, 行(不)同倫.
雖有其位, 苟無其德, 不敢作禮樂焉.
雖有其德, 苟無其位, 亦不敢作禮樂焉.
子曰 吳說夏禮, 杞不足徵也, 吳學殷禮, 有宋存焉.
　吳學周禮, 今用之, 吳從周.

자왈 우이호자용, 천이호자전. 생호금지세, 반고지도.
　여차자, 재급기신자야.
비천자, 불의예, 부제도, 불고문.
금천하차동궤, 서동문, 행동륜. 수유기위, 구무기덕,
　불감작례낙언.
수유기덕, 구무기위, 역불감작예낙언.
자왈 오열하례, 기부족징야, 오학은례, 유송존언.
　오학주례, 금용지, 오종주.

☞ 要約한 內容

공자께서 말씀하시길, 우매한 사람은 꼭 자기주장이 옳다하고, 비천한
사람은 제 멋대로 행동하는 것을 좋아하며, 현세에 살면서도 예부터
전해져오는 도리를 거스를 때가 있다.
이와 같은 자들은 그 화가 자신에게 미치게 됨을 알아야 한다.
천자가 아니면, 의례를 만들 수 없고, 법도도 제정할 수 없으며, 문서

도 고증할 수도 없다.

이제 세상은 수레의 궤가 같고, 서책의 글이 같으며, 행위의 윤리도 같다.

비록 그 위가 있더라도 진실로 덕이 없으면, 감히 예악을 제정할 수가 없다.

(여기서는 '不'자가 빠진 듯하다. 그리고 해석도 '수레의 궤가 같지 않고, 서책의 글도 같지 않고, 행위의 윤리도 같지 않다.'로 재해석 되어야 할 듯하다.)

비록 그 덕이 있더라도 진실로 위가 없으면, 또한 감히 예악을 제정할 수가 없다.

공자께서 말씀하시길, 나는 하(夏)나라의 예법을 말할 수 있으나, 기(杞)나라에는 증거가 부족하다. 나는 은(殷)나라에서 예법을 배웠으며, 송(宋)나라는 그것을 보존하고 있다. 나는 주나라의 예법을 배웠으니, 지금은 그것을 쓰고 있고, 그래서 나는 주나라의 예법을 따르는 것이다.

【난자 참고】

愚:어리석음.
好:옳다, 바르다.
自用:자기의 생각, 자기의 주장.
賤:지위가 낮은 것.
自專:자기 마음대로 함, 제멋대로 하는 일.
生乎:삶, 살아감.
今之世:현세, 지금의 세상.
反:되돌아 감.
及:……이르다.
考文:문헌이나 유물 따위의 증거를 밝힘, 문서에 대한 증명.
軌:수레의 바퀴.
位:권한 있는 자리.
苟:진실로.
說:'悅'자와 동의어. 좋아한다.
徵:증거.
用:사용되다, 통용되다.

중용 제29장

王天下有三重焉, 其寡過矣乎!
上焉者, 雖善無徵, 無徵不信, 不信民弗從.
下焉者, 雖善不尊, 不尊不信, 不信民弗從.
故君子之道, 本諸身, 徵諸庶民, 考諸三王而不繆,
　建諸天地而不悖.
　質諸鬼神而無疑, 百世以俟聖人而不惑.
質諸鬼神而無疑, 知天也. 百世以俟聖人而不惑, 知人也.
是故, 君子動而世爲天下道, 行而世爲天下法,
　言而世爲天下則.
　遠之則有望, 近之則不厭.
詩曰 在彼無惡, 在此無射, 庶幾夙夜, 以永終譽.
　君子未有不如此, 而蚤有譽於天下者也.

왕천하유삼중언, 기과과의호!
상언자, 수선무징, 무징불신, 불신민불종.
하언자, 수선부존, 부존불신, 불신민불종.
고군자지도, 본제신, 징제서민, 고제삼왕이불무,
　건제천지이불패.
　질제귀신이무의, 백세이사성인이불혹.
질제귀신이무의, 지천야. 백세이사성인이불혹, 지인야.
시고, 군자동이세위천하도, 행이세위천하법,
　언이세위천하즉.
　원지즉유망, 근지즉불염.
시왈 재피무악, 재차무사, 서기숙야, 이영종예.

군자미유불여차, 이조유예어천하자야.

임금이 세상을 다스림에 있어 세 가지 중요함이 있는데, 그것을 갖추면 과오를 줄일 수 있어요!

옛 시대의 것은 비록 좋다고 하더라도 검증할 수가 없고, 검증할 수가 없으니 믿지 않고, 믿지 않으니 백성들은 따르지 않는다.

근래 것은 비록 훌륭해도 높여지지 아니하고, 높여지지 아니하니 믿지 않고, 믿지 않으니 백성들이 따르지 않는다.

그러므로 군자는 도를 행함에 있어, 먼저 덕성의 바탕이 자신에게 있는가를 모든 백성으로부터 검증 받아야 하고, 삼대에 걸쳐 상고해보아도 착오가 없어야 하며, 세상 어디에 세워도 어긋남이 없어야 한다.

모든 신께 물어봐도 의심할 것이 없다는 것은, 천도에 부합됨을 아는 것이고, 백년을 기다려 나타난 성인에게도 의심스럽지 않으면, 사람의 도리에 부합됨을 아는 것이다.

이러한 까닭에 군자의 움직임은 그것이 바로 세상의 도리가 되고, 그것을 행하면 바로 세상의 법도가 되며, 무슨 말을 하면 그것이 바로 세상의 법칙이 된다.

그러므로 멀리에 있어서도 곧 우러러보게 되며, 가까이에 있어서도 싫어하지 않게 된다.

시경에 이르기를 "저기에 있는 사람도 미워함이 없고, 여기에 있는 사람도 싫어 하는 사람이 없다. 거의 새벽부터 밤까지 힘들게 애쓴 결과 오래오래 명예스럽게 마치셨다."라고 하였다.

군자가 이와 같이 하지 않고서는 일찍이 명예로움을 세상에 가지게 된 자는 없었다.

【난자 참고】

王:다스림, 통치하다.
三重:의례, 제도, 고문(儀禮, 制度, 考文)
寡:적다, 줄이다.
過:실책, 과오.
上焉:옛 시대의 예법이나 제도.
善:좋음, 훌륭함.
徵:검증, 증명함.
弗:'不'자와 동의어.
下焉:근대의 예법이나 제도.
君子:성인의 덕을 갖춘 사람.
本諸:덕성의 바탕.
諸庶民:모든 백성.
考:상고해 봄.
繆:착오.
悖:거슬리다.
俟:기다리다.
質:묻다.
是故:이런 까닭에.
惡:증오, 미워하다.
射:'厭'자와 동의어, 싫어함.
庶:거의.
幾:위태롭게.
夙夜:새벽, 온 종일.
終:생을 마감, 마치다.
蚤:'早'자와 동의어.

중용 제30장

仲尼祖述堯舜, 憲章文武. 上律天時, 下襲水土.
辟如天地之無不持載, 無不覆幬.
辟如四時之錯行, 如日月之代明.
萬物竝育而不相害, 道竝行而不相悖. 小德川流, 大德敦化.
  此天地之所以爲大也.

중니조술요순, 헌장문무. 상률천시, 하습수토.
벽여천지지무부지재, 무불복도.
피여사시지착행, 여일월지대명.
만물병육이불상해, 도병행이불상패. 소덕천류, 대덕돈화.
  차천지지소이위대야.

☞ 要約한 內容

공자께서는 요임금과 순임금을 으뜸으로 본받으며, 문왕과 무왕이 세
운 법도를 본받았다. 위로는 하늘의 운행법칙에 순응하고, 아래로는 물
과 흙의 품성에 맞추시었다.
비유컨대 천지처럼 실리지 않은 것은 없고, 덮어 감싸주지 않은 것도
없다.
비유컨대 사계처럼 번갈아 운행됨과 같고, 해와 달이 교대로 빛을 발하
는 것과 같다.
만물은 함께 화육되지만 서로를 방해하지 않고, 도가 함께 실행되지만
서로 어긋남이 없다.
작은 덕성이 시냇물처럼 흐르지만, 큰 덕성은 돈독하게 변화를 이룬다.
이런 것이 바로 천지의 위대함이다.

【난자 참고】

王:다스림, 통치하다.
三重:의례, 제도, 고문(儀禮, 制度, 考文)
寡:적다, 줄이다.
過:실책, 과오.
上焉:옛 시대의 예법이나 제도.
善:좋음, 훌륭함.
徵:검증, 증명함.
弗:'不'자와 동의어.
下焉:근대의 예법이나 제도.
君子:성인의 덕을 갖춘 사람.
本諸:덕성의 바탕.
諸庶民:모든 백성.
考:상고해 봄.
繆:착오.
悖:거슬리다.
俟:기다리다.
質:묻다.
是故:이런 까닭에.
惡:증오, 미워하다.
射:'厭'자와 동의어, 싫어함.
庶:거의.
幾:위태롭게.
夙夜:새벽, 온 종일.
終:생을 마감, 마치다.
蚤:'早'자와 동의어.

중용 제31장

唯天下至聖, 爲能聰明睿知, 足以有臨也, 寬裕溫柔,
　足以有容也.
發强剛毅, 足以有執也. 齊莊中正, 足以有敬也. 文理密察,
　足以有別也.
溥博淵泉而時出之. 溥博如天, 淵泉如淵. 見而民莫不敬,
　言而民莫不信, 行而民莫不說.
是以聲名洋溢乎中國.
　施及蠻貊, 舟車所至, 人力所通, 天之所覆, 地之所載,
　日月所照, 霜露所墜, 凡有血氣者, 莫不尊親.
　故曰配天.

유천하지성, 위능총명예지, 족이유임야, 관유온유,
　족이유용야.
발강강의, 족이유집야. 제장중정, 족이유경야. 문리밀찰,
　족이유별야.
부박연천이시출지. 부박여천, 연천여연. 현이민막불경,
　언이민막불신, 행이민막불설.
시이성명양일호중국.
　시급만맥, 주차소지, 인력소통, 천지소복, 지지소재,
　일월소조, 상로소추, 범유혈기자, 막불존친.
　고왈배천.

☞ 要約한 內容

오직 세상에서 지극함에 이른 성인만이 총명과 예지의 능력을 갖출 수

있고, 온 누리에 사람과 만물을 대신해서 인문세계 창달을 위해 임할 수 있다.

너그럽고 넉넉하며 온화하고 부드러우매, 근본적으로 그 품안에 모두를 포용할 수 있다.

강건하고 굳세어서, 근본적으로 결단력을 잡고 추진할 수 있다.

몸가짐이 단정하고 장중하며 중정하여, 근본적으로 그를 아는 사람은 존경심을 갖게 된다.

학문의 이치를 정밀히 관찰하여, 근본적으로 시비와 혼란을 분별할 수 있다.

두루 넓고 깊은 못에 샘물 같다. 늘 멈춤이 없으며, 두루 넓음은 마치 하늘같고, 샘물의 깊음은 연못에 심원함과 같다.

백성들이 보고 존경하지 않는 사람이 없고, 말씀을 듣고 백성이 믿지 않는 사람이 없으며, 행동하면 백성들이 기뻐하지 않는 사람이 없었다.

이 때문에 그 명성이 바다처럼 넘쳐나서 모든 곳으로 파급되었다, 남·북쪽 변방까지 그 영향이 미치게 되고, 배와 수레가 이르는 곳이나, 사람이 다니는 곳이나, 하늘이 덮은 곳이나, 대지가 떠받치고 있는 곳이나, 해와 달빛이 비추고 있는 곳이나, 서리와 이슬이 내리는 모든 곳에서도, 무릇 혈기를 지니고 있는 사람으로서, 그를 존경과 친애하지 않는 사람이 없었다. 그러므로 하늘과 짝했다고 하는 것이다.

【난자 참고】

爲 : ~지니다. ~갖추다.
足以有 : 근본적으로 ~할 수 있다.
臨 : 임하다. 나아가다.
容 : 포용하다, 용납하다.
執 : 결단력을 잡다.

齊:단정함.

敬:공경하다, 존경하다.

文理:학문의 이치.

密察:세밀한 관찰.

別:구별, 분별하다.

時:늘, 때대로.

出:멈춤이 없음.

見:'現'자와 같은 동의어.

莫:없다.

是以:이 때문에, 그렇기 때문에.

溢:가득차 넘치다.

中國:모든 곳곳.

施:펼치다. 발휘되다.

蠻:남방민족.

貊:북방민족.

隊:내리다. 떨어지다.

故:그러므로.

配天:하늘에 비견하다.

중용 제32장

唯天下至誠, 爲能經綸天下之大經, 立天下之大本,
　知天地之化育.
　夫焉有所倚.
肫肫其仁, 淵淵其淵, 浩浩其天.
苟不固聰明聖知, 達天德者, 其孰能知之.

유천하지성, 위능경륜천하지대경, 립천하지대본, 지천지
지화육.
　부언유소의?
순순기인, 연연기연, 호호기천.
구불고총명성지, 달천덕자, 기숙능지지?

☞ **要約한 內容**

오직 천하의 지극한 정성스러움만이, 천하의 대경(大經)을 능히 경륜
(經綸)할 수 있고, 천하에서 가장 중요한 큰 근본을 수립할 수 있으며,
천지만물화육의 도리를 주관하게 된다.
대저 그 무엇에 의존할 수 있겠는가. 그의 인자함은 매우 정성스럽고,
그의 심원함은 깊고 깊어 지극히 고요하고, 그의 천도(天道)는 매우 넓
고 넓어 무변광대할 뿐이다.
진실로 본래 총명예지하여 천덕(天德)을 달통한 성인만이 그 지성(至
誠)의 이치를 능히 알 수 있다.

【난자 참고】

誠 : 정성스러운 마음. 참된 말을 이룸.

大經 : 큰 일, 최고의 준칙, 사람이 지켜야 할 큰 도리, 가장 근본이 되는 경전. 중국의 유교 경서 가운데 당나라 때에 진사(進士) 시험과목으로 채택되었던 《예기》와 《춘추좌씨전》을 통틀어 이르는 말.

經綸 : 세상을 다스림, 큰 포부를 갖고 어떤 일을 조직적으로 계획함.

焉 : 어디, 어찌, 누구, 어떻게.

倚 : 의존하다, 의지하여 기대다.

肫肫 : 매우 정성스러운 모양. 성실한.

其 : 어기조사.

淵淵 : 깊고 깊은 모양.

浩浩 : 매우 넓고 넓은 모양.

苟 : 진실로.

固 : 본래.

孰 : 누구. 무엇이.

之 : 첫 구에 '唯天下至誠'을 가리키는 의미.

중용 제33장

詩曰 衣錦尙絅. 惡其文之著也, 故君子之道, 闇然而日章,
　小人之道, 的然而日亡.
　君子之道, 淡而不厭, 簡而文, 溫而理, 知遠之近,
　知風之自, 知微之顯, 可與入德矣.
詩云 潛雖伏矣, 亦孔之昭. 故君子內省不疚, 無惡於志,
　君子之所不可及者, 其唯人之所不見乎.
詩云 相在爾室, 尙不愧于屋漏.
　故君子 不動而敬, 不言而信.
詩曰 奏假無言, 時靡有爭.
　是故君子 不賞而民勸, 不怒而民威於鈇鉞.
詩曰 不顯惟德, 百辟其刑之. 是故 君子篤恭而天下平.
詩云 予懷明德, 不大聲以色. 子曰 聲色之於以化民, 末也.
詩曰 德輶如毛, 毛猶有倫. 上天之載, 無聲無臭, 至矣.

시왈 의금상경. 오기문지저야, 고군자지도, 암연이일장,
　소인지도, 적연이일망.
　군자지도, 담이불염, 간이문, 온이리, 지원지근,
　지풍지자, 지미지현, 가여입덕의.
시운 잠수복의, 역공지소. 고군자내성불구, 무오어지,
　군자지소불가급자, 기유인지소불견호.
시운 상재이실, 상불괴우옥루.
　고군자 부동이경, 불언이신.
시왈 주가무언, 시미유쟁.
　시고군자 불상이민권, 불노이민위어부월.

시왈 불현유덕, 백벽기형지. 시고 군자독공이천하평.

시운 여회명덕, 불대성이색. 자왈 성색지어이화민, 말야.

시왈 덕유여모, 모유유륜. 상천지재, 무성무취, 지의.

☞ **要約한 內容**

시경에 이르기를 "비단 옷을 입고 위에 홑옷을 걸치네."라 했으니 그것은 문채가 드러남을 싫어하고 꺼리기 때문이다.

그러므로 군자의 도리(道理)는, 어둠 속에서 흐릿하나 날로 선명해지고, 소인의 도리(道理)는, 처음(목적)엔 선명하나 날로 흐려진다.

군자의 도리는 담담해도 까칠하지 않으며, 쉽고 간단해도 고상하며, 온화해도 체계가 있고, 멀리가려면 가까운데서 시작됨을 알며, 바람이 이는 느낌마저도 자신에게서 비롯됨을 알고, 은미한 징험에서 나타날 현상을 안다면, 가히 달덕(達德)의 길로 들었음이다.

시경에 이르기를 "잠겨서 비록 숨어 있지만, 이 또한 잘 드러난다."하였다. 그러므로 군자는 스스로 내면을 살펴서 병폐가 없어야하고, 마음에 부끄러움과 걸림이 없어야 한다. 군자에게도 가히 미치지 못하는 것이 있는데, 그것은 오직 남에게 보이지 않는 일이다.

시경에 이르기를 "네가 집에 홀로 있을 때 보아도, 오히려 부끄러움이 집밖으로 새나가지 않아야한다. 그러므로 군자는 행동을 보이지 않아도 공경하며, 말로 표현하지 않아도 믿고 따르는 것이다.

시경에 이르기를 "말없이 신의 강림을 성대히 받들어 모시니, 이런 때에 사람들은 다툼이 있지 않았다."고 하였다. 이러므로 군자가 상을 내리지 않아도 백성들은 힘써 일했으며, 화를 내지 않아도 백성들은 도끼보다도 더 두려움을 갖는다.

시경에 이르기를 "드러내지 않음은 오직 덕(德)일 뿐, 제후들은 그 덕을 본받으려 하네."하였다. 이러므로 군자의 독실한 겸공(謙恭)이 천하를 태평하게 하였다.

시경에 이르기를 "나는 밝은 덕성을 품었으므로, 큰소리와 표정이 필요 없네."라고 말씀하셨다.

공자께서 말씀하시기를 "호령으로 백성을 다스리고 교화시키는 것은, 가장 뒤떨어진 방법이다."라고 말씀하셨다.

시경에 이르기를 "덕(德)은 터럭과 같고 터럭은 가볍고 미세해도 모양이 있다.

하늘은 만물을 생육함에, 소리도 없고 냄새도 없으나 오로지 지고지선 (至高至善) 뿐이시네."라고 하였다.

【난자 참고】

尙 : 걸치다, 위에 덧입다.
絅 : 홑 겉옷.
惡 : 꺼림, 싫어함.
文 : 무늬, 화려한 문채.
著 : 드러남.
故 : 그러므로, 본래.
闇 : '暗'자와 동의어. 어둠. 흐리다.
章 : 뚜렷함.
的然 : 선명함, 환하게 드러나는 모양.
亡 : 없어짐, 흐릿함.
厭 : 까칠하다, 싫어하다.
簡 : 쉽고 간단함.
理 : 체계적, 조리가 있다.
自 : 시작의 근원.
與 : 보냄, 도와줌.
孔 : 잘, 매우.
昭 : 밝음, 드러남, 뚜렷하다.
疢 : 괴로움, 마음의 고통.
惡 : 나쁜 것, 싫어하다. 증오함.

相:관찰하여 보다.

尙:또한, 오히려, 아직.

愧:부끄러운 것. 양심에 거리낌.

屋漏:집안 서북쪽으로 구석지고 음습하여 곳.

假:성대한, 신의 강림.

奏:아뢰다. 받들다. 靡:'無'자와 동의어. 없다.

威:두려움.

鈇鉞:큰 도끼, 형을 집행할 때 쓰는 무기.

不:'丕'크다. 동의.

惟:오직. 다만.

百辟:제후.

刑之:그것을 본받다.

不顯:드러나지 않음, 위대한 광명.

懷:그리워함.

末:말단, 뒤떨어짐.

輶:가벼움.

倫:무리, 모습이나 모양.

載:싣다. 만물을 생육함.

至矣:지고지선.

중용 제1장~제33장 원문

【참고 인용】

중용 제1장~제33장 까지 원문과 한자어 뜻 인용에 있어서는 중용관
련 많은 책을 참고하였으나 그 중에서도 김충열,「김충열 교수의 중용
대학강의」, 예문서원, 2007, 113p~274p 까지. 양방웅,「중용과 천
명」, 예경, 2006, 42p~482p 까지. 류연모·박영호,「공자가 사랑한
하느님」, 교양인, 2010, 43p~484p 까지. 박완식,「중용」, 여강출판
사, 2005, 580p~665p 까지. 이기동,「대학·중용강설」,성균관대학교
출판부, 1991, 107~267p 까지 함께 참고인용 되었음을 밝혀둡니다.

정오표—편집과정에서 생긴 293p, 322p 오류를 바로 잡습니다.

【난자 참고】

道: 도는 길이다. 도에는 하늘에 의하여 행해지는 천도와 사람에 의하여 행해지는 인도가 있다.
德: 도를 행하는 객관적 실천능력.
一也: 모두 같다.

或生而知之, 或學而知之, 或困而知之, 及其知之一也.
　或安而行之, 或利而行之, 或勉强而行之, 及其成功一也.
子曰 好學近乎知, 力行近乎仁, 知恥近乎勇.
知斯三者, 則知所以脩身, 知所以脩神, 則知所以治人,
　知所以治人, 則지所以治天下國家矣!

혹생이지지, 혹학이지지, 혹곤이지지, 급기지지일야.
　혹안이행지, 혹이이행지, 혹면강이행지, 급기성공일야.
자왈 호학근호지, 역행근호인, 지치근호용.
지사삼자, 즉지소이수신, 지소이수신, 즉지소이치인,
지소이치인, 즉지소이치천하국가의!

☞ 要約한 內容

혹자는 태어나면서부터 그것을 알고, 혹자는 배움에서 그것을 알고, 혹자는 곤경에서 그것을 알게 되나, 결국 알게 되는 것은 모두 같은 이치이다. 혹자는 편안함에서 그것을 실행하고, 혹자는 이로움에서 그것을 실행하게 되며, 혹자는 억지로 힘써 실행하는데, 결국 그것이 성공에 이르러서는 매한가지이다.
공자께서 말씀하시길,'배움을 좋아하면 지혜(智慧)에 가까워질 수 있으며, 힘써서 행하면 인애(仁愛) 함에 가까워질 수 있고, 부끄러움이

322p 오류 바로 잡습니다.

【난자 참고】

仲尼: 공자님.
祖述: 으뜸으로, 근본적으로, 선인의 뜻을 받들고 본받다.
憲章: 법도, 제도.
律: 법칙, 순응, 실천하다.
時: 때, 자연의 운행.
襲: 인습, 본받다.
辟: '譬'자와 동의어. 예컨대, 비유하다.
如: 처럼, 같이.
覆幬: 덮어 가림.
四時: 사계절.
錯行: 번갈아 바뀌다.
代: 교대, 번갈아.
幷: 함께, 나란히 하다.
害: 방해하다.
道: 우주 작용의 이치.
悖: 어긋나다.
小德: 자신과 남을 구별하여 일체를 이루지 못하는 작은 덕성.
大德: 자신과 남의 구별을 초월하여 남을 자기처럼 소중하게 대하는 상태.